칸트와 헤겔의
목적론적 생명관

칸트와 헤겔의
목적론적 생명관

초판 1쇄 인쇄 2024년 1월 10일
초판 1쇄 발행 2024년 1월 22일

–

지은이 강순전
펴낸이 이방원
책임편집 이희도   **책임디자인** 박혜옥
마케팅 최성수 · 김 준   **경영지원** 이병은

–

펴낸곳 세창출판사
　　　신고번호 제1990-000013호   **주소** 03736 서울특별시 서대문구 경기대로 58 경기빌딩 602호
　　　전화 02-723-8660   **팩스** 02-720-4579   **이메일** edit@sechangpub.co.kr   **홈페이지** http://www.sechangpub.co.kr
　　　블로그 blog.naver.com/scpc1992   **페이스북** fb.me/Sechangofficial   **인스타그램** @sechang_official

–

ISBN 979-11-6684-297-9 93160

칸트와 헤겔의
목적론적 생명관

강순전 지음

세창출판사

일러두기

1. 주로 인용하는 저서는 참고문헌 앞에 삽입한 약호표와 같이 표기했다. 상이한 두 판본의 쪽 수를 모두 병기할 필요가 있을 경우 빗금(/)으로 분리하여 표기했다.
   ex) (KU, B345 / V405)

2. 인명은 주로 '외래어 표기법'을 참조해 표기했으나, 일부 인명은 저자의 의견에 따라 원어에 가깝게 표기했다.

3. 헤겔『논리의 학』은 행수까지 표기했고, 다른 판본은 쪽수만 기입했다.
   ex) (LB, 222: 37 / 187) → (약호, 쪽수: 행수 / 다른 판본 쪽수)

4. (LB, 222: 37-38 / 187)과 같이 쪽수 뒤에 37행부터 38행까지 표기할 경우 행수와 붙임줄을 붙여 표기했고, 다음 쪽으로 넘어가는 경우 행수와 붙임줄을 떼어 표기했다.
   ex) (LB, 222: 37 – 223: 2 / 187)

5. Enz I, II, III에서 §숫자 뒤의 A는 Anmerkung, Z는 Zusatz를 의미한다.

　　학문의 발전사에서 생명의 문제에 대한 논의는 목적론과 기계론 간 거인의 싸움(Gigantomachie)으로 전개된다. 목적론은 존재의 **궁극적 근거**인 무제약자 혹은 **궁극목적**을 결정하려고 시도했기 때문에 오랫동안 철학의 중요한 주제 중 하나였다. 이런 이유에서 아리스토텔레스는 목적을 존재의 최고 원인으로 규정하였다. 그러나 목적론은 형이상학과 운명을 같이해야 하는 것처럼 보인다. 아리스토텔레스의 목적론은 중세에 신학적으로 변형되었고, 근대 과학과 철학은 이것을 쓸모없는 것으로 만들었다. 근대 과학과 철학은 아리스토텔레스가 말한 네 가지 원인 중 운동인만을 과학적인 것으로서 받아들이면서 목적론적 사고 전체를 무력화시켰다. 목적인이 배제됨으로써 '무엇을 위해서'(Wozu)라는 질문이 근본적으로 폐기되고, 자연에 대한 목적론적 설명은 자연의 의인화로 간주되어 신임을 잃게 된다. 근대의 정밀과학은 운동이나 변화의 문제를 탐구 대상의 측정 가능성과 **수학화** 가능성으로 환원시킨다. 자연과학적으로 정확한 사고의 성공은 목적론, 특히 자연적 목적론의 포기를 정당화할 뿐만 아니라 목적론적인 문제 제기를 완전히 쓸모없는 것으로 만들어 버렸다. 자연 탐구의 이러한 근대성에로의 발전 경향은 "세계관의 기계화"(Mechanisierung des Weltbildes)라고 특징지을 수 있다(Dijksterhuis 2002). 뉴턴 역학의 수학적 엄밀성에 기초한 기계론은 오늘날까지도 자연과학의 지배적 모델이 되고 있다. 20세기 초에는 모든 자연과학을 기계론적 물리학으로 환원하는 통일과학의 이념이 제기되었고, 화학은 원칙적으로 물리학으로 환원될 수 있기 때문에, 기계론에 포함되었다. 현대의 기계론은 물리학과 화학, 전자기학, 분자생물학의 자연법칙적 이론을 포함하는 포괄적 기계론을 형성하고 있다.

기계론은 생명현상에 관한 연구에도 관철되면서, 모든 전통적인 생각들을 '애니미즘적이고 마술적인 사고'로 간주하여 완전히 몰아내 버렸다. 생명현상의 연구에서 기계론은 19세기에 절정에 이르지만, 기계론적으로 설명할 수 없는 생명현상에 직면하여 설명력의 한계에 봉착하면서, 이미 17세기부터 그와 반대되는 경향이 등장했다. 요한 블루멘바흐 (J. F. Blumenbach)와 한스 드리쉬(H. A. E. Driesch)가 대표하는 생기론은 기계론의 적대자로서 이미 19세기에 마찬가지로 전성기에 도달했고, 이때 생기론과 기계론의 대립도 절정에 이르렀다. 그러나 생기론은 20세기 초에 사라졌는데, 그 이유는 그들의 기계론적 설명 모델에 대한 거부가 설득력 있는 대안으로 이어지지 않았기 때문이다. 생기론은 신비한 힘에 대한 가정에 기초하였지만, 이 비물질적인 생명의 요소를 정확하게 설명해 낼 수 없었다. 에른스트 마이어(E. Mayr)는 철학적 목적론을 생기론에 귀속시키지만, 목적론과 생기론은 엄밀히 구별되어야 한다. 왜냐하면 목적론은 '원형질'이나 '엘랑 비탈'과 같은 신비하고 객관적으로 설명할 수 없는 특별한 생명 실체를 찾는 것이 아니라, 오히려 생명의 **객관적**

질서에 대한 **개념적** 설명을 전개하기 때문이다.

따라서 생기론에 대한 대안은 기계론적 접근으로 돌아가지 않고 다른 종류의 설명을 제시해야 한다. 마이어를 위시한 현대 생물학자들은 기계론과 생기론의 대안으로서 유기체주의(Organismus)를 제시한다. 유기체주의에 따르면 유기체에 있어서 분자 수준의 과정은 물리 화학적 메커니즘으로 철저하게 설명될 수 있지만, 더 높은 수준의 통합에서는 이러한 방식의 설명이 역할을 거의 하지 못한다. 거기서 창발적 특징들이 유기적 체계의 결정적인 특성으로서 도입된다. 그러나 이러한 특성들은 더 이상 합성을 통해서는 적절하게 설명될 수 없으며, 유기적 연관 안에서만 설명될 수 있다. 유기체주의자들은 유기체의 유기적 특성과 진화론적으로 형성된 유전 프로그램을 강조한다. 그들은 '전체는 부분의 합보다 크다'고 주장하지만, 이것은 아리스토텔레스, 칸트와 헤겔의 목적론의 통찰이기도 하다. 따라서 유기체주의와 더불어 생명현상에 대한 설명 모델로서 목적론이 다시금 관심을 끌게 된다.

생물학은 기계론적 물리학으로 환원되지 않는 **고유성**을 확보하고 **독자적**인 학문으로 성립하기를 원한다. 따라서 기계론으로 환원될 수 없는 생명의 유기성을 개념적으로 논증하는 목적론적 생명관은 기계론적 환원주의와 투쟁하는 생물학의 중요한 동맹이다. 그렇기 때문에 생물학은 한편으로 정밀과학의 영향 아래서 받게 되는 **기계론**적 학문성에 대한 요구와 다른 한편으로 생물학의 고유성을 확보하기 위한 **목적론**과의 동맹의 필요성 사이에서 갈등해 왔다. 존 홀데인(J. B. S. Haldane)은 이러한 상황을 다음과 같이 재치 있는 말로 표현한다. "생물학자에게 목적론은 첩실과도 같은 것이다. 그는 그녀 없이는 살 수 없다. 하지만 그는 그녀와 함께 공공연한 장소에서 눈에 띄기를 꺼린다"(Mayr 1979, 210). 실로 목적론에 대한 관심은 생물학 연구에서 완전히 사라진 적이 없다. 진화론을 목적론적으로 해석하려는 시도는 오랫동안 있었으며, 최근에 목적론의 문제는 다시 생물학적 논쟁의 초점이 되었다. 근대 과학과 철학이 목적론을 비과학적인 것으로 폐기 처분했지만, 그들이 버린 것은 아리스토텔레스의 목적론이 아니라 그것을 신학적으로 변형한 중세의 목적론이다. 아리스토텔레스는 칸트와 헤겔에 의해 근대에 다시 살아난다. 이 책은 아리스토텔레스의 목적론을 근대적 관점에서 되살린 칸트와 헤겔의 목적론을 통해, 생명현상에 대한 다양한 기계론적 설명과 다투면서 오늘날의 생물학을 위한 철학의 목적론적 생명관의 현재적 의미를 해명하고자 한다.

이를 위해 우선 비판철학에 기초한 칸트의 목적론이 갖는 규제적 특징을 고찰하고, 여기로부터 어떻게 헤겔이 자신의 고유한 목적론의 단초를 발전시키는지를 탐구한다. 칸트는 『순수이성비판』에서 뉴턴 역학에 기초한 기계론적 세계관을 철학적으로 재구성하면서, 기계론적 세계를 객관적으로 실재하는 세계로 간주한다. 이러한 기계론적 세계는 『판단력비판』의 합목적성과 양립할 수 없기 때문에, 칸트는 합목적성을 객관적 실재가 아니라 **주관의 사고물**로 간주하여 양자를 조화시킨다. 헤겔은 유기체를 인식적으로 구성할 수 없다는 칸트의 주장이 **기계론**에 기초한 인식 비판에 근거한다고 생각하기 때문에, 칸트의 인식 비판의 전제를 거부하고 유기체를 **객관적 실재**로서 구성하는 방법을 고안한다. 이

책은 칸트에서 헤겔로의 이행을 칸트철학에 대한 헤겔의 내재적 비판으로서 논증할 것이다. 헤겔의 목적론의 체계적 전개를 고찰한 후, 이에 기초하여 **다윈 진화론**과 자연과학적으로 재구성된 목적론인 **텔레오노미**와 같은 생물학의 기계론적 경향을 비판적으로 고찰할 것이다. 목적론에 대한 비판으로 거론되는 다윈 진화론의 기계론적 특징을 밝히고, 다윈이 이해한 목적론이 전통적인 철학적 목적론의 주장과 다른 것임을 해명할 것이다. 텔레오노미는 형이상학적 목적 개념을 유전 프로그램으로 대체하지만, 생명현상의 설명을 위해 유전 프로그램이 확대되면서 결국 목적 개념으로 귀환할 수밖에 없다는 사실도 밝혀질 것이다. 마지막으로 형이상학적 요소를 제거하고 목적론을 자연화하고자 하는 논리실증주의의 시도를 이어받은 현대 영미권의 생물학적 기능 논쟁에서, 기원론과 성향론의 일면성을 지적하고 그것들의 종합을 자처하고 등장한 유기체론을 칸트와 헤겔의 목적론에 근거해서 비판적으로 고찰할 것이다.

이러한 서술 과정에서 나는 생물학자들뿐만 아니라 현대의 생물철학자들이 전통 목적론에 대한 무지와 오해, 편견으로 인해 위대한 철학자들의 중요한 통찰을 간과하고 있다는 사실을 보여 줄 것이다. 그들에게 아리스토텔레스와 칸트, 헤겔의 철학은 너무 어려운 것이다. 그래서 그들은 이 난해함 속에 묻혀 있는 보물을 캐내기보다는 형이상학으로 치부하여 방치하는 자신들의 어리석음을 정당화한다. 철학사에서 목적론의 세 거장 중 아리스토텔레스와 칸트는 비교적 많이 논의되었다. 칸트가 목적을 주관적 사고의 고안물로 간주하고 합목적성을 객관적 생명현상으로 인정하지 않은 데 반해, 헤겔은 목적론을 객관적 이론으로 복권시켜 체계적이고 포괄적으로 전개했음에도 불구하고, 헤겔의 목적론은 거의 논의되지 않았다. 나는 이 책을 통해 헤겔 목적론에 대한 이해를 제공하고 목적론 논의에 기여하기를 희망한다. 학문의 발전사 전체를 관통하여 철학은 자연과학에 밀려나면서 언제나 수세적인 처지에 놓여 있었다. 자연과학의 객관주의에 대한 후설의 비판, 자연과학과 기술지배에 대한 하이데거의 비판은 철학이 할 수 있는 탁월하고 소중한 작업이다.* 하지만 나는 이들이 자연과학의 침범에 대해 총질을 하면서도 자꾸만 뒤로 물러서기만 한다는 느낌을 지울 수 없다. 나는 철학이 생명에 관한 목적론적 통찰을 통해 자연과학 진영 깊숙이 침투해 들어갈 수 있다고 생각한다. 철학은 더 이상 자연과학에 밀려 인간적 세계로 물러날 필요 없이, 목적론적 생명관과 함께 객관 세계의 설명에 있어서 크게 전진할 수 있다. 왜냐하면 여기서 문제가 되는 것은 수학적으로 해명될 수 없는 생명이기 때문이다.

---

* 국내 학자 중에서는 박찬국(2012)이 하이데거의 문제의식을 공유하면서, 로베르트 슈패만(R. Spaemann)의 논지에 기초하여, 내재적 목적론을 통해 목적론적 인간 이해와 인간적 삶의 방향을 제시한다.

차례

1장

칸트의 목적론

우리가 물질의 전체를 그것의 형식상 부분들과 이 부분들이 스스로 결합하는 힘이나 능력의 산물로서 고찰한다면, 우리는 이 전체의 기계적 산출 방식을 표상하게 된다. 하지만 그런 방식으로는 목적으로서의 전체에 대한 개념은 나오지 않는다.

— I. Kant

1. 비판철학의 이념과 목적론의 규제적 성격

(1) 근대 기계론적 자연과학의 발전과 칸트 비판철학의 이념

헤겔은 아리스토텔레스의 목적론을 복권시킨 칸트의 공적을 높이 평가한다. 아리스토텔레스는 존재의 네 가지 원인, 즉 질료인, 형상인, 운동인, 목적인 중에서 목적인을 존재의 최고 원인으로 간주했다. 존재는 질료와 형상으로 구성되는데, 형상은 존재의 형상을 결정하는 형상 원인일 뿐 아니라 동시에 현실태로서 가능태로 하여금 현실태가 되게 하는 운동 원인이다. 현실태는 동시에 가능태로 하여금 자신을 그것으로서 실현하게끔 하는 목적 원인이다. 존재가 질료로 구성되고 형상을 지

니며 생산되어서 존재하게 된다는 것은 통상적으로 쉽게 이해할 수 있지만, 존재가 자신의 본질을 실현하려는 목적을 가지고 있다는 생각은 독특한 것이다. 우리는 인공물의 경우 사물의 **외부에** 있는 제작자의 **의도**가 그 사물의 **목적**이 된다는 것을 쉽게 이해할 수 있다. 하지만 아리스토텔레스는 자연물의 경우에도, 특히 식물과 동물 같은 유기체의 경우, 그 **안에** 목적이 들어 있다고 주장한다. 아리스토텔레스에 따르면(Aristotle 1941, 199a: 20-30), 제비가 둥지를 틀고, 거미가 집을 지으며, 잎이 열매를 보호하기 위해 그늘을 드리우고, 양분을 흡수하기 위해 뿌리를 내리는 행위는 모두 **목적**을 위한 행위이다. 이러한 행위는 숙고를 통한 기예의 산물이 아니라, 유기체에 내재하는 **본성**에 의한 것이다. 유기체는 **내재적 원리**에 의해 산출된 지속적 운동을 통해 특정한 완성에 도달하는데(199b: 15-20), 이러한 운동은 불변적으로 혹은 주어진 방식으로 발생한다(198b: 35-36). 아리스토텔레스는 이러한 과정을 시작하고 전개하는 내재적 원리를 유기체의 "정의"(definition) 혹은 "본질"이라고 한다(200a: 30-35). 여기서 **정의**란 칸트와 헤겔이 말하는 (목적) **개념**을 말한다. 이같이 아리스토텔레스는 칸트와 헤겔이 말하는 유기체 목적론의 주요 내용을 선취하고 있다. 가능태로서의 태아 혹은 아이는 아버지라는 현실태를 실현하려는 목적을 자신 안에 가지고 있다. 이 목적은 아버지 안에 현실태로 들어 있으며, 그것은 다름 아닌 인간의 본질로서, 가능성으로서의 인간이 현실성으로 발전해 가는 과정을 규율한다. 본질 혹은 현실태는 인간이라는 종(species)을 의미하므로, 사람이 사람을 낳는다는 아리스토텔레스의 언급은 유기체 내부에서의 형성 과정뿐만 아니라 번식의 경우도 설명한다.

하지만 모든 존재는 자신의 본질을 실현하고자 하는 목적을 가지고 있기 때문에, 모든 존재의 가능태는 현실태가 되고자 열망한다는 아리스토텔레스의 주장은 자연물이 인간과 같은 자기실현의 **의도**를 가지고 있는 것처럼 오해될 수 있다. 아리스토텔레스는 목적론을 생명체에 관한 좁은 의미의 목적론에서 무기물을 포함하는 넓은 의미의 목적론으로 확장하여, 흙은 자신의 **본성**, 즉 **목적**에 따라 아래로 향하고 불은 위로 향한다고 말한다. 이러한 생각에 따르면 가령 던져진 돌은 땅으로 향하는데, 왜냐하면 땅이 돌이 있어야 할 집, 즉 목표, 목적이기 때문이다. 하지만 이것이 목적론적으로 타당하려면, 단순한 장소 이동에서 종점(땅)을 시작점(돌)으로 하여금 운동을 시작하게 하고 종점에 도달하게 하는 근거, 즉 목적이라고 논증해야 하는데, 이러한 주장은 무리한 것임이 틀림없다. 장소 이동은 기계론의 영역에 속한다. 따라서 거기서는 목적론에서 보이는 시작점과 종점 사이의 **내적** 연관이 존재하지 않기 때문에, 장소 이동은 목적론적 운동이라고 할 수 없다. 그렇기 때문에 아리스토텔레스주의자들도 이러한 넓은 목적론의 타당성을 부정할 수밖에 없다(유원기 2009, 196). 나아가 아리스토텔레스는 현실태를 향하는 가능태의 열망이 부동의 동자(unmoved mover)라는 신에게로 향한다는 초월적 목적론을 주장하는데, 이것은 과학적으로 수용할 수 없는 주장일 뿐만 아니라, 목적론을 증명되지 않은 미래의 목표를 상정하는 터무니없는 이론으로 오해하게 만드는 근거가 되었다.

아리스토텔레스의 목적론에서 오늘날 과학적으로 수용 가능한 측면은 유기체의 운동을 설명하는 내재적 목적론이다. 초월적 목적론은 중세의 신학에 수용되어, 중세의 목적론은 목적을 신 안에 위치시킨다. 중세 목적론에서 모든 존재는 신의 은총의 산물이므로 그 자체 선할 뿐만 아니라, 신이 부여한 의미로 가득 차 있다. 이러한 전통은 목적론을 비과학적이며, 인간의 의도를 자연에 부과한 의인관으로 취급되게 하였다. 칸트 시대의 근대 형이상학자들도 목적론에 대한 잘못된 견해를 가지고 있어서 신은 인간에게 코르크 마개를 선물하기 위해서 코르크 나무를 창조했다는 방식의 터무니없는 외적 목적론을 주장했다. 칸트는 계몽철학자로서 미신과 미몽으로부터의 해방이라는 기치 아래, 철학에서 중세로부터 근대로 이어지는 공허한 형이상학을 몰아냈다. 물론 칸트는 그 대신『순수이성비판』의 개념과 원칙들을 내재적 **형이상학**으로서 도입하며, 『자연과학의 형이상학적 시작원리』에서는 이러한 최고 수위의 추상적 개념틀에 물리학의 운동이론들을 연결시키는 **형이상학**적 작업을 시도할 뿐만 아니라, 실천이성의 영역에서 도덕 **형이상학**을 구축한다.

하지만 그는『순수이성비판』에서 공허한 전통 형이상학을 몰아낸 것처럼, 『판단력비판』에서도 목적론의 공허한 형이상학이라고 할 수 있는 외적 목적론적 사고방식을 배제하였다. 예를 들어(KU, B280f. / V367), 사람들은 가문비나무가 잘 **자라도록** 바다가 모래를 해안에 퇴적하였다고 말한다. 하지만 가문비나무를 **위하여** 바다가 모래를 퇴적한 것이 아니라, 사실은 바다가 모래를 퇴적하고 난 후에, 모래라는 생태적 조건에 적합한 가문비나무가 잘 자라게 된 것이다. 유럽의 최북단에 있는 섬 라플란드의 주민들은 바다의 조류가 유럽 대륙으로부터 실어 오는 목재들을 땔감으로 이용한다. 라플란드 주민들에게 땔감을 조달하기 위해 바다는 북쪽으로 흐른다고 얘기한다면, 이것은 잘못된 외적 목적론을 적용하는 것이다. 이러한 잘못된 외적 목적론에서는 문제가 되는 사물이나 현상에 그것에 전혀 **외적**인 **우연적** 내용이 목적으로 부과된다. 모래가 해안에 퇴적되는 현상에 대해 가문비나무의 성장은 전혀 상관이 없는 외적인 내용이다. 또한 바다의 조류에 대해 라플란드 주민의 땔감 획득은 전혀 조류와는 무관한 내용이다. 이같이 모래의 퇴적이나 조류라는 수단에 가문비나무의 성장 혹은 라플란드 주민의 땔감 획득과 같은, 수단에 외적인 내용이 덧붙여지는 목적 관계를 **외적** 합목적성의 관계라고 한다. 외적 합목적성은 **유기체** 내부에서 부분들이 유기체 전체에 대해서 지니는 관계와 구별된다. 이러한 관계에서는 외적 합목적성의 관계에서 목적과 수단이 외적이고 우연적인 관계에 있었던 것과는 달리, 부분과 전체가 수단과 목적으로서 **내적**, **필연적** 관계를 맺는다. 이러한 관계는 자신에 대한 목적 관계, 즉 내적 합목적성이다. 외적 합목적성은 과학과는 거리가 멀지만, 내적 합목적성은 유기체의 구조로서 생명현상의 해명을 위한 주요 논리로 기능한다.

이같이 외적 합목적성과 내적 합목적성을 구별하는 칸트의 기준은 모든 존재자의 목적을 그것들 외부의 신에게서 찾는 중세의 목적론을 탈신비화하는 척도로 사용될 수 있다. 근대 과학의 발전과 함께 중세 목적론은 탈마법화된다. 하지만 자연과학의 기계론적 성격 때문에 탈마법화는 기계론화라는 방식으로 진행된다. 데카르트는 인간의 의식 이외의 모든 자연을 기계적 질서에 의해 지배되는 것으로 간주한다. 동물은 기계로서 간주되며 인간의 신체도 기계적으로 작동한다고 생각된다. 이로써 데카르트는 아리스토텔레스의 목적론을 몰아내고 생명에 관한 기계론적 해석을 제시하면서 기계론적 자연관을 형성한다(Mayr 1979, 185, 199, 246; Spaemann, Löw 2005, 84). 하지만 데카르트의 기계론은 그의 협소한 역학에 기초한다. 그것은 모든 결과가 압력과 충돌에 의해 발생하는 기계적 원인을 갖는다는 점에서, 모든 것이 기계적으로 설명될 수 있다고 주장한다. 하지만 근거리 작용에 기초한 데카르트의 역학은 조야한 것이다. 데카르트와 달리 뉴턴은 모든 물체를 원격 작용을 통해 설명한다. 말하자면 물체들이 멀리 떨어져 있음에도 불구하고 상호작용한다는 사실을 증명한다. 뉴턴 역학은 더 이상 세계상이나 사변적 가설이 아니라 수학적으로 정식화되고, 현상에 의해 확증된 이론이다. 뉴턴은 어떤 세계상도 주장하려고 하지 않았지만, 수학적 방법을 통해 갈릴레이, 케플러, 호이겐스와 함께 기계론적 세계상의 근거를 마련한다.

　　데카르트의 철학이 근대의 기계론적 자연관을 형성하였다고 거론되지만, 사실 뉴턴의 세련된 역학과는 달리 데카르트의 조야한 역학은 철학에 실질적인 위협이 되지 못한다. 질료적 관념론과 실체적 자아론 같은 데카르트의 철학 이론들도 이미 칸트에 의해서 논파되어서, 데카르트의 철학은 칸트에게 별 의미를 갖지 못한다. 따라서 칸트철학 역시 기계론적 사유 방식을 근본으로 삼고 있지만, 그것은 데카르트의 기계론화 경향에 동조하는 것이라기보다, 뉴턴의 역학을 새로운 학문의 모델로서 진지하게 수용하는 것이라고 할 수 있다. 칸트는 이론 이성의 영역에서 뉴턴의 역학을 철학적으로 재구성한 기계론적 사유를 하였지만, 실천

이성의 영역에서는 인간 존엄성의 사상을 통해 데카르트의 기계론적 관점에 가해지는 비판을 벗어난다. 데카르트의 관점은 인간을 기계론적 분석의 대상으로 수단화하지만, 칸트는 목적의 왕국에서 인간이 무한히 존엄한 인격으로 간주되어야 하며, 결코 수단으로 다루어져서는 안 된다고 주장한다. 또한 규제적 방식으로지만 목적론적 판단력 비판에서는 풀 한 포기 같이 보잘것없는 생명체도 기계론적으로 온전히 분석되고 환원될 수 없다는 관점을 견지함으로써, 생명과 인격을 기계론적 대상화의 폭력으로부터 안전하게 확보한다.

　　뉴턴 역학을 철학적으로 정초한『순수이성비판』은 형이상학으로 입문하는 예비학이지만, 인간 인식의 가장 기초적인 출발점으로서 감성적 경험을 다룬다. 칸트의 세 비판서는 인식 방식과 그에 따른 대상의 종류에 따라 구분될 수 있는데,『순수이성비판』에서 시도된 인식 비판은 이후의 비판서들에서 인식과 대상의 성격을 구별하고 규정할 때 준거점으로서 작용한다. 따라서『순수이성비판』은 인식 비판에 기초하는 칸트 철학 전체의 근간을 이루는 초석이다.『순수이성비판』은 우리 인식에서 가장 기초적인 감성적 경험과 그것의 대상인 자연 사물에 대해 다룬다. 여기서 자연 사물은 감성적 경험의 대상인 현상으로 나타난다.『순수이성비판』은 뉴턴 역학에서 다루는 운동하는 물체이든 일상적 경험에서 마주치는 대상이든 모든 감성적 경험 대상 일반이 성립되기 위한 초월론적 조건을 가장 일반적인 양식에서 제시한다. 범주표가 나타내는 초월론적 개념의 구조는 감성적 경험의 대상인 자연 사물들로 구성되는 세계의 초월론적 존재 구조다. 뉴턴 역학의 내용이『순수이성비판』에서 철학적으로 재구성되고 있지만, 『순수이성비판』은 추상의 최고 수준에서 보편적 존재 구조를 다루는 것이기 때문에, 뉴턴 역학 자체는『자연과학의 형이상학적 기초원리』에서 수학적 방법에 기초하는 자연과학으로서 다루어진다. 칸트는『자연과학의 형이상학적 기초원리』에서, 초월론적 세계 법칙보다 구체적인 뉴턴 역학의 운동 원리를『순수이성비판』에서 제시된 세계의 초월론적 존재 구조와의 연관 속에서 근거 짓는 형이상학적 작업을 수행한다(MAN, 201f. / 472). 따라서『순수이성비판』이 뉴턴 역학의 영향 아래 쓰였지만, 체계적 위상에서『순수이성비판』의 초월론 철학은 뉴턴 역학이라는 경험적 자연과학보다 근원적인 것이다. 그렇다면 비록 기계론의 위력이 엄밀한 수학적 계산 가능성에 있다고 하더라도, 칸트철학의 기계론적 성격을 고찰할 때 우리는 뉴턴 역학의 수학적 계산 가능성보다『순수이성비판』에서 관철되고 있는 보다 근원적인 철학적 관점에 주목해야 한다.

『순수이성비판』의 모든 서술을 관통하는 근본적인 원리는 칸트의 이원론적 전제, 즉 직관과 개념의 초월론적 구별이다. 직관과 개념의 구별은 전통 형이상학의 독단을 타파하기 위한 비판철학의 가장 큰 무기다. 칸트는 직관과 개념의 차이가 단지 정도의 차이가 아니라 질적인 차이여야 한다고 주장한다. 정도의 차이는 근본적으로 직관과 개념이 동질적인 것이면서 단지 양적으로만 차이를 형성한다는 의미이다. 하지만 칸트는 직관과 개념이 질적으로 상이한 것, 이종적인 것이라고 주장한다. 직관과 개념의 초월론적 구별은 양자가 서로 뒤섞이거나 다른 것으로 환원되지 않는 독립성을 가지고, 인식의 상이한 두 가지 원천으로서 기능한다는 것을 말한다(KrV, A51f.). 직관의 능력인 감성과 개념의 능력인 오성은 전혀 다른 방식으로 인식에 기여한다. 감성의 수용성이 인식 주관에 수용되어 현실성을 충족하는 직관의 능력을 말하는 것이라면, 오성의 자발성은 직관의 잡다를 특정한 방식으로 결합하는 개념의 능력을 말한다. 따라서 직관 없이 개념은 공허하고 개념 없이 직관은 맹목이기 때문에, 객관적 인식이 성립하려면 직관은 개념과 항상 결합되어야 한다. 칸트는 직관과 개념의 초월론적 구별을 가지고 전통 형이상학의 존재론적 신 존재 증명을 간단히 논파한다. 칸트에 따르면 개념만으로는 그 자체 공허한 것이며, 개념은 외적으로 주어지는 직관에 의해 충족되어 현실적인 것으로 된다. 존재론적 신 존재 증명이 주장하는 신 개념과 같이 아무리 완전한 개념일지라도 개념은 본성상 직관과 전혀 무관한 것이므로 그 자체만으로는 현실적으로 존재할 수 없다. 신이 현존하려면 신개념에 반드시 감성적 직관이 수반되어야 한다.

　　　직관과 개념의 초월론적 구별은 자연 사물에 대한 학문적 인식이 언제나 감성에 제약되어야 한다는 생각을 함축하고 있다. 직관의 잡다를 개념이 결합함으로써 감성적 경험의 대상에 대한 인식이 성립한다. 특정한 방식으로 직관의 잡다들이 결합된 감성적 경험의 대상은 다른 방식의 결합을 통해 형성된 대상과 구별된다. 이 대상들은 직관의 형식인 시공간상에서나 개념적인 규정에 따라서나 서로를 함축하지 않고 서로의 밖에 속한다. 이 점에서 경험적 인식의 대상들은 기계론적으로 관계 맺는다. 그것들은 시공간상으로 서로 겹치지 않으며, 개념적 규정에 있어서도 각기 독립적이다. 칸트가 반성규정의 모호성에서 두 개의 개념적으로 동일한 물방울이 상이할 수 있는 것은 상이한 공간을 점하기 때문이라고 논증할 때나, 변증론에서 세계의 무한성을 표상할 때 부분에 부분을 덧붙이는 방식으로 사고하거나, 합성과 분할을 다룰 때도, 항상 기계론적 관점이 근저에 놓여 있다. 감성적 경험에 제약된 인식 대상들은 항상 상이한 공간을 점하면서 서로 **외적**으로 관계할 뿐이며, 거기서는 형태변환(metamorphose)의 경우처럼 하나의 규정에서 다른 규정이 **산출**되는 일은 일어나지 않는다.

형태변환에서처럼 하나의 대상으로부터 그것의 타자가 내재적으로 발생하는 것이 생명체의 논리이다. 하지만 칸트는 뉴턴 역학과 같이 기계론적인 사고만이 학문적 사고방식일 수 있다고 믿었다. 그리고 그것을 철학적으로 재구성한 『순수이성비판』은 수학적으로 계산 가능한 운동하는 물체들의 관계가 성립되기 이전에, 직관과 개념의 통일에 의해 형성되고 서로 무관심한 경험적 대상 일반의 성립 가능성을 철학적으로 확립한다. 감성적 경험의 대상 일반은 시공간상으로나 개념상의 규정에 따라서나 서로의 외부에 속하면서 외적으로 관계한다. 데카르트처럼 사물들의 관계를 충돌과 압력에 의해 설명하든, 뉴턴 역학에서처럼 물체들의 원격 작용을 수학적으로 설명하든, 기계론은 서로 무관심하고, 그런 의미에서 독립적인 감성적 경험의 대상을 전제한다. 따라서 기계론적 세계는 이러한 직관적 대상의 기초 위에 그것들의 외적인 관계들로 구성된다. 칸트는 우리가 부분에 부분을 덧붙여 **합성**하고, 그것을 **분할**하여 다시 부분들로 **환원**하거나, 한 부분을 다른 부분으로 **치환**하는 **기계론적 관계**들만을 추론할 수 있고, 그런 의미에서 인식할 수 있다고 생각한다.

이러한 기계론적 관계들은 수학적으로 엄밀하게 측정되고 계산될 수 있다. 칸트에 있어서 자연에 대한 객관적 인식은 감성적으로 제약되고 수학적으로 계산 가능한 기계론적 관계를 설명하는 것이다.

자연과학은 자연에 대한 객관적 인식이다. 『자연과학의 형이상학적 기초원리』에서 칸트는 이러한 의미에서의 자연과학은 물리학과 화학뿐이라고 주장한다. 물리학은 대상을 선험적(a priori)으로 다루는 '엄밀한 자연과학'인 반면에, 화학은 대상을 경험적 법칙에 따라서 다루는 '엄밀하지 않은 자연과학'이다. 여기서 경험 법칙은 그것의 원리가 한갓 경험적인 것인 법칙을 말한다. 그렇기 때문에 칸트는 엄격한 의미에서 화학은 학문이 아니라 차라리 '체계적 기술'(Kunst)이라고 해야 한다고 주장한다(MAN, 196f. / 468). 이같이 칸트에게 자연과학으로서 화학의 위상은 애매하다. 하지만 일반적으로 화학은 물리학으로 환원될 수 있는 기계론적 성격을 지니고 있기 때문에 기계론으로 분류되며, 자연과학을 기계론으로 간주하는 칸트의 관점에서 자연과학으로 간주될 수 있다. 칸트에게 화학의 위상이 이럴진대, 생물학은 자연과학으로 인정되지 못하는 것이 당연하다. 물론 생물학은 1830년대에야 비로소 공식적인 자연과학의 분야로 등장하지만, 칸트 시대에도 생명현상에 대한 탐구가 다각도로 수행되었다. 칸트가 생물학을 자연과학으로 인정하지 않는 이유는 무엇보다도 생명현상이 기계론적이지 않기 때문이다. 칸트에 따르면 인간은 **기계론적** 관계에 대해서만 **인식적**으로 추론할 수 있기 때문에, 생명현상의 **유기적** 관계는 **인식 불가능한 구조**를 지닌 것이다.

(2) 비판철학의 이념에 제약된 목적론의 규제적 성격

자연에는 감성적 지각의 대상이 되는 **자연 사물** 말고, 칸트가 **자연 목적**이라고 부르는 **자연 사물**이 있다. 감성적 지각의 대상들은 기계론적 질서에 의해 지배되고, 거기서 원인과 결과의 계열은 한 방향으로 진행한다. 하지만 자연 목적은 **원인이자 동시에 결과**인 방식으로 존재하는 사물을 말한다(KU, B286 / V371). 이러한 자연 사물이 바로 유기체다. 유기체의 질서는 감성적 지각의 대상과 달리 상호 인과성을 지니며, 기계론적이 아니라 합목적적이다. 유기체는 다른 한편으로 마찬가지로 합목적적이지만 기술에 의해 산출된 인공물과도 구별된다. 사람이 살지 않는 땅에 정육각형의 도형이 모래 위에 그려져 있을 때, 이것은 자연법칙에 따라서 생겨났다고 볼 수 없다. 이 도형은 사람과 같은 이성적 존재자의 기술의 산물로 간주될 수 있다. 하지만 이것은 자연 목적은 아니다. 기술의 산물인 인공물의 경우에는 원인이 그 산물 외부에 그 산물의 합목적성을 창조한 자에 놓여 있는 것이지만, 자연 산물로서 자연 목적의 경우에는 원인이 그 자연 산물 안에 놓여 있어야 한다. 또한 자연 산물의 발생은 인위적인 기술에 의해서가 아니라 자연법칙에 따라 야기된다. 가령 한 그루의 나무는 자연법칙에 따라 자기 자신과 같은 종의 나무를 낳는 번식을 통해 유(類)로서 존속한다(KU, B287 / V371).[2]

---

2   여기서 자연법칙은 『순수이성비판』에서 말하는 세계의 초월론적 법칙이나 『자연과학의 형이상학적 시작원리』에서 말하는 뉴턴 역학의 운동 법칙처럼 선험적이고 수학

인공물의 경우에는 원인과 결과가 분리되어 있고 원인으로서의 합목적성의 창시자를 쉽게 특정할 수 있다. 하지만 자연 목적의 상호 인과관계는 기계론적 질서가 아니기 때문에, 『순수이성비판』에서 제시된 인식 비판에 준거할 때, 그것은 인식 불가능한 것이다. 자연과학은 기계론적 사고에 의해 결정되어 있기 때문에, 기계론적 사고방식에 기초한 자연과학자나 과학철학자들은 인과관계가 한 방향으로 진행하지 않고 역진하는 것을 목적론의 전형적인 문제로 지적한다. 특히 정향진화설처럼 진화의 방향을 이끄는 원인이 미래의 목표로서 상정되는 경우, 미래의 원인이 과거의 결과들에 작용하기 때문에, 과거의 원인이 미래의 결과를 산출하는 기계론적 인과관계에 위배되며, 그것은 비과학적 주장이라고 비판된다. 목적론자들도 정향진화설과 같이 목적이 유기체 외부에 있고 목적과 수단이 우연적으로 결합되는 경우는 앞서 칸트가 비판한 잘못된 외적 목적론의 경우처럼 타당하지 않다고 생각한다. 하지만 칸트의

적으로 계산 가능한 것이 아니라, 화학이나 생명현상의 대상들이 지니는 경험적 자연법칙을 말한다. 칸트(KU, BXXVII / V180)에 따르면 반성적 판단력은 다양한 경험적 자연법칙들을 보다 고차적인 원리 아래 통일하는 방식으로 특수로부터 보편으로 거슬러 올라가면서, 경험적 원리들 간의 체계적인 종속 관계를 가능케 하는 선험적인 통일적 원리를 찾아내야 한다. 이 통일적 원리는 직관의 잡다를 포섭하는 범주처럼 기계론적 원리가 아니다. 여기서는 잡다한 경험적 법칙들만이 존재하고, 이러한 자연의 특수한 조건에 따라서 반성적 판단력이 경험적 자연법칙들을 통일하는 원리를 사고하는 것이다. 따라서 **선험적 통일 원리**는 자연 속에 있는 것이 아니라 **반성적 판단력이 자신에게 부여하는 법칙**이다. 칸트는 이로써 『순수이성비판』에서 초월론적 세계 법칙을 제시하고 『자연과학의 형이상학적 시작원리』에서 물리학의 필연적인 운동법칙을 거기에 연결시킨 후, 여기 『판단력비판』에서 화학이나 생물학의 경험적 자연법칙들의 통일 원리를 사유함으로써, 자연 개념의 영역에서의 체계적 통일을 도모한다.

자연 목적은 유기체 내부에서 결과와 원인의 통일로서 목적을 생각하기 때문에 내적 목적론을 주장하고 있다. 칸트는 원인의 근거가 원인이 초래한 결과일 때, 그러한 원인을 목적이라고 정의한다(KU, B350 / V408). 이같이 목적이란 자신이 산출한 결과를 자신의 원인으로 갖는 원인이기 때문에, 목적에서는 원인과 결과의 순환이 일어난다. 칸트는 이러한 인과의 역진성을 『순수이성비판』에서 제시한 기계론적 세계관에 따라 구성할 수 없고 인식할 수 없기 때문에, **이성 개념**을 도입하여 목적으로서 사유한다.

하지만 현대의 목적론자들은 순환적 목적 관계를 **구성적**으로 인식 가능한 것으로 간주한다. 데니스 월쉬(Walsh, 2010, 120f.)에 따르면 내적 목적론의 경우는 외부에 설정된 목적을 향해 나아가는 **외적** 목적론이나 인공물의 경우와는 다르므로, 역진적 인과성(backward causation)의 문제를 일으키지 않는다. 유기체의 **내적** 목적성은 **상호 인과**의 원리에 의해 조직되어 있다. 에른스트 마이어도 무기물의 기계적 과정과는 달리 생명체가 표현하는 목적지향성은 유전자 프로그램의 작용에 기인하는 과정이기 때문에, 미래의 목표로 보이는 것이 사실은 유전자 프로그램에 의해 지정되어 있는 것이어서 문제 되지 않는다고 해명한다(Mayr 1979, 207). 나중에 상론하겠지만, 마테오 모시오(Mossio et al. 2009)와 같은 유기체적 기능론자들에 따르면, 끓는 물이나 회오리바람, 촛불의 점화와 같은 산일 체계(dissipative system)는 기계론적 과정이지만 **원환적 인과관계** 속에 있기 때문에, **기계론**적 과정에서조차도 전통적인 역진적 인과의 문제는 일어나지 않는다고 주장한다. 물론 모시오는 이러한 기계론적 현상을 유기체와 마찬가지로 사이버네틱스와 같이 항상성을 유지하려는 목적론적 현상으로 설명하지만, 현대의 기계론은 원환적 인과관계 또한 구현하기 때문에 더 이상 전통적인 역진적 인과의 문제는 목적론에 타당하지 않은 비판이라고 할 수 있다.

　　칸트는 『순수이성비판』의 인과적 질서와 달리 유기체의 경험에서 관찰되는 독특한 질서는 오성 개념을 통해 구성할 수 없는 것이기 때문에, 그것은 이성 개념을 통해서만 파악할 수 있다고 생각한다(KU, B285 / V370). 인식 비판이 제시하는 것처럼, 오성은 직관의 잡다를 결합하는 개념의 능력이며, 개념은 판단을 통해 사용되므로 판단의 규칙이다. 따라서 오성은 경험적 현상에 적용되어 객관적 인식을 가능케 하는 필연적인 형식이다. 하지만 이성은 추론의 능력이기 때문에 오성 개념처럼 직접적으로 경험에 관계하지 않는다. 이성은 오성이 산출한 인식을 하나의 제약으로 하여 다른 제약으로 추론해 가는 능력이며, 이러한 방식으로 제약들을 결합하여 무제약적 총체성을 사고하는 능력이다(KrV, B389). 가령 『순수이성비판』의 초월론적 우주론에서 보듯이, 세계의 인과 계열의 무제약적 총체성은, 우리가 결과에서 원인을 추론하는 방식으로 무한히 진행하더라도 계열의 끝에 도달할 수 없기 때문에, 확정될 수 없다. 하지만 무제약적 총체성이 경험적으로 확정될 수 없더라도 현재 문제 되는 결과가 원인에 의해 근거 지어지는 것이 확정되기 위해서는 인과 계열의 완결성이 요청되어야 한다. 이 무제약적, 절대적 총체성이 이성 개념이며, 이성 개념은 오성 개념에 의한 경험들이 제약의 계열의 총체성 속에서 근거 지어짐으로써 그러한 경험들을 가능케 하는 종합적 통일의 원리다(KrV, B377). 하지만 이러한 제약의 계열이 나타내는 현상은 사물 자체로서 주어질 수 없기 때문에, 제약들의 총체성은 오성 개념이 잡다한 직관들을 포섭하듯이 제약들을 **포섭**할 수 없다. 따라서 이성 개념은 오성 개념처럼 구성적이지 않고 **규제적**이다. 말하자면 이성은 제약의 총체성에 경험적으로 도달하지 못하더라도 제약들을 결합하면서 무제약적 총체성을 지향해야 한다. 칸트에 따르면 이성을 통한 인식의 최고의 통일은 이러한 방식으로 형성될 수밖에 없기 때문에, 이성 개념은 오성 개념처럼 필연성의 형식을 지닐 수 없다. 인식 비판은 오성의 능력에게만 객관적이고 필연적인 인식을 허용한다. 그러나 오성의 인식은 개별적 규칙들의 적용에 국한될 뿐, 그것을 넘어서는 총체성은 이성 개념에 의해 형성되어야 한다. 하지만 칸트에 따르면 이성 개념은 규제적으로만 사고될 수 있을 뿐이다.

칸트의 인식 비판은 객관적이고 필연적인 인식을 오성적 인식에만 국한했기 때문에, 이러한 진리의 협소한 영역을 넘어서는, 전통 형이상학의 주제들을 포함하여 많은 문제를 이성 개념을 통해 다루었다. 이러한 주제들은 경험에 제약되지도 않고 경험에 의해 확증되지도 않기 때문에 경험적 인식의 협소한 범위를 넘어서 풍부한 내용으로 사고되지만, 기계론적 사고에만 부여된 객관적 지식의 자격을 획득하지 못한다. 유기체의 목적 개념도 이성 개념으로서 이러한 특성을 지닌다. 칸트는 『판단력비판』§65에서 목적론에서 매우 중요한 두 가지 구분을 제시한다. 그에 따르면 자연 목적으로서 유기체는 두 가지 측면으로 형성된다. 첫 번째는 **목적론적 측면**이고 두 번째는 **기계론적 측면**이다. 자연 목적으로서 유기체의 질서는 첫째로 부분들이 전체에 의해서만 가능한 방식으로 짜여 있다. 여기서 전체란 이성 개념(이념)을 말한다. 유기체의 부분들은 그것들의 존재와 작용 방식을 선험적으로 규정하는 "개념 혹은 이념" 속에 포괄되어 있어야 한다(이하 KU, B290f. / V373). 유기체는 기술 작품과 마찬가지로 **개념**에 따라서 부분들이 존재하고 부분들의 작용 방식이 결정된다. 먼저 기술 작품의 경우를 보면, 기술 작품을 만드는 제작자는 특정한 **목적**을 설정한다. 이 목적은 제작자가 기획한 아이디어로서 **개념**의 형태를 띤다. 제작자는 가령 시계라는 자신의 개념에 따라 부분들의 기능을 설계하여, 다양한 크기의 톱니바퀴, 축, 시곗바늘 등의 부품을 만든다. 마찬가지 방식으로 유기체에서도 기술 작품의 제작자가 설정한 목적과 유사한 목적이 이성 개념의 형태로 있고, 그것으로부터 유기체의 부분들이 분화되어 나온다. 하지만 유기체의 경우 목적은 기술 작품의 경우처럼 목적이 재료 **외부**에 이성적 제작자의 개념으로 있는 것이 아니라 유기체에 **내재**한다.

두 번째 측면은 기계론적 측면인데, 기술 작품의 경우 제작자는 톱니바퀴를 서로 연결하고 축에 끼워 시곗바늘에 동력을 전달한다. 이같이 시계의 부품들은 서로 다른 것을 위해 움직여지면서 상호적으로 작용한다. 마찬가지로 유기체의 경우도 심장이 폐에 피를 공급하면, 폐가 심장에 산소를 공급하는 방식으로 상호작용을 한다. 여기서 상호작용은 서로가 서로에 대해 원인이면서 동시에 결과인 상호 인과성의 형식을 보여준다. 이같이 심장, 폐, 간과 신장 등 유기체의 기관들은 서로를 상호적으로 산출하면서 상호 인과적으로 작용한다. 하지만 상호 인과성이 유기체에게만 가능한 특징이라거나, 이미 목적 개념을 반영한 것으로 간주되어서는 안 된다. 앞서 언급한 산일 체계처럼 기계적인 과정에서도 상호 인과성이 가능하며, 톱니바퀴를 연결하여 순환적 계열의 동력장치를 만들 수도 있다. 따라서 상호 인과성 자체가 목적론을 가능케 하는 고유한 특징인 첫 번째 측면을 반영하고 있다고 볼 수 없다. 칸트는 상호 인과적 관계가 『순수이성비판』이 제시한 초월론적 세계 법칙에 따라 구성될 수 없다고 생각하기 때문에 **이성 개념**을 도입하여 그것을 **목적 인과성**으로서 파악한다. 하지만 이성 개념이 도입되기 이전의 **상호 인과성** 자체는 아직 **기계론**적인 측면에 머물러 있다고 해야 한다(KU, B351 / V408 참조).

칸트는 유기체의 부분들 사이의 관계가 인공물의 부분들 사이의 관계 이상의 것임을 보여 준다. 유기체와 마찬가지로 시계와 같은 인공물의 경우도 하나의 톱니바퀴가 다른 톱니바퀴를 **위해서** 존재한다는 의미에서 서로를 위해 존재한다고 할 수 있다(이하 KU, B292f. / V374). 하지만 하나의 톱니바퀴가 다른 톱니바퀴에 **의해서** 존재하는 것은 아니다. 시계의 부품은 제작자에 의해 지정된 대로 움직이는 힘만을 가지고 있다. 하지만 유기체의 부분들은 서로에 의해서 존재하는데, 여기서 서로에 의해서 존재한다는 것은 서로가 서로를 산출한다는 의미다. 유기체는 "**유기적**이며, **자기 자신을 조직화하는 존재**"(organisch und sich selbst organisierendes Wesen)이다. 자기 자신을 조직화하는 유기체는 자기 자신 안에 **형성력**을 가지고 있다. 그것은 손상된 부분을 스스로 보충하는 복원력을 가지고 있고, 고장을 스스로 치유할 수 있다. 또한 유기체는 자신을 구성하는 비유기적 물리 화학적 원소들을 유기적인 것으로 만들며, 자신을 형성하고 번식시킨다. 후대의 학자들은 이러한 칸트의 자기 조직화론에 크게 열광한다. 칸트의 목적론은 **자기조직화론**으로서 후대의 학자들에게 영향을 미치지만(Toepfer 2005a, 46; 2005b, 165 참조), 후대의 학자들은 그 아래서 두 번째 측면만을 본다. 말하자면 그들은 칸트의 인식 비판에 기초한 자연 목적의 규제적 원리는 무시해 버리거나 두 번째 측면에 스며들게 함으로써, 칸트가 유기체에 관해 견지했던 인식론적 고려들을 배제해 버린다. 실로 유기체 개념으로부터 목적론을 이해하기 위해 칸트의 자기조직화론으로서의 유기체 개념 모델이 최근 수십 년간 여러 가지 방식으로 해석되고 변용되었다(Schlosser 1998; McLaughlin 2001; Toepfer 2004, 2012). 칸트의 유기체에 대한 규정 위에 목적 기계론(teleomechaism)이라는 연구 프로그램이 구축되기도 하였고(Lenoir 1982, 12), 뒤징(Düsing 1990, 142)은 칸트의 목적론을 나중에 자세히 살펴 볼 기계론화된 목적론이라고 할 수 있는 텔레오노미(Teleonomie)와 유사한 것으로 간주하기도 한다. 그밖에 많은 연구들이 적어도 칸트의 통찰에 영향을 받거나 같은 노선에 있다고 고백한다(Mossio et al. 2009, 2016, 2017; Moreno, Mossio 2015). 하지만 이러한 경향들은 칸트가 목적론의 두 가지 측면이라고 했던 것 중에서 한 가지 측면만을, 그것도 기계론적 측면만을 지시하면서 목적론이라고 칭하고 있다. 현대의 유기체에 관한 목적론들은 이러한 의미로 해석된 칸트 목적론의 통찰과 합치한다고 선언하면서, 자신들의 목적론을 **기계론적** 자연과학의 요구에 적합한 **자연화**된 목적론이라고 주장한다.

　　하지만 이들은 칸트가 목적론적 고찰에서 가장 중요하다고 간주하는 첫 번째 측면을 간과하기 때문에, 칸트의 목적론을 잘못 수용하고 있다고 할 수 있다. 칸트는 두 번째 측면을 서술할 때도 이미 부분들의 결합이 "하나의 전체로 통일되어야 한다"(KU, B291 / V373)는 요구에 따른다고 말한다. 말하자면 부분은 다른 부분에 의해서 존재하고 다른 부분을 위해서 현존할 뿐만 아니라, **전체를 위해서** 현존하는 것으로 생각되어야 한다. 부분들이 서로를 위해서, 서로에 의해서 현존하고 작용한다고 할지라도, 그것만으로는 그것들이 하나의 통일적인 생명을 형성한다는 사실이 보증되지는 않는다. 부분들이 서로를 생산하는 일이 전체를 형성하지 않는다면, 그것들이 상호 인과적일지라도 기계론적일 뿐일 수 있다. 말하자면 어떤 **통일된** 목적에 기여하지 않고 맹목적으로 순환적인 산출이 일어날 수 있다. 생명은 가령 개구리의 생명이나 인간의 생명과 같이 생명체의 부분들과 생명체의 합목적적 행위 방식을 결정하는 개구리 혹은 인간이라는 **전체성**을 목적으로 갖는다. 인간의 장기는 개구리의 장기와 같이 상호작용을 할지라도, 인간의 장기의 형상과 특징을 지니고 있고, 행위 방식은 더욱 차별적이다. 이러한 부분적 형질들을 그 생명체 안에 존재하게 하고 특정한 기능을 하게 하는 것은 개구리**임** 혹은 인간**임**이라는 규정이며, 이 규정은 부분들로 하여금 그것을 위해 존재하고 행위하게 하는 목적이다. 이렇게 부분을 특정한 방식으로 포괄하는 전체가 없이 부분만으로는 목적이 얘기될 수 없다.

칸트는 다음과 같이 말하면서 두 번째 측면인 기계론적 측면으로부터는 어떠한 목적론도 성립할 수 없음을 분명히 한다. "우리가 물질의 전체를 그것의 형식상 부분들과 이 부분들이 스스로 결합하는 힘이나 능력의 산물로서 고찰한다면, 우리는 이 전체의 기계적 산출 방식을 표상하게 된다. 하지만 그런 방식으로는 목적으로서의 전체에 대한 개념은 나오지 않는다"(KU, B351 / V408). 여기서 우리는 칸트가 **자기조직화론**에서 부분들이 스스로 결합하는 힘조차 **기계론적인 것**으로 간주하고 있음을 엿볼 수 있다. 하지만 사실상 자기조직화론은 두 번째 측면으로서 서술되는 것이 아니라 두 번째 측면이 첫 번째 측면과 결합된 결과로서 서술되는 것이다. 왜냐하면 그것은 부분들의 결합이 하나의 전체로 통일되어야 한다는 요구에 대한 서술에 뒤따라 나오는 것이기 때문이다. 전체가 상정됨으로써, 전체로부터 분화된 부분들이 상호작용을 하면서 서로와 전체의 존속에 기여하는 부분들, 즉 **기관**들로 된다. 이렇게 전체의 특정한 기획에 따라 수행되는 상호작용은 순전히 기계론적인 것이 아니라 목적론적이기도 한 것이며, 따라서 그것은 **목적 인과성**이라고 불러야 한다. 칸트가 유기적 존재자를 "그 안에서 모든 것이 목적이면서 상호적으로 수단이기도 한 것"이라고 목적 인과성을 통해 정의할 때(KU, B295 / V376), 이 정의에는 앞서 말한 자연 목적의 두 가지 측면이 모두 포함되어 있다.

따라서 유기체의 형식으로서 목적 인과성은 『순수이성비판』에서 말하는 기계적 인과성이나 산일 체계가 보여 주는 순환적 상호 인과성 이상의 것을 말한다. 칸트의 구분상 목적 인과성에는 인과라는 기계적 관계에 목적이라는 계기가 포함되어 있다. 다시 말해서 부분들이 특정한 목적에 의해 규율되는 상태를 말한다. 이 **목적**이 **생명**의 특징이다. 목적이 기관들의 상호작용을 전체의 **자기조직화**로 만듦으로써 전체가 자신을 기관들로 분화하고 기관들이 서로 수단과 목적으로 기능하면서 전체의 생명을 유지하게 한다. 이같이 자기조직화하는 힘, 형성력과 복원력 같은 능력은 기술과 비유될 수 없는 생명의 특징이다. 칸트는 이러한 특성이 물질 자체에 들어 있다고 생각하면, 그것은 물활론을 주장하는 것이 된다는 이유로 그러한 생각에 반대한다. 다른 한편으로 물질과 이종적이면서 물질과 공존하는 영혼을 상정한다면, 그것은 영혼을 제작자로 삼으면서 유기체를 자연으로부터 유리시키게 되기 때문에 그것 역시 거부한다. 칸트에 따르면 자연 목적은 기술과의 유비를 통해 사유할 수 없는데, 왜냐하면 기술은 구성적이기 때문이다. 우리는 자연 목적, 즉 유기체의 개념을 **구성**할 수 없다. 그것은 반성적 판단력에 대한 **규제적** 개념이기 때문이다.

유기체를 자연 목적으로 간주하는 것은 반성적 판단력이다. 자연에는 기계론적 산물과는 다른 질서를 지닌 유기체가 존재하는데, 이 질서를 반성적 판단력은 자연 목적으로 간주한다. 칸트는 '자연 목적으로서 유기체'라는 표현을 자주 사용하는데, 이것은 '반성적 판단력에 의해서 자연 목적으로 간주된 유기체'라는 의미로 이해해야 한다. 자연에서 관찰되는 것은 유기적 산물, 유기체이며, **목적**은 자연에서 우리에게 **객체**로서 주어져 있지 않다. 하지만 자연 목적도 기계론적 현상과 같은 방식은 아니지만 "모종의 방식으로 경험에 주어진 조건 아래서만 가능한 개념"(ein nur unter gewissen in der Erfahrung gegebenen Bedingungen möglicher Begriff)이다(KU, B330 / V396). 자연 목적은 우리에게 감각적 경험을 통해 주어지는 자연 사물인 유기체를 전제한다. 지나가는 검은 고양이를 기계론적으로 경험한다면, 우리는 그것을 날아가는 돌과 같이 움직이는 검은 물체로만 지각한다. 그것은 고양이를 유기체로서 경험하는 것이 아니다. 고양이를 유기체로 경험하기 위해서는 고양이를 구성하는 부분들의 상호 인과관계와 고양이가 보여 주는 특수한 성질들을 관찰하고, 이 유기체의 특정한 방식의 경험적 내용에 목적 개념을 집어넣어서 이해해야 한다. 목적이란 우리가 유기체를 반성할 때 반성적 판단력을 위한 **실마리**(Leitfaden)로서 반성 속에 **집어넣어** 생각하는 이성 개념이다(KU, B336 / V399). 이성 개념으로서 목적 개념은 기계론적 현상에 대한 개념처럼 현상으로부터 추상될 수 있고 객관적 실재성을 지닌 규정적 개념이 아니다. 그것은 단지 『순수이성비판』에서 탐구되었던 논증적 (diskursiv) 오성으로는 파악 불가능한 자연 산물, 즉 유기체에 대한 모종의 인식을 위해 반성적 판단력이 사용하는 개념일 뿐이다. 철학은 **개념**에 의한 이성 인식인데, 유기체에 대한 철학적 파악은 순수 **오성 개념**(범주)으로는 불가능하기 때문에, 목적이라는 **이성 개념**을 통해 파악하는 것이다. 따라서 칸트에게 있어서 생명의 비밀은 경험적으로 규명될 수 없고, 단지 우리의 반성적 판단력이 사고하는 원리로서만 간주되어야 한다. 유기체의 이념에서 주목할 가치가 있는 것은 세계의 통일성이나 영혼의 단일성 등의 이념과는 달리 그것의 **산물**이 자연 가운데 **주어진다**는 것이다. 칸트는 유기체의 기관들이나 부분적 형질들이 관찰되고, 목적을 설정하는 행위자의 설계에 따라 구성된 것처럼 보여진다는 사실을 인정한다(KU, B345 / V405). 우리는 유기체의 구성적 원리를 재현하지 못하지만, 유기체의 이념은 다른 이념과 달리 자신의 산물로서 유기체를 자연 속에서 가지며, 우리는 그 산물을 기계적인 방식으로 인식하지 못하지만, 감각적으로 경험하면서 이념에 따라 사고한다. 이것이 다른 이념과 구별되는 유기체의 이념의 독특성이다.

칸트는 유기체의 최고 근거의 인식론적 위상을 이성 개념으로 규정하면서, 경험적 인식의 구속력에서 해방되어 목적론에 관한 전통 형이상학의 많은 논의를 다시 끌어들인다. 앞서 살펴보았듯이 칸트는 터무니없는 외적 목적론을 비판했다. 그런 외적 목적론의 특징은 목적론을 **의식**과 결부시키는 것이었다. 가령 잘못된 외적 목적론은 무생물인 바다가 가문비나무의 성장을 촉진하려는 의식적 의도가 있는 것처럼 바다의 운동에 의식을 결부시킨다. 하지만 칸트는 목적 개념을 이성 개념으로 상정하면서, 목적론에 의식적 의도를 도입한다. 칸트는 자연에 있어서 합목적성이 의도적인 것이라는 사실을 용인하면서, **의도**는 물질에 부여될 수는 없지만 **반성적 판단력의 원리**는 될 수 있다고 주장한다(KU, B308 / V383). 이와 같이 이성 사용을 통해서, 기계적 법칙들에 따르는 연구에서 지게 되는 증명의 부담에서 벗어나서 목적 개념을 탐구할 수 있다는 것이다. 칸트는 '생물에 있어서는 아무것도 쓸데없는 것이라고는 없다'는 아리스토텔레스의 이론을 유기적 존재자의 내적 합목적성을 판정하는 준칙으로 삼는다. 기계론에서 '우연히 일어나는 것은 아무것도 없다'는 원칙과 마찬가지로, 이 준칙은 유기체의 부분들이 모두 목적을 가지며 다른 부분을 위해, 그리고 궁극에는 전체를 위해 기여한다는 원리를 탐구하는 방법이다(KU, B296 / V376). 칸트는 더 나아가 이 준칙을 '세계의 모든 것은 무엇인가를 위하여 좋은 것이며, 세계에는 아무것도 쓸데

없는 것이라고는 없다'는 내용으로 확장하면서, 유기적인 것뿐만 아니라 비유기적인 것을 포함하는 자연 전체의 목적론적 체계를 상정한다(KU, B301 / V379). 그뿐만 아니라 칸트는 아리스토텔레스를 위시하여 전통적 목적론자들이 주장하는 기계론과 목적론의 관계, 즉 목적론은 기계론을 포괄하는 최고의 목적(overall cause)이라는 사상도 받아들인다. 그는 목적론이 기계론적 탐구에 개입해서는 안 되지만, 기계론적 탐구가 완성된 후에 거기에 관계하여 자연의 현명, 절약, 선견, 은혜에 관해서 정당하게 얘기할 수 있다고 주장한다(KU, B308 / V383). 게다가 바람, 비와 같은 자연의 요소들이 기계론적 탐구와는 다른 방식으로 목적론적으로 탐구될 수 있다고 주장하면서, 그 이유는 그것들의 연결은 우리의 개념들의 결합에 관계된 것이지 사물들의 성질에 관계된 것이 아니기 때문이라고 한다(KU, B310 / V384). 이같이 칸트는 기상학적 과정에 대한 목적론적 해석을 암시하는 것을 넘어서, 목적론을 도덕적 신존재 증명의 수단으로 삼으면서 신학의 예비학으로 간주하기까지 한다. 하지만 칸트는 가장 경험적인 유기체에 대한 목적론도 자연과학(Naturwissenschaft)이 아닌 자연론(Naturlehre)의 대상으로 간주하면서, 목적론을 인식 비판에 의해 제한된 규제적 원리로 국한한다.

후대의 학자들은 이러한 많은 내용들을 형이상학적 요소로 간주하여 무시해 버린다. 그들에게 인식 비판과 그에 따른 목적론의 규제적 성격은 관심 사항이 아니다. 특히 생물학자들은 철학의 인식론에 관심이 없고, 자연과학의 요구에 합치하려는 과학철학자들도 목적론을 자연화하는 것만이 목적론의 유산을 살리는 유일한 길이라고 생각하기 때문에,

인식론적 유산을 형이상학적인 것으로 간주하여 폐기한다. 실로 목적 개념이 갖는 규제적 성격은 칸트의 목적론을 복잡하고 이해하기 어렵게 만들기 때문에, 사람들은 자연 목적이 갖는 두 번째 측면인 기계론적 측면에만 주목하거나, 자기조직화론을 목적론적 요소 없이 기계론적으로만 이해하려고 한다. 하지만 목적 개념의 **규제적 성격**이 갖는 **인식론적 모호함** 때문에, 유기체의 구조에 있어서 목적 개념이 갖는 **존재론적 의미**를 간과해서는 안 된다. 그것이 규제적으로 이해되는 것이 불만족스러운 것이지, 그것의 존재가 불만의 대상이 될 수는 없다. 왜냐하면 목적 개념에 대한 고려 없는 유기체 연구는 목적론적이지 않으며, 목적 개념은 목적론에서 불가결한 측면이기 때문이다.

2. 목적 개념의 불가피성과 불확정성

후대의 철학자들은 칸트에게 있어서 목적의 규제적 성격뿐만 아니라 앞서 말한 자연 목적의 첫 번째 측면, 즉 목적론적 측면을 무시한다. 그들은 칸트의 자기조직화론을 칸트 목적론의 가장 위대한 유산으로 받아들이지만, 자기조직화론이 두 번째 측면, 즉 기계론적 측면으로부터 유래하는 것처럼 간주한다. 하지만 자연 목적에서 첫 번째 목적론적 측면의 불가피성은 『판단력비판』 §65에서 목적론적 측면과 기계론적 측면의 명백한 구분을 통해 서술될 뿐만 아니라, §77에서 직관적 오성 혹은 지적 직관이라고 불리는 신적 오성과 인간의 논증적(diskursiv) 오성의 구분을 통해 보충된다. 칸트 유기체론의 영향사는 대부분 기계론적으로 경도되어 있기 때문에, 신적 오성에 관한 언급에 주목하지 않는다. 칸트는 『순수이성비판』의 도처에서 기회가 있을 때마다 인간 인식과 구별되는 신적 인식으로서 직관적 오성 혹은 지적 직관에 대해 말한다. 거기서 신적 오성은 인간 인식의 특징을 부각하기 위해 부정되는 대상으로서만 소극적으로 취급된다. 하지만 칸트는 신적 오성을 『판단력비판』에서는 유기체의 "최고 근거"(KU, B295 / V375)로서 도입한다.

자연 목적으로서의 유기체의 첫 번째 측면은 전체로부터 부분을 가능케 하는 목적론적 측면이었다. 인간 인식은 전체에서 부분을 구성하는 원리를 알 수 없지만, 유기체는 부분이 전체를 통해서만 가능하게 되는 구조를 가졌기 때문에, 전체는 유기체의 "최고 근거"라고 할 수 있다. 부분을 가능케 하는 전체인 최고 근거를 무시하고, 물질적인 측면만을 —그것이 다른 부분을 산출하는 기관, 자기조직화하는 물질들일지라도— 사고하는 것은 기계론적 고찰에만 머물러 있는 것이다. 칸트는 유기체의 최고 근거를 "목적 일반에 따르는 우리의 인과성과의 먼 유비"를 통하여 사유해야 한다고 말한다(KU, B295 / V375). 여기서 목적 일반이라는 것은 우리가 인공물을 만들 때나 그밖에 어떤 합목적적 행위를 할 때, 우리가 설정하는 목적 일반을 말한다. 인공물 제작이 우리의 합목적적 행위인 한, 인공물 제작에서 나타나는 목적 인과성의 관계처럼, 유기체의 부분들의 결합이 어떤 목적을 설정하는 의도에 의해 설계되었으리라고 생각할 수 있다. 물론 인공물이 자연 목적과는 달리 외적 목적론에 지배되고, 인공물의 부분들이 서로를 산출하지 못한다는 점에서, 인공물이 생명과 직접적인 유비 관계에 있을 수는 없다. 하지만 우리는 인공물 제작에서 나타나는 목적 인과성과의 먼 유비에 의해서, 유기체도 모종의 방식으로 그와 같은 목적 인과성을 구현할 것이라고 사고할 수 있다. 인공물의 제작을 포함한 합목적적 행동 일반에서, 우리는 일반적으로 목적을 달성하기 위해 수단을 설정함으로써, 목적과 수단 사이의 인과관계를 형성시킨다. 이러한 목적 인과성에서 목적은 우리의 **의도**로 나타난다. 우리는 부분을 가능케 하는 전체로서, 유기체의 **최고 근거**도 우리의 목적 인과성 일반에서처럼, 유기체의 기관들을 통해 자신을 실현하고자 하는 **의도적인 목적**으로 보아야 한다.

칸트는 이같이 인간의 의도와의 유비를 통해 유기체의 원인을 사고한다. 유기체의 최고 근거인 목적은 인간의 의도와도 같은 것이다. 하지만 인간이 생명체를 창조할 수 없는 한, 인간은 생명체의 원인일 수 없다. 따라서 생명체를 설명하려면 그것의 원인으로서 다른 이성적 존재, 즉 우리가 인식할 수 없는 것을 표상할 수 있는 신적인 오성을 필연적으로 요청할 수밖에 없다. 우리는 생명체의 최고 원인, 최고 근거를 알 수 없지만, 그것을 우리와 유사하지만 다른 방식으로 유기체를 조직하고 구성하는 신적인 오성으로서 상정해야 한다. 따라서 직관적 오성 혹은 지적 직관은 유기체를 설명하기 위해 도입되는 이성 개념이다. 이같이 칸트에게서 유기체의 가능 근거인 목적은 인간의 목적 인과성으로부터 유비적으로 적용된 **의도**와 같은 것으로 간주된다. 칸트는 우리가 유기적 산물을 탐구하려고 할 때 자연의 근저에 하나의 의도라는 개념을 반드시 인정해야 한다고 역설한다(KU, B334 / V398). 그는 물질에 의도가 실재한다는 물활론을 거부하지만, 스피노자와 같이 자연의 목적을 의도나 우연성이 없는 기계론적 필연성으로 보지도 않는다. 그는 도처에서, 유기체가 **의도적**으로 **목적**으로서 산출되었다고 간주하지 않으면 안 되며(KU, B346 / V405), 자연 목적으로서의 생명체는 최고 원인의 **의도적 인과성**이라는 원리 이외의 다른 원리에 따라서는 사유될 수 없다고 강조한다(KU, B336 / V399).

  신적 오성으로서의 유기체의 근원적 원인을 이해하기 위해, 인간의 인식과 구별되는 그것의 특징을 살펴볼 필요가 있다. 뒤징에 따르면 직관적 오성은 논증적 오성의 부정적 대립상(Gegenbild)으로서만 기획되기 때문에(Düsing 1990, 146), 우리는 그것에 대해 어떠한 내용상으로 적극적인 통찰도 할 수 없고, 그것의 실존에 대해서도 전혀 알 수 없다(118). 하지만 우리는 인간의 인식 능력에 저촉되지 않고도 우리의 반성적 판단력을 통해, 합목적성을 야기하는 토대로서 직관적 오성의 **내용적 표상**을 가질 수 있다(107f.). 직관적 오성의 특징을 알기 위해 우선 그의 부정적 대립상인 인간 인식의 특징에 대해서 알아보자. 『순수이성비판』의 근본이념을 축약적으로 나타내는 구절은 '직관 없는 개념은 공허하고, 개념 없는 직관은 맹목'이라는 대목이다. 이 구절은 한편으로 직관과 개념의 초월론적 **구별**을 전제하고 다른 한편으로 그것들의 **결합**을 요구하고 있다. 인간 인식은 항상 직관과 개념이 결합되어서만 객관적 인식을 형성할 수 있다. 이때 직관은 개념과 전혀 이질적인 **감성적**인 직관이고, 개념은 이 직관의 잡다를 결합하는 능력이다. 인간 인식은 언제나 감성적 직관의 소여를 전제하는 개념을 통해서만 가능하며, 개념의 능력인 오성은 **논증적**(diskursiv) 오성이다. 여기서 논증적이란 '**직관적**'의 반대 의미로서, 감성적 직관이 주어졌을 때 그것을 **반성**한다는 의미이다. 칸트는 『논리학』에서 개념을 "반성된 표상"(reflektierte Vorstellung)이라고 표현하고, 거기에 라틴어로 "repraesentat. dircursiva"라는 표현을 병기한다(Log, 91). 말하자면 개념은 감성적 직관의 잡다가 주어지면 그것들을 이리저리 돌아다니며 일괄하고 결합하는 인식 능력이다. 반면 인간 인식에서 직관은 대상을 수용하여 개념에 제공하는 능력인데, 인간 인식에서는 직관과 개념이 초월론적으로 구별되니, 직관은 개념과 같이 지(성)적일 수는 없고, 그것과 이종적인 감성적 직관이어야만 한다. 인간 인식에서 **직관**은 언제나 **감성적**이고, **오성**은 언제나 **논증적**이다. 칸트는 인간 인식에서는 개념과 직관이 구별되기 때문에, 거기로부터 **가능성**과 **현실성**의 구별도 따라 나온다고 주장한다. 개념은 아직 존재를 갖지 않는 생각일 뿐이며, 감성적 직관은 개념에 잡다한 경험적 내용을 제공함으로써 개념을 현실적인 것으로 만든다. 따라서 인간 인식에서 직관을 결여한 개념은 가능적이기만 하며, 감성적 직관에 의해 충족될 때만 현실적인 것이 된다. 이같이 인간 인식에서는 가능성과 현실성이 구별된다. 따라서 인간 인식에서는 한갓된 가능성으로부터 현실성을 추론하는 것이 불가능하다(KU, B340 / V401). 하지만 칸트에 따르면 라이프니츠는 직관과 개념, 그리고 그에 따른 가능성과 현실성을 구별하지 못했기 때문에, 한갓 사유할 수 있기만 한 것을 존재할 수 있는 것으로 간주했다.

인간 인식의 특징이 직관과 개념, 감성과 오성의 구별을 근간으로 한다면, 신적 인식에서 양자는 구별되지 않는다. 신적 인식은 양자의 통일을 특징으로 한다. 하지만 인간의 인식 능력의 특성에 따라, 신적 인식도 직관과 개념 혹은 오성이라는 표현을 통해 특징지어진다. 신적 인식은 **오성**의 측면에 중점을 둘 때, 직관의 측면이 오성을 수식하면서 직관적 **오성**이라고 표현되며, **직관**의 측면에 중점을 둘 때, 오성의 측면이 직관을 수식하면서 지(성)적 **직관**이라고 표현된다. 신적 인식에서 직관과 오성은 같은 것이기 때문에, 직관적 오성이라고 표현하나 지적 직관이라고 표현하나 동일한 지시체를 가리키는 것이다. 신적 인식에서는 직관과 개념, 감성과 오성의 구별이 없기 때문에, **직관**은 감성적 직관처럼 수용적인 것이 아니라 **자발적**일 것이다. 자발성은 **오성**의 능력이므로 직관이 자발적이라면, 자발적 직관은 **지(성)적** 직관이다(KU, B347 / V406). 지적 직관은 자발적일 뿐만 아니라, 논증적 오성과는 달리 온전히 자발적이다. 칸트는 인간 인식에서 감성의 수용성에 대립하는 오성의 자발성을 인정하지만, 인간 오성은 감성에 제약된 논증적 오성이기 때문에, 인간 오성의 자발성은 감성에 제약된 자발성이다. 하지만 지적 직관은 감성으로부터 완전히 독립되었기 때문에 **완전한 자발성**이다. 외부로부터 잡다를 수용하는 감성적 직관과 달리 지적 직관은 완전한 자발성이기 때문에, 그것의 **표상** 작용을 통해 동시에 표상의 객체가 현존하게 될 것이다(KrV, B139).[3] 지적 **직관**은 직관으로서 대상을 형성하는 작용이며, 표상

---

3   여기서 우리는 **표상**이라는 표현에 주목해야 한다. 왜냐하면 표상은 가장 넓은 의미에서의 의식 작용이며, 인간의 인식을 넘어서는 신적 인식은 표상이라는 표현으로 구별되어야 하기 때문이다. 가장 넓은 의미의 의식 작용인 표상 일반 밑에 의식적 표상(지각)이 있고, 지각은 다시 주관적 지각(감각)과 객관적 지각(인식)으로 분류되며, 인

할 때마다 대상을 수용하는 것이 아니라 생산할 것이다. 이같이 표상이 언제나 존재를 수반한다면, 신적 인식에서는 현실적 대상만이 있을 것이라는 사실을 추론할 수 있다. 이제 직관과 개념, 감성과 오성의 구별뿐만 아니라 **가능성**과 **현실성**의 구별도 없다. 나아가 지적 직관이 완전한 자발성의 능력이라는 사실이 말해 주는 것은 그것이 감성으로부터 완전히 독립된 인식 능력이라는 것이다. 그것은 현상의 제약의 계열을 무한히 진행해 가야 하는 감성적 직관과는 달리 계열 전체를 직접적으로 단번에 직관할 수 있을 것이며, 사물 자체를 비감성적인 방식으로 직관할 수 있을 것이다.

     신적 인식에서 직관이 수용적이 아니라 자발적이고, 감성적이 아니라 지(성)적이라면, 오성은 논증적 혹은 반성적이 아니라 직관적이다. 하지만 직관적 **오성**이라는 표현 아래서는 단번에 파악하는 신적 능력과 달리, 인간 인식과 유사하게 구별적인 요소를 모종의 방식으로 사고

식은 다시 직접적, 개별적 인식(직관)과 간접적 공통적 인식(개념)으로 분류된다(KrV, B376f.). 인간 인식에서는 주어진 **감성적 직관**의 잡다를 논증적 **오성**의 **개념**이 결합(사고)할 뿐이지만, 감성과 오성의 구별이 없어진 신적 인식에서 오성은 **감성**에 제약되지 않을 뿐만 아니라, 감성적 직관의 잡다를 **결합**하는 방식으로 인식할 필요가 없다. 따라서 신적 인식은 **개념**을 필요로 하지 않으며 **사고**하지도 않는다. 개념은 감성적 직관의 잡다를 **결합**하는, 즉 **사고**하는 인간 인식의 고유한 도구다. 인간만이 **개념**을 통해 **논증적**으로 **사고**한다. 신적 인식은 주어진 직관의 잡다를 이리저리 돌아다니며 훑어보고 결합할 필요 없이 단번에 **직관**한다. 이것이 감성적이 아닌 오성적(지적)인 직관의 능력이다. 따라서 인간 인식에서는 직관과 개념의 구별이 감성과 오성의 구별과 병행하지만, 신적 인식에서는 감성과 개념이 문제 되지 않으므로 **직관과 오성의 구별만**이 있다. 하지만 신적 인식에서 직관과 오성은 구별되지 않으므로, 그것들은 구별 아닌 구별을 형성한다.

하는 능력이 문제 된다. 직관적 오성은 종합적 보편, 즉 전체 자체에 대한 직관으로부터 특수로 나아가는 능력, 다시 말해서 전체에서 부분으로 나아가는 능력이다(KU, B349 / V407). 종합적 보편이란 보편이 자신 안에 타자인 특수를 포함하고 있는 경우를 말한다. 칸트에게 '분석적'이라는 의미는 관계 항의 동질적인 결합을 말하며, '종합적'이란 이질적인 결합을 의미한다. 따라서 종합적 보편에서 보편은 전체를 말하는데, 이 전체는 부분을 포함하고 있는 전체, 특수를 포함하는 보편을 의미한다. 직관적 오성이 종합적 보편을 사유할 수 있다는 것은 직관적 오성에 있어서는 전체가 자신 안에 부분들의 가능성을 포함하고 있다는 것을 의미한다. 다시 말해서 직관적 오성이 가능케 하는 방식에 따라, 부분은 전체에 의존해서만 가능하게 된다(KU, B349 / V407). 종합적 보편이란 특수를 포함하는 보편이므로 종합적 보편을 사유하는 직관적 오성은 특수를 온전히 보편 아래로 포섭할 것이다. 따라서 거기서는 특수한 법칙들이 직관적 오성에 필연적으로 합치할 것이다(KU, V406 / B347). 이렇게 직관적 오성은 잡다한 경험 법칙들의 통일 근거이며, 전체가 부분들을 가능케 하는 유기체의 "초감성적 기체"(KU, B353 / V410)이고, 기계론적 자연과 목적론적 자연을 포괄하는 전 자연의 "초감성적 실재근거"(KU, B352 / V409)이다. 이로써 우리는 이미 부분을 자신 안에 포함하는 전체, 특수를 자신 안에 포함하는 전체로서 종합적 보편을 사유하는 직관적 오성을 전체로부터 부분을 조직하는 유기체의 근거로서 갖게 된다.

하지만 칸트는 이러한 능력을 인간 인식에게는 허용하지 않는다. 직관적 오성과는 달리 인간의 논증적 오성은 **분석적 보편**인 **개념**으로부터 주어진 경험적 직관의 특수로 진행할 수 있을 뿐이다(KU, B348 / V407). 이 말은 앞서 말했듯이 논증적 오성은 개념을 통해 감성적 직관을 반성하는 오성이므로, 개념을 가지고 경험적 직관을 결합하여 한 대상에 대한 인식을 성립시킨다는 의미이다. 인간의 논증적 오성은 이러한 방식으로 한 대상을 인식한 후, 거기에 다른 대상의 인식을 덧붙이는 방식으로 진행한다. 하지만 논증적 오성은 직관적 오성과는 달리 **종합적 보편**을 인식하지 못한다. 말하자면 전체로부터 부분으로 진행하거나, 부분을 가능케 하는 전체를 인식하지 못한다. 논증적 오성의 **개념**은 종합적 보편이 아니라 **분석적 보편**이다. 칸트에게서 개념은 대상들을 서로 비교하고 그것들의 공통성을 반성하면서 그것들의 우연적인 속성들을 추상함으로써 생겨난다(Log, 94f.). 따라서 칸트의 개념은 통상적인 개념처럼 사물들의 **공통적인 징표**를 말한다. 논증적 오성은 특수한 사물들을 공통된 징표 아래 포섭하지만, 개념 아래 포섭되는 특수가 얼마나 다양한 것인지는 **우연적**일 수밖에 없다(KU, B346 / V406). 다시 말해서 칸트가 생각하는 개념은 사물들의 공통적 징표이기 때문에, 이 공통적 징표를 공유하는 특수한 사물들은 무수히 다양한 모습으로 나타날 수 있다. 가령 말이라는 보편적 징표 아래 경주마, 얼룩말, 조랑말, 노새에 이르기까지 경험적으로 다양한 종류의 말이 있을 수 있고, 각 종류의 말 가운데서도 크기와 색깔에 따라 무수히 많은 다양성이 가능하다. 따라서 보편적 징표의 관점에서 볼 때 이러한 다양성은 우연적인 요소이고, 보편을 개별화하는 특수에는, 개념 아래 필연적으로 포섭될 수 없는 우연성이 포함되어 있다.

신적 인식에서는 라이프니츠가 말했듯이 알렉산더 대왕이라는 개체로부터 그가 마케도니아의 왕자로 태어나 아리스토텔레스에게 교육을 받고 탁월한 용병술로 지중해 연안의 소아시아와 유럽, 아프리카를 정복하다가 요절한다는 특수한 내용들이 남김 없이 추론될 수 있다. 하지만 칸트에 따르면 인간 인식에서 특수는 외부로부터 소여되는 것이며, 경험적 우연에 맡겨져 있는 것이다. 인간 인식에서 특수는 본래 보편 밖에 속하는 것, 보편에 의해 포섭될 수 없는 것이기 때문에, 개념을 형성하는 과정에서 추상 작용을 통해 제거되어야 할 우연성일 뿐이다. 개념은 특수를 추상해 버리고 순수한 보편만을 형성해야 한다. 개념은 특수라는 타자를 포함하지 않는 순수한 분석적 보편이다. 따라서 개념을 통해 사유하는 인간 인식은 언제나 추상적 자기동일성에 머물 뿐이며, 직관적 오성처럼 자신으로부터 특수를 산출함으로써 보편에서 특수로 진행할 수 없다. 인간 인식에서 특수는 분석적 보편인 개념의 타자이기 때문에, 개념으로부터 배제되어야 할 뿐이지 개념의 구성 요소가 아니다. 따라서 인간적 사고의 도구인 분석적 보편에서는 유기체의 원리인 종합적 보편에서와는 달리, 보편이 특수를 가능케 하는 원리가 아니고, 특수는 보편에 의존하지 않는다. 오히려 인간 인식에서는 부분 혹은 특수한 개별자가 전체 혹은 보편을 가능케 한다. 말하자면 논증적 오성은 부분에 부분을 덧붙여 전체를 산출하고, 특수한 대상들을 추상하여 보편을 형성하므로, 전체를 기계적으로 산출할 수 있을 뿐이다(KU, B351 / V408).

칸트에 따르면 인간 인식에서 보편과 특수는 합치하지 않는다. 왜

나하면 논증적 오성에게 특수는 너무나 다양하여 개념 아래 포섭될 수 없기 때문이다. 여기서 문제 되는 오성의 능력은 규정적 판단력이다. 인간 오성은 개념, 상상력, 판단력의 능력인데, **특수**를 **보편**과 연결하여 이해하는 능력인 **판단력**은 연결 방식에 따라 다시 규정적 판단력과 반성적 판단력으로 나뉜다. 규정적 판단력은 특수한 잡다를 보편 개념 아래 **포섭**하여 하나의 대상으로 **규정**하는 능력이다. 이렇게 개념에 의해 규정될 수 있는 대상은 감각 경험의 대상이다. 하지만 미감적 현상, 유기체, 경험적 자연법칙들과 같은 대상은 논증적 오성의 개념 아래 포섭되면서 그것의 특수성이 제거될 수 있는 성격의 것이 아니다. 이 대상들의 경우에는 우리에게 특수를 포섭할 수 있는 보편이 주어져 있지 않기 때문에, 특수를 보편에 포섭하여 보편에 의해 특수를 규정할 수 없다. 여기서 우리에게 주어진 것은 특수한 부분들뿐이며, 우리의 **판단력**은 특수를 **반성**함으로써 보편을 추론해야 한다. 이같이 반성적 판단력은 특수한 부분들을 모종의 합법칙성에 따라 전체로 통일해야 한다. 칸트에 따르면 이러한 모종의 합법칙성이 합목적성이고, 이러한 합법칙성에 따라 통일되는 대상은 합목적적 대상이다(KU, B344 / V404). 합목적적 대상들은 논증적 오성의 대상이 아니라 **이성**의 대상으로서, 이성은 보편에 의해 **포섭**될 수 없는 우연성을 지닌 특수한 부분들이 합목적성에 따라 통일될 것을 요구한다. 하지만 이 통일은 추론의 과정 끝에 도달되어 주어질 수 있는 객관적 실재가 아니다. 그것은 우리가 통일을 사유하기 위한 **길잡이**로서 설정하고, 부분들의 과정에 **덧붙여** 생각하는 우리의 이성 개념이다. 앞서 살펴보았듯이 칸트는 이러한 이성 개념으로서 직관적 오성을 도입한다. 직관적 오성은 이성 개념으로서, 유기체의 최고 근거이며 경험적 자연법칙들의 통일 근거이다. 칸트에 따르면 인간 오성은 보편적 초월론적 법칙 밖에 있는 잡다한 경험적 자연법칙들을 필연적으로 포섭할 수 없기 때문에, 인간 인식에서 "경험적 자연법칙들"의 잡다가 "오성과 합치"하는 것은 우연적인 일이다(KU, B347 / V406). 이같이 인간 인식에서 특수는 보편에 포섭될 수 없는 우연성을 포함하지만, 직관적 오성에서는 직관과 개념, 가능성과 현실성의 구별이 없으므로 특수는 항상 필연적으로 "오성과 합치"할 것이다.

위의 마지막 인용구에서 칸트는 '직관적 오성'이라고 표현하지 않고 '오성'이라고만 표현하고 있다. 이 인용문의 내용은『판단력비판』의 서론에서 이미 다음과 같이 서술되었다. "특수한 경험적 법칙들은 어떤 하나의 통일에 의하여 고찰되지 않으면 안 된다. 즉 마치 어떤 오성이 (비록 이것은 우리의 오성이 아니지만) 특수한 자연법칙에 따르는 경험의 체계를 가능케 할 목적으로, 우리의 인식 능력을 위하여 부여하기나 한 것 같은 그러한 통일에 의하여 고찰되지 않으면 안 된다"(KU, BXXVII / V180). 서론과 본론 모두에서 칸트는 '오성'을 '직관적 오성'으로 명백히 표현하지 않는다. 앨리슨은 이 오성을 직관적 오성이라고 이해하는 것이 자연스럽고 헤겔도 그렇게 이해한다고 지적하면서도, 이 오성이 직관적 오성이어서는 **안 된다**고 주장한다. 앨리슨에 따르면(Allison, 2012, 174f.) 이 오성이 직관적 오성으로 간주된다면, 직관적 오성은 자연의 법칙들을 근거 짓는 기능을 할 뿐만 아니라, 예술에서의 아름다움과 자연에서의 유기적 통일을 근거 짓게 된다. 하지만 앨리스는 이것이 칸트가 합목적성의 이념에 할당한 단지 규제적인 기능과 정합하지 않는다고 주장한다. 왜냐하면 반성적 판단력의 원리로서, 합목적성의 이념은 어떻게 논증적 오성의 소유자인 우리가 자연을 고찰하는 데 있어서 이성적으로 **제한**되어야 하는지를 지시할 뿐이지, 자연이 어떻게 그 자체로 **실재**해야 하는지를 지시하지는 않기 때문이다. 앨리슨은 바움(M. Baum)과 함께 **합목적성의 이념**이 **오성의 논증적 형식**과 연결되어야 하지만, 직관적 오성은 합목적성의 이념을 위한 어떤 자리도, 또한 오성과 특수한 법칙들의 일치에 있어서 어떤 우연성도 허락하지 않는다고 주장한다. 따라서 그는 헤겔이 시도하듯이, 직관적 오성의 단순히 이상적인 위상과 관련하여, 합목적성의 이념에 할당된 규제적 기능을 설명하려고 해서는 안 된다고 강조한다. 만약 직관적 오성의 실재성을 상정하면, 어떠한 형태의 합목적성도 불가능하다는 것이다. 앨리슨은 직관적 오성을 스피노자의 실체 혹은 신과 같은 것으로 보면서, 칸트가 스피노자의 실체와 같은 직관적 오성의 필연성의 체계에서 합목적성을 도출할 수는 없다고 주장한다(Allison 2012, 175 note 29).

하지만 앨리슨이 말하듯이 "경험적 자연법칙들"과 "오성"의 일치에서 오성은 직관적 오성을 지칭한다고 보는 것이 자연스럽다. 서론에서 말하듯이 칸트는 그 오성이 인간의 오성이 아니라는 점을 분명히 하는데, 논변적 오성과 직관적 오성 외에 칸트가 서술하지 않은 인간의 오성 이상의 어떤 오성을 또 상정한다는 것은 설득력이 없다. 칸트는 §65에서 자연 목적의 첫 번째 측면을 우리에게 목적으로서 사유되는 **전체**로서 서술하고 있는데 이것은 **직관적 오성**에 다름 아니다. 그는 §75에서 합목적적 세계가 세계 밖의 "오성적 존재자"에 의존하고 그것으로부터 유래한다는 것을 반성적 판단력의 준칙으로서 제시하면서, 반성적 판단력이 관계하는 것이 "하나의 오성적인 근원적 존재자"임을 분명히 하고 있다 (KU, B335 / V399). 우리의 목적 인과성과의 먼 유비에 따라 사유되는 유기체의 "최고 근거"는 단지 반성적 판단력이 사유하는 방식으로서 추상적 이론이기만 한 원리를 말하는 것이 아니다. 칸트는 이 최고 근거를 도처에서 우리의 목적 인과성과의 먼 유비에 따라 **의도적인 것**이라고 주장하는데, 이것은 의도적인 존재로서의 **직관적 오성**을 지시하는 것임에 틀림없다. 칸트는 스피노자주의의 자연필연성으로부터 의도적인 목적을 도출할 수 없다고 하기 때문에, 스피노자의 신 혹은 실체를 직관적 오성과 일치시키지 않는다. 칸트는 분명히 직관적 오성을 **종합적 보편**을 인식할 수 있는 유기체의 원리로서 인정하고 있다. 물론 우리는 그것이 어떻게 일어나는지를 알 수는 없지만, 직관적 오성은 우리가 할 수 없는 보편으로부터 특수를 구성할 수 있다고 사유하는 것이, 반성적 판단력이 직관적 오성이라는 이성 개념을 가지고 유기체의 합목적성을 판정하는 방식이다. 아름다운 것과 유기체, 경험적 자연법칙의 통일 원리는 모두 칸트가 반성적 판단력이라는 인식 비판의 안전장치 가운데서 오성적인 근원적 존재자라고 말하는 것, 즉 직관적 오성과 연결된다.

앨리슨과 바움 같은 칸트주의자들은 반성적 판단력의 준칙으로서조차 직관적 오성과 같은 형이상학적 요소와의 연관을 언급하는 것을 꺼린다. 그들은 칸트의 직관적 오성에 대한 서술이 인식 비판의 한계를 넘어설까 두려워서 인간 오성을 넘어서는 칸트의 언급을 모두 무시하고 제거해 버리고자 한다. 그들에게 직관적 오성은 그저 인간 오성의 한계를 드러내기 위해 부정적으로 설정된 기준의 의미만을 가져야지, 어떤 긍정적인 역할을 수행하는 것으로 간주되어서는 안 된다. 바움(Baum 1990, 167)은 합목적성의 원리를 직관적 오성과 연결시키지 않고, 인간 오성의 논증성, 즉 인식 능력의 이원성에서 기인하는 외부 소재에 대한 의존성이라는 인간 오성의 약점을 나타내는 표지자(Indiktor)로서 제한적으로 해석한다. 그는 합목적성을 규정적 판단력의 경우와 같이 직관에 주어진 대상들을 개념 아래 **포섭**할 수 있음으로 간주하면서, 단지 규정적 판단력의 경우처럼 특수한 직관의 대상들을 개념이 추상하고 그것들을 개념에 **필연적**으로 포섭할 수 있는 경우가 아니라, 보편이 특수에 **우연적**으로만 적중하는 경우를 합목적성으로 간주한다. 하지만 합목적성을 특수를 보편 개념하에 **포섭**할 수 있는 가능성으로 간주하는 데에는, 합목적성이라는 특수한 자연 질서를 인식 비판에 의해 제한된 논증적 오성에 국한하려는 의도가 숨어 있다고 보인다. 보편이 특수를 **우연적**으로 포섭한다는 것이 무엇을 의미하는가? 나는 이것이야말로 칸트가 특수를 필연적으로 포섭하는, 따라서 보편으로부터 특수를 산출하는 직관적 오성을 설명하기 위해, 그것의 반대의 경우로서 인간 오성의 경우는 그렇지 않다는 것을 단지 부정적으로 지시하는 것일 뿐이라고 생각한다. 우리는 보편이 특수를 **우연적으로 포섭**하는 경우를 생각할 수 없다. 그것은 그저 합목적적 대상의 경우 특수는 보편 아래 **포섭되지 않는다**는 것을 말할 뿐이다. 합목적성을 사유하기 위해서 우리는 규정적 판단력의 방식인 **포섭** 불가능성을 넘어서, **반성적 판단력**을 통해 **직관적 오성**의

이념에 따라 전체가 부분을 산출하듯이 부분들을 전체로 통일시켜야 한다. 판단력은 부분을 전체와, 특수를 보편과 연결시키는 능력이지만, 규정적 판단력과 반성적 판단력의 방향은 정반대이다. 합목적성의 경우는 규정적 판단력의 역할을 부정하지만, 반성적 판단력이 그것을 대체할 것을 요구한다.

칸트는 부정 신학적인 방식으로 논증적 오성의 반대상으로서 직관적 오성을 설명한다. 하지만 그는 직관적 오성은 우리가 알 수 없는 것이라는 이유로 그에 대해 침묵하지는 않는다. 그는 오히려 직관적 오성을 논증적 오성과 달리 전체로부터 부분을 산출하는 구성 방식으로서 유기체에 대한 적극적인 원리로서 제시한다. 앨리슨은 직관적 오성을 유한한 인간 오성을 설명하기 위한 보조적 역할에만 한정하면서, 논증적 오성의 부정 신학적 반대상으로서 형상화된 이상적 위상으로서만 간주한다. 하지만 『판단력비판』의 과제는 『순수이성비판』에서처럼 신적 인식과 구별되는 인간 인식의 특성을 규명하는 것이 아니라, 기계론적으로 설명할 수 없는 유기적 대상에 대한 이해를 목표로 하며, 인간 인식의 제한을 넘어서는 이성의 원리를 사유하는 것이다. 따라서 인식 비판의 원리에 충실하기 위해 합목적성을 기계론적 제한에 묶어두려는 시도는 합목적성에 대한 적합한 해석이 아니다. **반성적 판단력**은 직관적 오성을 자연의 **실재하는** 원리로서 간주하지 않고도, **직관적 오성을 이성 개념**으로 삼아서 유기체의 원리로서 사고할 수 있다. 칸트에 따르면, 우리는 직관적 오성의 실재성을 상정해서는 안 되기 때문에, "전체가 부분들을 가능케 하는 근거를 내포하고 있다"고 말해서는 안 되지만, "전체에 대한 표상"이 그렇다고는 생각할 수 있다(KU, B350f. / V407f.). 오히려 우리는 유기체를 해명하기 위해 반드시 그렇게 생각해야 한다. 이러한 전체의 표상은 **결과**(산물)이지만 동시에 그것을 가능케 하는 **원인**으로서 간주될 수 있는데, 이것이 다름 아닌 **목적**이다. 말하자면 부분들의 결합의 결과인 **전체**가 결합을 가능케 하는 사물 자체의 특성이 아니라 단지 **표상**으로서 결합을 인도할 때, 그러한 전체의 표상은 목적이다.

앨리슨과 바움이 지적한 대로 목적은 인간에게만 있고 직관적 오성에게는 없다. 합목적성도 유한한 인간 오성에게 나타나는 인간적인 개념이다. 하지만 직관적 오성과 합목적성에서 보편과 특수가 합치하는 양상이 상이할지라도, 양자는 내용에 있어서는 같다. 말하자면 전체가 특수를 가능케 하는 유기적 질서는 인간에게는 합목적성으로 나타나고 직관적 오성에게는 필연적인 질서로 구성되더라도, 직관적 오성과 인간의 판단력이 사유하는 것은 동일한 내용을 지닌 것이다. 하지만 앨리슨은 반성적 판단력의 원리로서 합목적성의 이념이 논증적 오성의 소유자인 우리의 자연 고찰 방식을 **이성적**으로 **제한**한다고 주장하는데, 이성 개념이 우리의 자연 고찰 방식을 이성적으로 제한한다는 것이 무엇인지 가늠하기 어렵다. 유기체의 이념은 『순수이성비판』의 변증론의 이성처럼 사변적 사용의 위험이 있기 때문에 이성적 제약이 필요한 것인가? 그렇다면 이성적 제한이란 고작해야 유기적 통일의 근거를 직관적 오성에서 찾지 말고 합목적성의 이념에서 찾으라는 요구인가? 앨리슨과 바움은 인식 비판의 이념을 지켜내기 위해, 유기체의 설명에서 **목적**과 **합목적성**만을 **인간적** 관점으로 간주하고, 거기에 머물고자 한다. 그렇다면 그들이 회피하는 직관적 오성에 대한 칸트의 언급은 무슨 의미가 있는가? 칸트는 단지 직관적 오성을 유한한 인간 오성에 반대되는 이상적, 원형적 오성으로 제시하기 위해 도입한 것인가? 그는 인식 비판을 위해, 직관적 오성을 실재하는 것으로 생각해서는 안 된다고 말하기 위해서, 그것을 **이성 개념**으로 상정하고 있는가? **원형적 오성**이 **이성 개념**으로 상정되었음에도 불구하고(KU, B351 / V408), 우리는 앨리슨의 경고대로 그것을 통해 목적론의 **규제적** 기능을 설명하려고 해서는 안 되는가? 하지만 우리는 앨리슨과 바움의 경고대로 목적과 합목적성에 머물러 있는 대신, 목적과 합목적성을 그것들로 만들어 주는 것이 무엇인지 묻지 않을 수 없다. 그것은 부분으로부터 전체를 구성하는 인간 인식의 방식과는 반대로 전체로부터 부분을, 보편으로부터 특수를 구성하는 방식이며, 그러한 방식은 전체라는 의도로부터 부분의 구성을 기획하고 조직하는 **오성적 존재자**가 유기체를 산출하는 방식이다. 이러한 방식의 생산자는 소여된 직관적 감성에 제약된 **논증적 오성**에게는 귀속될 수 없는, 유기체의 "초감성적 실재근거"이다(KU, B352 / V409). **직관적 오성**은 합목적성을 독단적 사변으로 만드는 형이상학적 실체가 아니다. 그것은 **반성적 판단력**이 유기체의 **근거**로서 간주하여, 특수한 부분들을 거기로부터 산출된 것으로 **판정**하는, 즉 특수한 부분들을 오성적 존재자가 의도적으로 산출한 합목적적인 것으로 판정하는 이성 개념이다.

합목적성의 구조는 전체가 부분을 가능케 한다는 것이며, 그것은 직관적 오성에 의해서만 구성될 수 있다. 어떤 것을 합목적적인 것으로 만들어 주는 것은 합목적성의 근거인 직관적 오성이다. 어떤 것은 인간의 목적 인과성으로부터 유비적으로 사유된, 의도적인 오성적 존재자에 의해 합목적적으로 기획되고 구성될 때 합목적적인 것이 된다. 칸트에 따르면 유기체의 근원적 원인은 의도적인 목적(을 지닌 오성적 존재자)으로 보아야 하는데, 왜냐하면 자연 목적은 기계론적 필연성이어서는 안 되기 때문이다. 하지만 목적을 의식에 결부시키는 것은 전형적인 목적론의 문제로 지적되어 왔기 때문에 바람직하지 않은 것이다. 의도란 인간의 의식의 측면에서 볼 때 항상 우연성이 결부되어 있고, 앞서 지적했듯이 목적과 수단의 관계를 우연성을 통해 결부시킬 수 있다. 하지만 칸트는 의도를 신적 오성과 결부시킴으로써 이러한 문제를 피해 갈 수 있다. 인간적 오성에서 보편과 특수의 결합이 우연적이라면, 우리는 특수한 부분들, 즉 수단(조류에 떠내려오는 목재 혹은 바다의 모래 퇴적)을 우연적 목적(라플란드인의 땔감 혹은 가문비나무의 성장)과 연결시킬 수 있다. 하지만 자연 목적은 내적 목적이기 때문에, 자연 목적에서는 이러한 결합이 불가능하다. 내적 목적으로서 유기체의 목적과 수단의 관계는 내적, 즉 필연적이다. 하지만 이러한 필연적인 목적 관계는 인간 오성에 근거할 수 없다. 왜냐하면 인간 오성에서는 보편의 특수에의 적중과 적합이 우연적이기 때문이다. 앨리슨과 바움은 합목적성을 논증적 오성에 결부시켜 인간적 차원에 제한하고자 하지만, 논증적 오성은 감성적 직관을 전제하고 감성적 직관으로부터는 부분을 가능케 하는 전체가 주어질 수 없기 때문에, 합목적성의 이념은 논증적 오성에 근거할 수 없다. 목적은 인간에게 속하는 개념이며 인간의 사고 방식의 표현일지라도, 그 **내용**은 인간의 오성에 근거할 수 없다. 우리는 오성을 넘어 이성으로 나아가야 하지만, 그런 다음에도 이성의 규제적, 실천적 사용이 이성의 참월을 제한하는 부정적 방식에만 국한되어서는 안 된다. 세계의 총체성이 인간 인식에 주어질 수 없지만 이성 개념으로 요청되듯이, 직관적 오성이 자신의 의도로부터 부분들을 구성하는 방식을 우리가 알지 못하더라도, 우리는 직관적 오성을 유기체의 초감성적 기체로서 기능하는 이성 개념으로서 요청하여야 한다. 내적 합목적성이 유기체에 대한 인간의 파악 방식일지라도, 유기체의 합목적성이 내적이고 필연적이 되기 위해서는 인간 오성의 제한을 넘어서는 직관적 오성의 이념이 요구된다. 이성 개념은 순수 오성 개념처럼 구성적인 필연성을 갖지 않지만,『순수이성비판』에서 인식의 총체성을 가능케 하는 최후의 심급이었듯이『판단력비판』에서는 유기적 질서의 최고 근거이다. 이성 개념은 인간의 인식에 제한되어서는 합목적성으로 나타나지만, 그것을 넘어서는 초감성적 근거로서는 직관적 오성으로 나타난다. 후자가 없이 생각된 전자는 필연적인 구속력을 갖지 못한다.

　　나는 지금까지 자연 목적으로서 유기체가 갖는 첫 번째 측면, 즉 전체가 부분을 가능케 하는 목적론적 측면이 유기체를 설명하는 데 있어서 불가결함을 역설했다. 첫 번째 측면이 없는 두 번째 측면은 부분들의 기계적인 결합으로 머물 뿐이다. 이 결합을 첫 번째 측면과 연결하여 목적론적인 결합으로 만들려면, 이 부분들에 선행하는 전체가 필요하다. 이 전체는 부분들을 특정한 방식으로 결합하려는 목적이다. 칸트는 목적이 의도여야 한다고 생각하며, 따라서 목적을 설정하는 의도적인 오성적 존재자를 목적을 설정하고 그 목적에 따라 합목적적 대상을 산출하는,

합목적성의 근거로 요청한다. 이 오성적 존재자는 인간이 할 수 없는 전체로부터 부분으로의 진행, 보편으로부터 특수의 산출을 구성할 수 있는 직관적 오성이다. 유기체를 자연 목적으로서 사유하기 위해 부분들의 유기적 연관을 가능케 하는 전체로서의 목적이 불가결하다면, 우리는 마치 직관적 오성이 자신의 의도적 목적에 따라 부분들을 산출하고 부분들이 상호작용을 통해 전체에 기여하도록 조직한 것처럼 사유해야 한다. 칸트에게서 유기적 질서는 인간으로부터 기원하는 것이 아니기 때문에 우리는 우리가 알 수는 없지만 유기적 질서의 이해를 위해 불가결한, 유기적 질서의 창조자이자 그것의 가능 근거인 직관적 오성을 이념으로 요청하여야 한다. 유기체의 **목적**은 부분을 가능케 하는 **전체**로서 **개념**인데, 그것은 논증적 오성에 의해 구성될 수 없는 **이성 개념**, 이념이다. 목적은 특수를 산출하는 보편이며, 특수를 자신의 의도에 따라 구성하여 **합목적성**을 형성한다. 따라서 목적에 따른 부분들의 통일인 합목적성 역시 목적과 마찬가지로 이성 개념을 나타낸다. 내적 목적과 합목적성의 이념은 보편으로부터 특수를 산출하는 **직관적 오성**의 표상 방식에 기초한다. 따라서 내적 목적과 합목적성, 직관적 오성을 관통하는 이성 개념은, 순수 오성 개념이 지각 경험에 대한 인식을 위해 불가결하였듯이, 유기체의 이해를 위해 불가결한 그것의 가능 조건이다.

3. 자연과학을 위한 발견법으로서 목적론

칸트에게 있어서 직관적 오성의 이념은 우리가 유기체의 이해를 위해 필연적으로 요청해야 하는 불가결한 가능 조건이다. 그렇다고 해서 유기체의 합목적성에 대한 이해가 객관적 필연성을 띠는 것은 아니다. 칸트에 따르면 자연에는 기계론 및 합목적성이라는 두 가지 상반된 성격의 질서가 있는 것처럼 보이기 때문에, 다음과 같은 이율배반이 형성될 수 있다. 정립: 물질적 사물의 모든 산출은 단지 기계적 법칙에 따라서만 가능하다. 반정립: 물질적 사물들의 약간의 산출은 단지 기계적 법칙에 따라서는 가능치 않다(즉 목적론적 법칙에 따라서 가능하다). 이 두 명제는 기계론적 질서 및 목적론적 질서와 관련하여 객관적 실재성을 주장하는 **구성적** 원칙들이다. 『순수이성비판』의 초월론적 우주론에서는 정립과 반정립이 겉보기에는 모순 관계로 보였지만 반대대당과 소반대대당의 관계임이 밝혀지는 방식으로 모순이 해소되었다. 거기서 가령 세계는 유한하다는 명제와 세계는 유한하지 않다 혹은 무한하다는 명제는 서로 모순 대립하는 것처럼 보이지만 세계가 현상으로 주어지지 않기 때문에, 두 명제는 모두 거짓임이 밝혀지면서, 두 명제 사이의 대당 관계는 반대대당의 관계로 밝혀지고 모순이 해소된다. 하지만 여기 『판단력비판』에서 두 구성적 원칙들의 대당 관계는 전칭 긍정 명제와 특칭 부정 명제 사이의 진정한 논리적 모순을 형성한다. 칸트가 이 모순을 해소하는 방식은 이 명제들을 구성적 원칙이 아닌 **규제적** 원칙들로 전화시키는 것이다. 말하자면 두 명제의 주장이 자연의 실재성에 대한 진술로서 주장된다면, 두 구성적 원칙 사이의 모순은 해결될 수 없다. 왜냐하면 칸트에 따르면 우리는 실재하는 목적론적 질서에 대해서는 인식할 수 없고, 따라서 반정립의 참, 거짓을 판별할 수 없기 때문이다.

칸트는 두 구성적 원칙들을 다음과 같은 두 가지 **준칙**, 즉 주관적 탐구 원칙으로 변환한다. 정립: 물질적 사물들과 그 형식들의 모든 산출은 기계적인 법칙에 따라 가능한 것으로 **판정**되지 않으면 안 된다. 반정립: 물질적 자연의 약간의 산물들은 단지 기계적인 법칙들에 따라 가능한 것으로 **판정**될 수 없다(이러한 산물들의 판정은 전혀 다른 인과성의 법칙, 즉 목적인의 법칙을 필요로 한다). 칸트에 따르면 이 두 가지 명제들은 자연의 객관적 질서에 대해 주장하는 것이 아니라 단지 그것을 탐구하는 우리의 주관적 원칙에 대해서 주장하는 것이다. 그는 이것이 객관적인 사실의 대립이 아니라 단지 주관적인 태도에 있어서의 대립을 나타내기 때문에, 서로 모순되지 않는다고 주장한다. 우리가 자연을 탐구할 때, 가급적 기계론적 탐구 방식에 따라 탐구하되, 기계론적 탐구가 불가능한 유기적 산물의 경우 목적론적 탐구 방식에 따라 탐구해야 한다는 것이, 기계론과 목적론의 이율배반에 나타난 칸트의 생각이다. 칸트에게 있어서 기계론과 목적론의 이율배반은 단지 **주관적** 탐구 원칙에서의 대립에 머물러야지, **객관적** 사실의 모순으로 제시되어서는 안 된다. 그 이유는 칸트가 유기적 자연에 대해서는 우리 인간이 인식할 수 없고, 그것의 객관적 실재성을 확증할 수 없다고 생각하기 때문이다. 말하자면 **구성적** 원칙으로서 제시된 **반정립**, 즉 물질적 사물들의 약간의 산출은 단지 기계적 법칙에 따라서는 가능하지 않고 목적론적 법칙에 따라서 가능하다는 주장은 **객관적**인 사실로서 주장될 수 없다는 것이다.

앞서 상세히 서술하였듯이 칸트에 따르면, 유기적 질서는 규정적 판단력에 따라 주어진 개념을 통해 필연적으로 인식될 수 있는 것이 아니다. 그것은 우리에게 주어진 특정한 방식의 경험을 이해하기 위해 반성적 판단력이 이성 개념을 경험 속에 집어넣어 경험을 합목적적인 것으로 판정한 것이다. 따라서 유기체의 합목적성은 유기체의 객관적 질서가 아니라, 단지 우리에 의해 자연 목적으로서 사고된 것일 뿐이다. 유기체를 탐구할 때 기초하는 이성 개념은 궁극적으로 **직관적 오성**에게로 연결되었다. 칸트(KU, B336 / V399)에 따르면 직관적 오성으로서의 '하나의 오성적 근원적 존재자가 있다'는 명제는 객관적으로 입증될 수는 없다. 그것은 자연 목적을 반성할 때, 우리의 반성적 판단력의 사용을 위해 **주관적**으로 입증될 수 있을 뿐이다. 하지만 자연 목적은 하나의 최고 원인의 의도적 인과성이라는 원리에 따라서만 사고될 수 있다. 반성적 판단력은 최고 원인인 의도적 오성이 유기적 자연을 조직하고 산출한 것처럼 사고해야 한다. 그런데 이것은 이성이 인간 인식 능력의 한계와 특이성이라는 조건에 맞게, 반성적 판단력에게 지정한 **주관적 원칙**에 따르는 것이다(KU, B333 / V398). 말하자면 유기적 질서를 인식할 수 없는 인간 인식의 유한성 때문에, 인간은 유기적 자연을 하나의 **오성적 원인**의 산물로서 표상하는 수밖에 없으며(KU, B337 / V400), 나아가 **의도적 오성**에 따라 조직된 합목적성으로서 유비적으로 사고하여야 한다. 칸트에 따르면 우리는 언젠가 미래에 뉴턴과 같은 기계론적 설명에 탁월한 과학자가 나타나서, 유기적 자연으로서의 한 줄기 풀조차도 기계론적으로 설명할 수 있을 것이라고 기대해선 안 된다(KU, B338 / V400). 그렇다고 해서 우리는 자연의 유기적 산물이 기계론적으로 산출될 수 없다는 사실을 증명할 수도 없다(KU, B317 / V388). 우리는 유기체의 근거에 대해 인식할 수 없기 때문에, 유기체가 기계론적인지 아닌지에 대해 객관적인 지식을 가질 수 없다. 저 기대와 증명은 객관적 사실과 관련된 것이다. 이같이 칸트는 객관적 사실로서는 **유기체 불가지론**을 주장한다(KU, B351 / V408). 생명체를 창조한 그것의 근원은 인간이 아니라 신이기 때문에, 우리는 유기체가 섬세할지라도 궁극적으로 기계론적인 것인지 아니면 전혀 기계론적인 것이 아닌지는 알 수 없다. 하지만 우리는 우리가 인공물을 만들 때처럼 신이 의도를 가지고 생명체를 창조했다고 생각하면서, 반성적 판단력에 따라 유기적 자연을 목적론적으로 사고할 수 있고, 또 해야 한다.

하지만 칸트(KU, B350 / V408)에 따르면 우리는 자연학에 있어서는 이러한 목적론적 탐구에 좀처럼 만족하지 못한다. 왜냐하면 우리는 이러한 탐구에 있어서 규정적 판단력에 따라서 사물들 자체에 적합하게 판단하는 것이 아니라, 단지 우리의 반성적 판단력에만 적합하게 판정하기 때문이다. 칸트는 목적 결합의 **근거**가 **자연** 속에 놓여 있는 것이 아니기 때문에, 그것은 세계 원인으로서의 **근원적 오성**에서 찾아져야 한다고 주장한다(KU, B353 / V410). 근원적 오성은 자연 목적인 유기체의 목적론적 측면, 즉 전체로부터 부분의 산출을 가능케 하는 원리이다. 하지만 칸트(KU, B354f. / V410)에 따르면 인간 인식은 이같이 위로부터 아래로 논증하면서 유기적 자연에 대한 **객관적 설명**을 제공할 수는 없다. 또한 칸트는 자연 목적의 두 번째 측면, 즉 아래로부터 위로 올라가는 논증에 따라, 부분들로부터 전체, 수단으로부터 작용 원인인 목적으로 추론해 가는 것은 목적에 도달하지 못하기 때문에, 동어반복에 머물 뿐이라고 주장한다. 자연 목적의 첫 번째 측면이 목적론의 핵심이고 생명의 비밀인데, 인간은 생명의 창조자가 아니기 때문에 그것을 구성적으로 재현할 수 없다. 말하자면 목적 개념은 **규정적 판단력의 개념**으로서 구성적으로 주어지는 것이 아니기 때문에, 인간은 오직 규제적으로만 목적 개념을 사고할 수 있을 뿐이다. 유기체의 탐구에서 첫 번째 목적론적 측면과 두 번째 기계론적 측면의 존재론적 차이가 말해 주는 것은 칸트에게서 유기체의 목적론적 탐구는 자연에 관한 객관적 탐구인 자연과학이 아니라는 사실이다. 목적론은 단지 이성의 준칙으로서, 자연의 특수한 법칙들과 유기적 자연을 탐구하기 위한 하나의 **발견적**(heuristic) 원리일 뿐이다(KU, B355 / V411). 칸트는 인간이 기계론과 인공물을 만드는 기술적 합목적성에 대해서는 **필연적 인식**을 가질 수 있다고 본다. 기계론적 현상은 이미 『순수이성비판』에서 학문적 인식의 대상으로 논증되었다. 인공물의 경우 역시, 인간은 목적을 설정하는 인간의 의도와 그 의도에 따라 제작된 인공물의 구조를 인식할 수 있다. 하지만 유기적 자연의 합목적성은 자연 안에 근거를 가지는 산물이 아니기 때문에, 인간은 그것에 대한 필연적 인식을 가질 수 없다. 그것은 단지 인간의 산물이고 인간의 이해 방식일 뿐이다. 합목적성은 인간이 특정한 경험을 이해하기 위해 이성 개념을 그 안에 집어넣어 생각한 것에 다름 아니다. 따라서 칸트에게서 목적론은 자연의 객관적 사실에 대한 설명이 아니라, 자연 탐구를 위한 주관적이고 실천적인 길잡이이다.

　　앞서 살펴보았듯이 기계론과 목적론은 주관적 탐구 원리, 즉 준칙으로서 제시될 때, 서로 모순되지 않는다. 왜냐하면 그것은 가급적 기계론적 탐구 방식에 따라 탐구하되, 기계론적 탐구가 불가능한 유기적 산물의 경우 목적론적 탐구 방식에 따라 탐구해야 한다는 것을 주장하기 때문이다. 이러한 주관적 준칙은 실천적, 규제적이라는 인식론적 면죄부 속에서 기계론과 목적론에 대한 전통 형이상학의 주장도 과감하게 전개한다. 칸트는 목적론의 근거뿐만 아니라 기계론의 근거도 신적 오성에서 찾아야 한다고 주장한다. 왜냐하면 기계론적 산물과 형식도 인간이 아닌 신이 **창조**한 것이기 때문이다. 더욱이 신적 오성은 기계론적 사물을 그것보다 근원적인 자신의 **의도** 속에 **수단**으로 종속시킨다(KU, B361 / V414). 말하자면 신은 **목적**을 설정하고 그것을 실현하기 위해 **수단**을 필요로 하는데, 그 수단이 기계론적 사물이라는 것이다. 따라서 목적론은 기계론보다 높은 위상을 지니며, 목적 원인은 기계론적 원인보다 탁월한 원인이다. 실로 우리가 알지 못할지라도 우리에게 목적론적 질서로 나타나는 것이 생명의 질서로서, 조야하고 투박한 기계론적 질서보다 훨씬 정교하고 탁월한 기술의 산물이다. 하지만 우리는 생명의 질서를 구성할 수 없기 때문에, 생명체를 우리의 방식대로 자연 목적으로 간주하여 그에 대한 잠정적인 이해를 제시할 뿐이다. 이 발견법적으로 제시된 합목적성은 더 나아가 기계론적으로 탐구되어야 한다. 왜냐하면 목적론은 학문적 탐구가 아니기 때문이다. 칸트(KU, B363 / V415)에 따르면, 목적론은 준칙으로서이기는 하지만 **그 자체로**, 즉 **존재론**적으로 기계론보다 높은 위상을 지닌다. 하지만 **우리** 인간의 **인식**적 탐구에 있어서는 기계론적 자연 연구가 중요하기 때문에, 합목적적 현상도 가능한 한 기계론적으로 설명하여야 한다. 한갓된 풀줄기와 같은 생명체도 기계론적으로 온전히 설명할 수 있다고 확증할 수 없지만, 그럼에도 불구하고 자연과학은 그러한 기계론적 설명을 끊임없이 시도하여야 한다. 칸트에 따르면 자연목적으로서의 유기체를 탐구하는 **목적론**은 자연과학의 탐구를 위한 발견법일 뿐이고, 생명에 대한 탐구로서의 **생물학**도 자연과학이 아니다. 오직 기계론적 대상과 형식에 대해서만 인간은 인식론적으로 참, 거짓을 판별할 수 있는 설명을 제시할 수 있기 때문에, 생명현상에 대한 설명이 학문적이려면, 그것은 기계론적 설명을 제공하여야 한다. 따라서 칸트에게 생물학은 독립적인 자연과학이 아니고, 물리 화학적 방법으로 환원되어서만 비로소 학문적 설명을 제공할 수 있다.

하지만 칸트의 이러한 관점은 생물학의 고유성을 주장하는 현대 생물학의 관점에서 볼 때 불충분한 것이다. 20세기의 대표적인 진화생물학자 마이어는 이와 관련하여 다음과 같이 비판적으로 논평한다. "불행하게도 그(칸트)는 유일하게 정당한 설명은 순수하게 기계론적인(뉴턴적인) 종류의 것이라고 하는, 그의 시대에 지배적이었던 이론을 대변한다. 그렇기 때문에 그는 목적론적 현상들에 대한 설명을 발견할 수 없다. 따라서 그는 현실적인 설명은 인간에게는 도달 불가능하며, 유기체 연구를 위한 실천적 방법은 유기체를 마치 그것이 계획된 것처럼 다루는 것이라는 결론에 도달한다"(Mayr 1979, 225). 갈릴레이로부터 뉴턴을 거쳐 오늘날까지 물리학이 지배적인 자연과학의 모델이었고, 다른 자연과학을 물리학으로 환원하려는 지속적인 시도들이 있었다. 마이어는 이러한 흐름에서 칸트와 같은 철학자들이 역학을 중심으로 철학을 형성하고 그렇게 형성된 철학을 생물학에 적용시켰다고 주장한다(마이어 2004, 40). 실로 칸트는 생명현상에 관한 고유한 목적론을 제시했지만, 목적론은 학문이 아니고 궁극적으로 역학적 기계론적 설명으로 환원될 때만 학문적일 수 있다고 주장한 점에서, 마이어의 지적은 타당하다고 할 수 있다. 하지만 물리 화학적 과정으로 환원 불가능한 유기적 요소가 생물학을 독립적인 학문으로 만들기 때문에, 생물학자들은 환원주의에 반대하여 기계적인 사물로 환원될 수 없는 유기적인 물질의 고유성을 주장한다. 마이어에 따르면 과학들을 통일하려는 노력은 신기루를 찾는 것이고(마이어 2004, 61), 그것은 실패했다. 왜냐하면 물리학의 몇 가지 기본 원리들은 생물학에는 적용될 수 없고, 생물학은 무생명적 물질에는 적용될 수 없는 추가적 원리에 근거하고 있기 때문이다(48). 생물학자들은 생명 유기체가 —유기화합물로 생명분자가 형성되듯이— 물리적 과정의 상호작용의 결과로서 생겨났다고 생각할 수 있을지라도 생명의 과정이 물리적 언어로 번역될 수 없다고 주장한다. 생명의 과정은 기계적 작용으로서 환원될 수 없는 보다 높은 법칙성을 갖는다. 보다 높은 법칙성 혹은 추가적 원리는 생물학의 한 분과인 분자생물학의 설명을 통해서도 표현될 수 없는 **창발성**과 **목적론** 같은 것들이다. 표현형, 학습과 습관 같은 비유전자적 형질이 나타내는 합목적성은 분자생물학적으로 설명할 수 있는 범위를 넘어선다. 마이어는 목적론적인 것들을 기계론적인 유전 프로그램으로 온전히 환원하여 번역할 수 없다는 사실을 시인한다(Mayr

1979, 222). 창발성의 근본 생각은 전체가 부분 이상의 것이라는 것이며, 부분들의 합성이 부분 자체보다 더 많은 특징을 나타낸다는 것이다. 칸트는 자연 목적인 유기체의 첫 번째 목적론적 측면이 두 번째 측면, 즉 부분들의 기계론적 총합과 일치할 수 없다는 점을 강조한다. 아래로부터 위로의 진행에 따라 보면, 칸트는 기계론으로부터 목적론으로의 이행은 불가능한 것이고 거기에는 질적 차이로서의 일종의 창발성이 있다고 주장하는 것이라고 할 수 있다. 이러한 생물학의 고유성에 관한 올바른 통찰에도 불구하고 칸트는 그것을 생물학에서처럼 **객관적**인 생명현상의 도약으로 설명하지 못하고, 마치 신적 오성이 기획한 것처럼 사유하라고 존재론적 도약을 명령한다.

칸트의 목적론적 통찰은 생물학과 생물철학에서 의미 있는 기여를 한다. 하지만 문제는 목적론이 갖는 발견법이라는 위상이다. 프레더릭 바이저는 칸트의 목적론에 대한 **규제적** 교설이 18세기 후반과 19세기 초반의 생리학자들에게 전혀 지지받지 못했으며, 그들은 유기체 개념을 규제적인 허구로서가 아니라 자연에서 능동적인 힘을 가리키는 **구성적** 진리로서 다루었다는 사실을 지적한다(바이저 2005, 142). 현대의 생물학자나 생물철학자들에게 있어서도 사정은 마찬가지다. 마이어뿐만 아니라 앞서 말했듯이 직간접적으로 칸트의 목적론을 계승하는 이론들은 모두 칸트의 유기체론에서 규제적 측면을 무시하거나, 칸트 유기체론을 객관적 자연의 사실로서 취급한다(Schlosser 1998; McLaughlin 2001; Toepfer 2004, 2012; Lenoir 1982; Mossio et al. 2009, 2016, 2017; Moreno, Mossio 2015) 칸트의 세심한 인식론적 구별에 대해 과학자들과 과학철학자들은 왜 관심이 없을까? 그 이유는 그들은 유기체적 통일성과 자기 조직화 모두에 대한 경험적 증거가 목적성을 자연에 귀속시키기에 충분하다고 생각하기 때문이다. 말하자면 유기체의 **합목적성**은 **경험적**으로도 충분히 관찰된다는 것이다. 헤겔은 어느 과학철학자들보다도 칸트가 주장하는 유기체의 첫 번째 목적론적 측면에 주목하여 목적 개념을 상세히 주제화하고 있지만, 그는 유기체의 자연 목적 개념을 "실존하는 개념"(der existierender Begriff)으로 간주한다(LB, 222: 37 / 187). 그는 생명체를 목적에 따라 작용하는 것으로 이해해야 한다는 아리스토텔레스의 통찰이 근대에 이르러 거의 잊혔지만, 칸트가 생명체는 자기 목적으로서 고찰되어야 한다는 내적 합목적성 개념을 가지고 이 통찰을 다시 소생시켰다고 평가한다(Enz II, § 360 A, 287). 하지만 그는 칸트가 목적을 **주관적**인 원인으로 간주하여 우리 오성에 속하는 **평가 원리**에 지나지 않는 것으로 취급했다고 비판한다(Enz I, § 58, 141).

　　헤겔은 생명 있는 유기체나 예술미가 **현존한다**는 사실은 감각이나 직관에 대해서도 이상의 현실성(Wirklichkeit des Ideals)을 말해 준다고 주장한다(Enz I, § 55, 140). 말하자면 유기체나 예술미의 합목적성은 감각이나 직관에 대해서도 현실적인 것으로 나타난다는 것이다. 앞서 언급했던 것처럼 칸트도 유기체의 이념은 세계의 통일성이나 영혼의 단일성 등의 이념과는 달리 그것의 **산물**이 자연 가운데 **주어진다**는 사실을 시인한다. 우리는 유기체의 이념의 산물을 기계적인 방식으로 인식하지는 못하지만, 이념에 따라 사고하고, 그렇게 사고된 이념의 산물을 자연 속에 주어진 것으로서 경험한다. 하지만 칸트는 목적론적으로 사고된 유기적 자연이 자연 속에서 관찰된다는 사실을 인정하면서도, 그것이 기계론적으로 구성될 수 없기 때문에 실존하는 것이 아니라고 주장한다. 이러한 귀결은 칸트의 인식 비판의 이념에 기인한다. 개념과 직관을 구별하고 객관적인 존재를 감성적 직관에 의해 충족된 개념에만 국한할 때, 감각 지각의 대상 이외의 모든 대상 영역은 주관적인 사고의 세계로, 따라서 감각 지각과는 달리 객관적으로 존재하지 않는 세계로 내몰린다. 인식론적 구별에 따라 도덕의 문제가 현상계를 초월한 예지계에 국한되는 것처럼, 유기체의 최고 근거는 **인간의 반성적 판단력**이 요청하는 이성 개념에 제한된다. 이렇게 인식 비판을 통해 개념적 구별을 하지 못하고 모든 것을 한 가지 통일적인 존재의 차원에서 취급하는 것은 독단론이라고 비난받는다. 엄밀한 인식 비판을 따르지 않는 철학은 독단론이다. 비판적 사고를 무기로 삼는 철학에서, 독단론이라는 부정적 평가는 그렇게 평가되는 이론에서 철학적 타당성을 박탈하는 잔혹한 심판이다. 하지만 직관과 개념의 구별에, 따라서 인식 비판의 이념에 동조하지 않는 철학적 입장에서 보면, 유기체의 원리가 주관적인 판단력의 산물에 불과하다는 주장은 유기체라는 자연과학의 대상에 대한 **객관적** 설명을 회피하고 **주관적**으로 제한된 철학적 개념으로 도피하는 것이다. 유기체의 최고 근거가 객관성을 결여한, 인간의 한갓된 반성적 판단력에 귀속되는 것일 뿐이라는 비판철학의 주장은 현실의 세계를 주관적 개념의 세계로 와해시키는 것이다. 자연과학자들과 과학철학자들은 객관적 세계를 설명하고자 하는 관심을 가질 뿐이기 때문에, 칸트의 인식 비판의 이념에 따른 복잡한 개념적 구별에 무관심할 뿐만아니라, 현실의 세계가 개념의 세계 속에 와해되는 것을 용납하지 않는다.

하지만 어떻게 직관과 개념의 질적인 구별을 부정할 수 있고 비판철학의 이념을 거부할 수 있는가? 과학자들은 칸트의 철학적 시도가 불필요하다고 간단히 무시할 수 있다. 왜냐하면 생명현상에 관한 규정들이 객관적인 자연현상에 타당한 이론이 아니라 인간 주관에만 타당한 독특한 사고방식일 뿐이며, 나아가 유일한 자연과학적 탐구인 기계론적 탐구를 위한 잠정적인 안내의 역할만을 한다는 칸트의 주장은 생물학자들에게는 기이한 주장으로 들리기 때문이다. 그들이 보기에 자연현상으로서의 유기체가 엄연히 목전에 실존하는데, 칸트처럼 인식 능력을 구별하여 고유한 기준에 따라 특정한 방식의 인식 대상만을 실존하는 것으로 간주하고, 유기적 자연은 존재하지 않는다고 주장하는 것은 용납할 수 없는 것이다. 또한 자연으로부터 인간의 특정한 인식 방식으로 떠밀려 난 유기적 자연을 이해하기 위해 복잡한 개념적 구별을 동원하는 것도 불필요한 것이다. 하지만 철학은 개념적인 논증 작업이기 때문에, 경험적 사실에 근거해 상대방을 비판하고 자신을 주장하더라도 궁극적으로 그것을 개념적으로 논증해야 한다. 따라서 칸트와 대립된 입장을 취하는 철학자는 칸트의 입장에 대해 자신의 입장을 개념적으로 정당화해야 한다. 헤겔은 칸트철학 전체를 떠받치고 있는 직관과 개념의 초월론적 구별이라는 인식 비판의 근본이념에 동의하지 않는다. 그는 직관과 개념이 구별될 수 없고, 개념은 직관 속에 항상 내재해야 한다고 주장한다. 헤겔에 따르면 감성적 직관은 항상 개념과 함께 주어지고, 개념은 그저 우리의 추상적인 관념물이 아니라 객관적 세계의 구조이며, 그런 한에서 항상 현실성을 지닌다. 그러기 위해서 직관의 형식인 시공간도 개념과 동일한 형식을 지녀야 한다. 헤겔에게서 개념은 항상 감성적 직관을 관통하고 있고, 가장 단순한 감성적 직관에도 개념이 깃들어 있다. '직관 없는 개념은 공허하고, 개념 없는 직관은 맹목'이라는 칸트의 표어는 헤겔에게는 도달되어야 할 **목표**가 아니라 이미 **시작**의 원리를 형성한다. 칸트처럼 직관 없는 개념, 개념 없는 직관이 우선 독립적으로 생각되고 그것들의 결합이 증명되어야 하는 것이 아니라, 헤겔에게 직관 없는 개념 혹은 개념 없는 직관은 생각될 수 없다. 둘은 언제나 결합되어 있다.

칸트의 기계론적 세계의 핵심적인 질서인 인과관계의 역진 불가능성은 개념과 분리된 감성적 직관의 형식에서만 문제가 된다. 칸트에게서 인과관계는 원인에 시간적으로 결과가 뒤따르는데, 결과가 시간을 거슬러 원인에 대해 원인으로서 작용함으로써 그것을 결과로 만드는 방식으로는 구성될 수 없다. 감성적 직관은 시공간의 방식으로만 주어지니, 이같이 시간의 질서에 거스르는 사건은 구성될 수 없고, 인식될 수 없다. 하지만 헤겔에게서는 시간과 공간이라는 감성적 형식과 개념이 모두 동일하게 **개념적**인 형식을 지닌다. 맥다월은 헤겔의 단서를 따라, 칸트의 범주 연역이 성공하려면 감성과 오성의 이질성이 해소되어야 하며, 그러기 위해선 감성이 오성과 이질적인 것이 아니라, 오성과 같이 개념적인 것이어야 한다고 주장한다(McDowell 2009, 79-89). 감성적 직관이 개념과 전혀 이질적인 것이면, 개념은 원리상 감성적 직관을 관통하지 못하고, 거기서 한계에 부딪힌다. 말하자면 직관과 개념의 초월론적 구별을 고수하는 한, 감성적 직관은 개념이 더 이상 진행할 수 없는 개념의 한계가 된다. 하지만 헤겔에 따르면, 칸트가 주장하듯이 직관과 개념은 서로 전혀 이질적인 것으로서 분리되어 있다가 결합되는 것이 아니라, 언제나 항상 통일되어 있다. 직관의 잡다에도 언제나 이미 개념적인 것이 혼합되어 있고, 『논리의 학』에서 다루는 변증법적인 논리도 직관이 —지양된 형태로지만— 논리 속에 포함되어 있기 때문에, 논리는 실질적인 것이기도 하다. 말하자면 논리 규정은 밖으로부터 주어지는 직관의 잡다를 기다렸다가 현실적으로 되는 한갓된 형식이 아니라, 그 자체 내용을 갖는 형식이다. 그는 자연 안에 있는 논리적 이념, 의식 이전 단계의 정신인 자연적 혼을 인정하였고, 최면과 같은 정신 작용 속에서 물리적인 힘을 확인하고자 했다. 공동체의 인륜성과 목적도 구성원들의 자의적인 규약에 의해 생겨난 주관적인 합의의 산물이 아니라, 구성원들의 자연적 욕구와 그것의 충족을 위한 상호작용 속에서 자연스럽게 축적된 객관적 정신이라고 본다. 칸트에게 실재의 유일한 증거였던 감성적 직관은 현실성의 가장 낮은 단계에 속할 뿐이며, 비감성적인 정신 역시 그 못지않게, 아니 그 이상으로 현실적인 것이다. 칸트의 『순수이성비판』이 말하는 감성적 직관의 방식으로 주어지지 않는 목적론적 생명현상이야말로, 헤겔이 보기에 이미 정신 이전에 자연의 단계에서, 감성의 기계론적 구성을 넘어서는, **초기계론적**인 —따라서 칸트가 **초감성적**이라고 규정하는— **실재성**을 증거하는 사례이다.

  칸트가 『판단력비판』에서 수행했던 복잡한 개념적 구별과 그에 따른 까다로운 논증들은 결국 그가 『순수이성비판』에서 정초했던 비판철학의 이념을 고수하기 위한 것이었다. 유기체에 대한 풍부한 내용의 통찰들은 실제로 유기체에 대한 객관적 사실이 아니라 우리가 주관적으로 그렇게 생각할 뿐이라는 것이고, 결국 그것은 유기체에 대한 탐구가 아니라 우리의 **인식**에 대한 탐구이다. 이로써 그는 인식론을 위해 사실을 희생시킨다. 그는 기계론에 기초한 인식론과 유기체의 목적론 사이의 양립불가능성(Inkompatibilität)을 주장한다. 말하자면 유기체는 기계론적 현상처럼 객관적인 사실이 아니고, 목적론은 인식론이 아니다. 이러한 귀결은 칸트철학 전체를 떠받치고 있는 강력한 전제, 즉 직관과 개념의 초월론적 구별과 그에 따른 기계론적 사고에서 기인한다. 하지만 기계론만을 세계의 질서로 시인하면, 유기체는 자연 속에는 없고 우리 머릿속에만 있게 되는 기이한 결론에 도달하게 된다. 그럼에도 불구하고 칸트 역시 목적론적 이념의 산물이 유기체로서 자연에서 경험된다는 사실을 인정한다. 그렇다면 칸트의 주장은 결국 유기체가 자연에 실존하지만, 우리의 기계론적 인식 방식으로는 그것을 인식할 수 없다는 인간 인식의 유한성에 대한 고백일 뿐이다. 생물학자들과 생물철학자들은 유기체적 통일과 자기조직화라는 **경험적** 사실에 근거해서 칸트의 과도한 인식론적 반성을 거부한다. 하지만 어떻게 유기적 통일이 부분들의 자기조직화를 가능케 하는지가 **개념적**으로 논증되어야 한다. 헤겔은 생물학자 및 생물철학자들과 마찬가지로 유기적 자연을 객관적 사실로 인정하지만, 그들처럼 경험에만 근거해서 칸트의 입장을 거부하고, 자신의 주장을 제시하지는 않는다. 그는 칸트 인식론의 불충분함을 겨냥하면서, 자신의 고유한 유기체에 대한 파악 방식을 제시한다. 바이저(바이저 2005, 146)에 따르면, 헤겔은 칸트의 **규제적** 제한이 이원론을 통일시키고자 하는 칸트의 **인식론적** 프로그램을 완수하지 못하기 때문에, 유기체의 이념에 **구성적** 지위를 부여하는 것이 불가피하다고 주장한다. 왜냐하면 오직 유기체가 존재한다는 가정하에서만 주관적인 것과 객관적인 것, 이념적인 것과 실재적인 것, 예지적인 것과 현상적인 것의 **현실적**인 **상호작용**을 설명할 수 있기 때문이다. 헤겔에게 유기체는 칸트처럼 불가지의 존재가 아니라 존재의 범형이다. 그것은 기계론적 과정을 자신 안에 포함하고 있을 뿐만 아니라, 기계론적 과정의 목적으로서 작용하면서, 기계론적 과정이 의미를 지니게 한다. 유기체가 자연 목적으로서 자연 안에 존재하려면, 유기체를 합목적적으로 만들어 주는 목적 개념이 구성될 수 있어야 한다. 말하자면 특수를 가능케 하는 보편, 즉 전체로부터 부분으로의 진행에 대한 구성적 사유가 가능해야 한다. 헤겔은 칸트가 유기체의 최상의 근거로서 유비적으로 사유했던 **직관적 오성**에 초점을 맞춰, 칸트와는 다른 방식으로 그것의 규정을 해석함으로써, 유기체의 가능 근거를 개념적으로 논증한다.

2장

헤겔의 목적론

개념이 객체에 외적일 때, 그러한 객체는 죽어 있는 것이다. 하지만 생명체에는 개념이 내재하기 때문에, 생명체는 내적 합목적성으로서 파악되어야 한다.

― G. W. F. Hegel

1. 칸트의 직관적 오성에서 헤겔의 '개념'에로

한 철학자의 철학적 특성을 해명하는 데 있어서, 그에 선행하는 철학자에 대한 그의 비판을 다루는 것은 드물지 않은 일이다. 하지만 헤겔 연구에서 헤겔의 칸트 비판은 어느 철학자의 경우보다 빈번히, 또한 주요한 주제로서 거론되어 왔다. 그것은 헤겔이 어느 철학자보다도 자신의 선철인 칸트의 철학을 진지하게 대면하였다는 사실에서 기인할 뿐만 아니라, 그로부터 헤겔 자신의 철학의 특성이 가장 잘 드러나기 때문이기도 하다. 대개 위대한 철학자들의 경우 선철들의 철학이 자신의 철학에 커다란 영향을 끼쳤다고 인정하면서도 특별한 관심을 갖고 그들의 작품을 연구하는 일이 거의 없다(이하 강순전 2012, 87ff.). 칸트는 플라톤과 아리스토텔레스뿐만 아니라 그가 신 존재 증명 비판의 주요 표적으로 삼았던 안셀무스와 같은 중세철학자에 대한 지식도 이차 문헌을 통해 취했고, 자신의 저작에서 흄과 라이프니츠에 대한 언급을 구체적인 전거를 제시하지 않고 일반적으로만 서술하고 있으며, 라이프니츠 자신과 라이프니츠-볼프 학파의 차이가 있다는 사실을 알면서도 그것을 탐구하지 않았다(Walsh 1987, 205). 반면에 헤겔은 이 철학자들의 저작을 직접 읽었을 뿐만 아니라, 특별히 칸트를 반복해서 읽고 탐구하였다. 헤겔은 『믿음과 지식』에서 "칸트철학"이라는 제목 아래(헤겔 1802, 41-94), 『철학전서』의 "객관성에 대한 사고의 세 가지 태도" 중 두 번째 태도에서 "비판철학"이라는 제목 아래(Enz I, 112-147), 『철학사 강의』 제3권의 "최근의 독일철학" 부분에서 "칸트"라는 제목 아래(Hegel 1823-1830, 329-386), 상당히 많은 분량으로 칸트철학 전반을 상세히 고찰하고 있다. 그는 물론 『정신현상학』이나 『논리의 학』과 같은 자신의 주저 속에서도 묵시적으로나 명시적으로 칸트철학과 대결하고 있다.

헤겔은 칸트철학에 지대한 영향을 받았으면서 동시에 그것으로부터 뚜렷한 대립을 형성하려고 하였기 때문에, 헤겔철학의 연구사에서 헤겔과 칸트의 대결은 주요한 주제로서 연구되어 왔다. 헤겔의 칸트 비판은 헤겔 연구사에서 두 가지로 팽팽한 대립 속에서 평가되어 왔다. 한편으로 로젠크란츠(K. Rosenkranz), 에르트만(J. E. Erdmann), 미셸레(C. L. Michelet) 등의 소위 헤겔 우파와 마르쿠제(H. Marcuse), 루카치(G. Lukacs), 하버마스(J. Habermas) 등 마르크스주의적 입장의 학자들, 크로너(R. Kroner), 귄터(G. Günther), 이폴리트(J. Hyppolites), 괴어란트(I.

Görland), 호르스트만(R.-P. Horstmann), 마르크스(W. Marx), 크라머(K. Cramer), 로텐슈트라이히(N. Rotenstreich), 페트리(M. J. Petry) 등 헤겔에 가까운 해석학적, 역사적 입장을 취하는 학자들은 헤겔의 칸트 비판의 타당성을 옹호한다. 하지만 다른 한편으로 게루(M. Gueroult), 헨리히(D. Henrich), 뒤징(K. Düsing), 아메릭스(K. Ameriks), 가이어(P. Guyer) 등 칸트에 가까운 해석학적, 역사적 및 신칸트학파적 입장을 취하는 학자들은 헤겔의 칸트 비판의 부당성을 지적한다(뒤징 1983, 233-255; 바이저 2005, 146 주 24 참조). 실로 칸트와 헤겔의 대결은 칸트의 입장에서 칸트의 인식 비판의 관점을 고수할 때 승패가 결정될 수 없는 것처럼 보인다. 말하자면 직관과 개념의 초월론적 구별과 함께 기계론을 유일하게 인식 가능한 자연 질서로 간주하는 입장을 자명한 것으로 주장하고 거기로부터 한치의 양보도 허락하지 않는다면, 칸트를 비판하는 헤겔의 어떠한 논거도 칸트철학을 결정적으로 무력화시킬 수 없는 것 같이 보인다.

하지만 나의 생각에 유기체에 대한 칸트와 헤겔의 상반된 주장은 양자의 피할 수 없는 대립을 보여 준다. 다시 말해서 칸트의 유기체론에 대한 헤겔의 비판은 헤겔의 칸트 비판의 가장 강력하고도 궁극적인 논거라고 할 수 있다. 헤겔은 유기체의 논리인 목적이 **실재한다**고 주장할 뿐만 아니라, 유기체를 자신의 철학적 모델로 삼고 있다. 반면 칸트에 따르면 유기체는 자연 목적으로서 **인간**의 **주관적 사고**의 내용일 뿐이다. 헤겔의 관점에서 볼 때 칸트철학의 가장 큰 난센스는 생명현상이 자연 속에 객관적으로 실재하고 있음에도 불구하고 그것을 단지 주관적으로 사유되는 것일 뿐이라고 주장하는 것이다. 반면 칸트의 관점에서 볼 때 유기체가 자연 목적으로서 **실존**한다고 주장하는 헤겔의 입장은 경험의 한계를 넘어서는 독단론이다. 이쯤 되면 양자의 대결을 중재할 제3의 지점은 불가능함이 틀림없다. 그렇기 때문에 바이저의 지적대로 헤겔의 칸트 비판은 **내재적** 비판이 된다(바이저 2005, 146 주 24). 헤겔의 관점에서 볼 때, 『순수이성비판』에서 정초한 인식 비판의 관점을 생명현상을 설명할 때에도 관철하는 것은 칸트의 비판적 관점이 생명을 포함한 모든 자연현상을 설명하지는 못한다는 한계를 드러내는 것에 다름 아니다. 헤겔이 보기에 자연 속의 생명을 설명하기 위해 신적 오성과 같은 자연 밖의 기체를 상정할 것이 아니라, 생명을 설명하지 못하는 **분석적 통일**로서의 **개념의 추상성**을 탈피하여야 한다. 생명은 기계론적으로 설명될 수 없으며 목적론적으로 설명되어야 한다. 하지만 목적론이 생명에 관한 설명인 한에서, 목적론은 **자연 외부의** 어떤 예지적 기체에 근거를 두는 것이 아니라 **자연에 내재하는** 목적에 대한 설명이어야 한다. 이 장에서는 어떻게 헤겔이 칸트의 직관적 오성 개념을 비판적으로 계승하면서, 자신의 고유한 목적론적 생명관의 기초를 마련하는지를 논증할 것이다. 헤겔의 칸트 비판이 내재적이 되도록 하려면, 이 논증은 헤겔이 유기체의 최고 근거인 **직관적 오성**을 어떻게 **인간**의 개념으로 구성할 수 있는지를 보여주어야 한다. 목적론의 관건은 칸트가 『판단력비판』 §65에서 언급한 자연 목적인 유기체의 첫 번째 측면, 즉 전체 혹은 보편으로부터 부분 혹은 특수로 진행하는 목적론적 측면이며, 그것은 목적 개념의 구조에 다름 아니다. 칸트에게서 목적 개념은 인간의 논증적 오성으로는 구성될 수 없고, **직관적 오성**에 근거를 갖는 **유비적 사고물**일 뿐이다. 하지만 헤겔은 그것이 **실재**한다는 사실을 논증하기 위해서, 그것을 **인간**이 사고 가능한 개념으로 구성한다.

헤겔은 이전의 목적론이 가지고 있는 문제를 두 가지 점에서 비판한다. 하나는 목적의 근거를 세계 **외적**인 합목적성의 창시자에서 찾는다는 점이며, 다른 하나는 그것을 **의도**를 가진 오성으로 간주하여 목적론을 **의식**과 결부시킨다는 점이다. 헤겔은 "목적론적 원칙이 세계 외적인 오성의 개념과 연관될수록 그만큼 그것은 참된 자연 연구로부터 멀어진다"고 주장한다(LB, 183: 20-23 / 155). 외적 주관적 목적론이 유기체의 목적의 근거를 유기체의 창조자인 신으로 간주하는 경우가 우선적으로 이러한 비판의 대상이 될 것이다. 칸트의 직관적 오성도 인간이 유비적으로 사고한 내용이지만, 자연에 내재하는 것으로 간주되지 않는 세계 외적인 오성이다. 칸트는 반성적 판단력이라는 인식론적 안전지대에서 유비적 사유를 통해 전통 형이상학과 동일한 주장을 하고 있다. 신적인 오성은 이념이라는 형식을 지니지만, 유기체를 창조하고 유기체의 부분들의 상호 인과성을 자신의 특정한 목적에 따라 설계하였을 의도적 주체로서 생각된다. 하지만 헤겔은 유기체의 목적을 자연 초월적인 것으로서 간주하지는 않는다. 헤겔에 따르면 외적 목적론에서만 자의적인 의도가 문제 된다. 반면 유기체의 목적은 유기체라는 자연 사물 안에 내재하는 **내적** 목적이기 때문에, 거기서는 자의적 의도가 개입될 여지 없이 철저히 자연필연성이 관철된다.

헤겔은 전통 형이상학자들과 칸트가 모두 직관적 오성을 신적인 오성으로 간주하는 것에 동의하지 않지만, 직관적 오성이 유기체의 목적의 근거라는 그들의 생각에는 동의한다. 칸트가 지적하듯이 그것은 목적의 내용을 결정하는 개념, 이성 개념이다. 유기체의 근거가 **의도적인** 창조자라는 사실은 무시되어야 할지라도, 유기체를 합목적적 존재로 만들어 주는 것은 **목적 개념**에 근거해야 한다. 헤겔은 칸트의 직관적 오성을 칸트처럼 인간이 접근하지 못하는 신비적 존재로 간주하지 않고, 그것을 인간이 사유 가능한, 유기체의 가능 근거인 목적 개념으로 변형한다. 직관적 오성의 이러한 변형은 **종합적 보편**의 논리를 방법적으로 사고하는 것에 다름 아니다. 헤겔에게 직관적 오성은 더 이상 의도를 가진 존재자가 아니라, 유기적 자연의 질서를 형성하는 종합적 보편이라는 논리이며, 유기체를 설명하는 방법일 뿐이다. 앞서 살펴보았듯이, 칸트에 따르면 인간의 개념은 **분석적 보편**이고, 개념을 통해 사유하는 인간은 부분에 부분을 덧붙여 사고하는 방식으로 전체를 표상할 뿐이다. 이에 반해 직관적 오성은 **종합적 보편**을, 즉 보편으로부터 특수로, 전체로부터 부분으로 진행하는 방식을 표상할 수 있다. 하지만 헤겔은 **인간의 개념**이 분석적 보편이 아니라 **종합적 보편**일 수 있다고 주장한다. 그는 인간이 개념적으로 종합적 보편을 사유할 수 있다는 사실을 자신의 독특한 개념의 논리를 고안함으로써 보여 주고자 한다. 종합적 보편에 대한 방법적 사고는 지적 직관에서처럼 전체에 대한 **직관**에 기초하는 것이 아니라, 직관적 오성에서처럼 전체에 대한 **사고**에 기초해야 한다. 전체에 대한 사고는 종합적 보편을 유기체와 같은 사물의 필연적 조건으로 사유한다. 헤겔은 직관적 오성을 방법적으로 가공함으로써, **인간**으로서 **사고하는** 철학자가 종합적 보편을 사태의 내적 필연성의 근거로서 표상할 수 있다는 것을 보여 주고자 한다. 인간의 사고방식으로 종합적 보편을 파악하려면, 칸트의 직관적 오성의 표상이 변형되어야 하고, 그럼으로써 인간의 사고도 모종의 관점에서 이러한 표상에로의 접근 통로를 가져야 한다. 물론 칸트는 이것을 신적 오성에게만 허락하였지만 말이다.

    헤겔은 칸트의 **종합적 보편**을 자신의 논리적 **개념**으로 변형하여, 자신의 개념을 **구체적 보편**이라고 칭한다. 개념을 종합적 혹은 구체적 보편으로 사고하려는 헤겔의 시도는 논증적 오성과 직관적 오성의 구별을 넘어서 양자를 매개한다. 그러기 위해서 그는 칸트의 신적 인식과 인간적 인식을 칸트와는 다른 방식으로 조합한다. 에크하르트 피어스터(Förster 2002, 179)는 칸트의 신적 오성으로부터 헤겔 고유의 입장으로 발전해 나가는 과정을 해명하기 위해 신적 오성을 다음과 같이 분석한다. 그는 직관적 오성과 지적 직관을 구별하면서 한편으로 **지적 직관**을 1) 가능성(사고)과 현실성(존재)의 생산적 통일 및 2) 사물 자체에 대한 비감성적 직관이라고 규정하고, 다른 한편으로 **직관적 오성**을 3) 종합적-보편적 오성 및 4) 근원적 오성 혹은 세계 원인이라고 규정한다. 피어스터는 인간에게 지적 직관(1, 2)과 세계 원인(4)으로서의 직관적 오성의 능력을 부여하지는 않는다. 하지만 그는 **인간**의 사고를 **종합적-보편적 오성**(3)으로서의 직관적 오성, 즉 부분들의 가능성을 전체에 의존하는 것으로 표상하여, 종합적 보편으로부터 특수를 규정하는 사고에 연결시킨다. 몰트케 그램(Gram 1982, 291)도 이미 피어스터와 유사하게 칸트의 지적 직관 혹은 직관적 오성에 대한 여러 가지 서술들이 필연적으로 통일적인 연관을 형성하지는 않는다는 사실을 논증하였다. 지적 직관의 표상은 자신의 **객체**를 **생산**하는데, 이런 능력은 **감성의 조건에 매개되지 않은 객체**를 파악하는 능력과 같은 것이 아니다. 두 능력은 본질적으로 어떤 공통적인 내용도 가지지 않기 때문에 논리적으로 서로 무관하다. 이로부터 자신의 고유한 **대상을 생산**하는 신적 직관의 능력을 인간에게 부여하지 않고도, 인간 인식을 칸트가 그어 놓은 한계를 넘어서 **유기체**와 같은, **논증적 오성에 주어지지 않는 객체**와 연결할 수 있는 가능성이 도출된다. 말하자면 칸트적 의미에서 초감성적 객체인 유기체를 파악하기 위해서 반드시 인식 대상을 생산하는 신적인 인식 능력이 필요한 건 아니다. 칸트의 직관적 오성 혹은 지적 직관에서 보이는 이러한 균열로부터, 제임스 크레인스는 헤겔이 칸트의 감각 경험의 한계와 신적 직관 사이에 논리적 공간을 개방하고자 한다는 사실을 설득력 있게 보여 준다 (Kreines 2007, 308). 이를 위한 헤겔의 논증 전략은 우리가 실재성의 전체를 직접적으로 한꺼번에 파악하는 신적 직관의 능력을 요구하지 않고도, 칸트가 말하는 경험의 한계를 넘어서는 인식을 할 수 있다는 사실을 보여 주는 것이다(316). 크레인스에 따르면 헤겔은 칸트에게 궁극적으로 인식할 수 없고 설명할 수 없는 것으로 남아 있는 대상들을 설명하기 위하여, 인간 인식에 대해 칸트가 그어 놓은 한계를 넘어선다. 헤겔은 인간에게 **유기적 결합**을 인식할 수 있는 능력을 부여하는데, 이것은 그의 고유한 **개념**관을 통해서 방법적으로 가공된다.

　　헤겔이 개념이라고 이해하는 것은 철학에서 완전히 새로운 것이다. 개념은 통상적으로 칸트가 분석적 보편이라고 생각하는 것과 같은 내용으로 이해된다. 하지만 헤겔의 개념은 칸트가 인간에게는 허락하지 않은 **종합적 보편**, 헤겔의 용어로 구체적 보편의 형식을 띤다. 따라서 헤겔의 개념은 유기체의 질서를 현시하는 **목적** 개념이 갖는 것과 동일한 형식을 갖는다. 헤겔 『논리의 학』의 개념론의 전개는 주관성 장에서 **개념**이 다루어진 후, 객관성 장에서 "실존의 형태를 띤 개념"(Begriff in seiner Existenz)인 **목적**이 다루어지고(LB, 182: 18 / 154; 183: 27 / 155; Enz I, § 204, 359), 마지막 이념 장에서 실현된 내적 목적으로서 "실존하는 개념"(der existierender Begriff)인 **생명**이 다루어진다(LB, 222: 37 / 187). 따라서 목적과 생명은 모두 객관 세계에서 구체적으로 실존하는 개념의 형상들로서 모두 **개념**의 논리적 형식에 기초하고 있다. 그렇다면 개념의 논리를 이해하기 위해 거꾸로 개념이 가장 구체적인 형상으로 드러난 생명의 논리적 특징을 파악하면 된다. 개념의 논리는 아직 구체적으로 실현되지 않았기 때문에 추상적이어서 이해하기 어렵다. 하지만 개념은 목적이라는 객관적 내용으로 구체화되고, 더 나아가 유기체의 생명이라는 객관의 형상으로 현시된다. 개념과 그것이 실현된 **목적**, 그리고 목적이 실현된 **생명**이 모두 동일한 **개념의 논리**에 기초한다면, 우리는 개념으로부터 출발하여 개념에 대한 이해를 시도하는 것보다, 구체적인 형상이 보여 주는 사태를 통해서 추상적인 개념의 논리를 더 잘 이해할 수 있다. 따라서 헤겔에게서 개념이 무엇인지는 생명과의 유비를 통해 쉽게 이해될 수 있다. 이제 이러한 사실을 염두에 두고 헤겔의 개념의 특징을 살펴보자.

통상적인 개념이나 헤겔 자신의 고유한 개념이나 일반적으로 개념은 **보편적**인 것이라고 간주된다. 하지만 헤겔은 자신의 개념의 고유성을 특징짓기 위해 통상적 개념을 **추상적 보편**이라고 칭하고, 자신의 개념을 **구체적 보편**이라고 칭한다. **통상적**으로 이해되는 **개념**은 개별자들 속에 있는 우연적 속성들은 추상해 버리고 **공통적인** 속성들을 모아 그것에 붙인 이름이다. 가령 순이, 영희, 철수, 인호 등의 개별 인간들을 추상하여 사람이라는 개념이 만들어진다. 통상적으로 개념은 보편적이라고 말해지는데, 이때 보편성은 개별 사물들의 **공통적 속성**들을 말한다. 개별자들의 추상을 통해 만들어지는 개념을 헤겔은 **추상적 보편**이라고 한다. 추상적 보편에서는 보편이라는 **형식**이 내용을 매개하는 총체성으로서 작용하지 않는다. **내용** 역시 직접적으로 전제되어서 발견되고, 외적으로 취해져서, 공통성이라는 형식 속으로 총괄될 뿐이다. 헤겔은 자신의 개념이 이러한 통상적 개념과 다를 뿐만 아니라 **전칭성**(Allheit)과도 다르다고 한다. 전칭성은 통상적 개념과 마찬가지로 추상적 보편이다. 모든 사람은 죽는다. 소크라테스는 사람이다. 그러므로 소크라테스는 죽는다. 이러한 삼단논법의 대전제는 전칭명제이며, '모든 사람'이 갖는 보편성은 순이, 영희, 철수, 인호 등의 개별 인간들 모두를 지칭하는 전칭성이다. 전칭성은 개별 인간들을 모두 거론함으로써 충족되어야 하는 보편성이다. 하지만 이러한 개별자의 총괄은 완결될 수 없다. 또한 모든 사람이라는 집합의 원소들은 독자적으로 존립하는 개별자로서, 비교를 통해서 집합 외부로부터 집합에 귀속되며, 변화되지 않은 채 그 안에 포함되어 있다.

통상적 개념이나 전칭성은 칸트가 **분석적 보편**이라고 칭한 것으로서 보편적이기만 한 것이다. 반면에 헤겔 자신의 개념은 칸트가 **종합**

적 보편이라고 칭한 것으로서 **보편**적일 뿐만 아니라 동시에 **특수**하고 **개별**적이기도 하다. 칸트는 개념이 본질적으로 모두 보편 개념이며, 그것의 사용에 있어서만 보편적, 특수적, 개별적일 뿐이라고 주장한다(Log, 91). 말하자면 우리는 통상적으로 인간을 보편 개념으로, 한국인을 특수 개념으로, 순이를 개별 개념으로 간주한다. 통상적 개념에서 보편, 특수, 개별은 유와 종, 그리고 그것의 개별 사례 간의 **양적**이고 **기계적**인 포섭 관계 속에서만 사유된다. 거기서 보편은 특수와 개별을 추상한 보편으로서 특수와 개별은 **외적**으로 보편에 관계한다. 거꾸로 개별은 보편의 한 **사례**로서 예시화된다. 통상적 개념에서 보편, 특수, 개별 개념은 질적인 구별을 갖는 것이 아니라, 적용의 범위에서 **양적**인 구별만을 가질 뿐이다. 하지만 헤겔 자신의 고유한 개념에서 보편, 특수, 개별은 **개념을 구성**하는 세 가지 **계기**이다. 헤겔에 의하면 개념 자신이 보편, 특수, 개별의 고유한 성질을 통해 구별되며 **유기적**으로 관계한다. 헤겔은 보편, 특수, 개별을 하나의 **개념 총체성**의 세 계기로 간주하면서도, 각자가 다른 계기들을 **포함**하는 **총체성**으로 사유한다. 헤겔은 **추상적** 보편인 통상적 개념과의 대립 속에서 자신의 개념을 **구체적** 보편이라고 특징짓는데, 구체적이란 생명체의 분지들이 살아 있기 위해서는 전체로부터 분리될 수 없을 뿐만 아니라, 서로로부터도 분리될 수 없는 것과 같은 상태를 말한다. 헤겔의 개념관에서 보편, 특수, 개별은 하나의 총체적인 개념에서 서로 분리될 수 없는 세 계기이면서 각기 총체성이다.

　　헤겔은 어떤 것을 파악하는 것은 그것 속에서 그것의 계기들을 구별하는 것, 즉 계기들이 그것 속에서 어떤 구체적인 형상을 갖는지를 구별하는 것이라고 말한다(Hegel 1817, § 112, 145). 따라서 헤겔이 말하는 개념이 무엇인지를 알려면, 개념의 세 계기인 보편, 특수, 개별 각각의 의미와 관계를 파악해야 한다. 헤겔은 추상적 보편으로 파악되는 통상적 개념을 죽어 있는 개념이라고 비판하면서, 개념을 자신의 내용을 통해 논리적 관계를 전개하는 살아 있는 개념으로 파악한다. 앞서 얘기했듯이 헤겔의 개념은 유기체와의 유비로부터 쉽게 이해될 수 있다. 유기체는 전체를 아우르는 생명(보편)이 다양한 기관(특수)들로 분화되지만, 이 분화된 기관들이 상호작용을 통해 전체 생명의 보존에 이바지하면서, 전체 생명을 통일적으로 조직하는 방식으로, 하나의 유기체(개별)로서 존재한다. 마찬가지로 개념은 그 자체 **보편**이지만 자신을 구별하여 **특수**로 분화하고, 특수는 자신 속에 보편을 포함하고 있기 때문에, 양자의 통일인 **개별**로서 성립한다. 유기체 전체와 기관들이 동일한 **생명성**을 지니고 있듯이, 개념의 세 계기인 보편, 특수, 개별도 그 자체 각각 개념으로서 **분리 불가능한 통일**을 이룬다.

이러한 전체적인 그림 아래서 개념의 세 계기인 보편, 특수, 개별의 의미와 상호 관계에 대해 상세히 고찰해 보자. 보편은 아직 특수로 진행하기 이전의, 따라서 아무런 구별과 그로 인한 어떤 특수한 규정성도 지니지 않는 개념 자체를 말한다. 이러한 개념의 상태로서 보편은 "절대적 자기동일성"이라고 할 수 있는데, 헤겔은 이 자기동일성이 동시에 "부정성"이라고 한다(LB, 33: 28-30 / 33). 말하자면 보편으로서 개념은 **자기동일적**이지만 **자기**를 **부정**하는 방식으로 그렇다. 보편은 자기동일성이지만 정태적인 추상적 보편이 아니라 끊임없이 자기 관계하는 활동성이다. 보편이 부정성으로서 자기 관계한다는 것은 자기를 부정한다는 것에 다름 아니다. 여기서 자기부정이란 자기를 자기로부터 구별하는 활동을 말한다. 이러한 자기부정, 자기 구별을 통해 구별된 것이 특수다. 보편은 자기 구별을 통해 특수를 산출하지만, 특수는 **보편**의 계기가 아니라 **개념**의 계기이다. 그것은 보편으로부터 산출되지만, 보편에 종속된 것이 아니라 보편과 동등하게 개념이다. 다시 말해서 보편이 그러한 것처럼 특수도 개념의 부분이 아니라 개념 자체, 총체성으로서의 개념이다. 보편, 특수, 개별이 각기 개념의 **계기**이면서 **개념 자체**, 즉 **총체성**이라는 점은 헤겔 개념관의 독특함을 말해 준다. 이러한 이해를 통해서만 개념은 살아 있는 개념으로 파악될 수 있고, 개념으로 구조화된 사태는 유기적 구체성의 연관으로 설명될 수 있다.

보편은 "개념의 발전 및 실현의 시작과 본질"을 포함하는 "원리"에 따라, 자기를 구별하여 특수를 산출하고 조직한다(LB, 43: 17-18 / 41). 이러한 개념의 전개는 자연에서 **개념**에 상응하는 **유기적 생명**에서 구체적으로 예시된다(Enz I, § 161 Z, 308). 나무는 자신의 본질적 측면, 즉 싹, 잎, 가지, 열매 등을 이미 씨앗 안에 포함하고 있다. 이 **본질**적인 것이 다름 아닌 **개념**이다. 개념은 생물학적으로 표현하면 유전 프로그램과 같은 것으로서 생명체의 형태변환 속에서도 유지되는 생명 자체라고 할 수 있다. 개념의 발전을 구현하는 식물의 성장에서 "생겨나는 것은 미리 정해져 있으며, 전체를 자신 안에 가지고 있고, 이 식물의 온전한 본성을 자신 안에 갖는다"(Hegel 1831, § 161, 178). 가령 사과나무는 자신의 개념에 따라 씨앗, 싹, 잎, 가지, 꽃과 열매로 분화되며, 이 분지들은 모두 사과나무의 온전한 본성을 자신 안에서 재현하고 있다. 따라서 특수는 상이성과는 다른 것이다. 상이성은 통일을 결여한 채 낱낱이 흩어져 있는 것들이지만, 특수는 이미 보편에 의해 규정되어 특수한 규정들 각각에는 보편의 원리가 스며들어 있으며, 그것들은 보편이 부여한 내재적 통일에 의해 서로 관계한다. 그렇기 때문에 개념은 자신의 전개 과정에서 자기 자신에 머물며, 이 과정을 통해 내용상 새로운 어떤 것도 산출하지 않고 단지 형식의 변화만을 야기할 뿐이다(Enz I, § 161 Z, 309). 말하자면 사과나무의 성장 과정에서 유전자 정보라는 **보편성**의 원리는 **특수**한 분지들을 통해 구현되면서 흐려지지 않는 선명성을 가지고 자신으로 남아 있고, 이 과정에서 **보편**에 의해 정해진 씨앗, 싹, 잎, 가지, 꽃과 열매라는 **특수** 이외의 어떤 규정도 외적으로 부가될 수 없다. 생명의 보편성은 씨앗, 싹, 잎, 가지, 꽃과 열매로 자신을 드러내는 형식만 바꿀 뿐이며, 그러는 가운데서도 그 자신은 이러한 다양한 형식들을 관통하는 보편적 원리로 남아 있다.

특수는 보편을 규정함으로써 보편에 내용을 마련해 주는 규정성들을 의미한다. 하지만 이 규정성들만 홀로 독립해서 존립할 수 없기 때문에, 특수는 항상 이미 보편과 결합된 특수, **규정**된 **보편**이다. 규정된 보편은 이미 **특수**의 규정성과 **보편**의 자기동일성의 통일이므로 다름 아닌 **개별**이다. 개별은 보편과 특수의 통일이다. 우리는 특수를 보편으로부터 산출된 것으로, 보편이 규정하는 개념의 내적 원리에 따라 조직함으로써, 보편으로 되돌린다. 달리 말하면, 우리는 주어진 특수한 규정들에서, 그것들을 산출하고 조직한 보편의 원리를 고려하면서, 그 안에 내재한 보편성을 논증함으로써 개별을 도출한다. 이같이 특수를 보편으로 되돌림으로써 양자의 통일인 개별이 산출된다. 실제로 존재하는 것은 개별 개념뿐이며, 보편과 특수는 추상들이다. 헤겔의 개념론은 보편으로부터 출발하며, 보편은 개념의 대표적인 규정이다. 하지만 보편을 포함하여 모든 존재는 **구별**을 가진 **통일성**인 **개별**로서 존재한다. **보편도** 자기 구별을 통해 산출된 특수한 규정들과 통일되어서 구체적 보편으로 존재할 수 있으며, **특수**한 규정들도 그 자체로는 존재할 수 없고 보편과 통일되어서만 존재할 수 있다. 보편과 특수의 통일은 **개별**이므로 보편과 특수도 사실은 개별로서만 존재할 수 있다. 따라서 보편이 개념의 **이름**이라면 개별은 개념의 **현존재**이다. 말하자면 개념은 개별적인 개념으로서만 현존한다. 실제로 존재하는 것은 개별 개념뿐이며, 보편과 특수는 추상들이다. 보편과 특수는 구체적 보편으로 존재하는 개별에서 분리된, 즉 추상된 두 가지 계기일 뿐이다. 개념을 구체적 **보편**이라고 부를 때, 개념은 보편으로 칭해지지만, 보편이라는 개념의 계기는 아직 **가능적**으로만 구체적 보편이며, 구체적 보편은 보편이 산출한 **특수**한 규정들을 **보편**에 다시 귀속시킴으로써 양자의 통일인 **개별**에 이르러 **실현**된다.

　　헤겔은 보편, 특수, 개별 각각에 똑같이 한편으로 **자기 관계**하는 규정성(LB, 33: 26 / 33; 43: 6 / 43; 53: 14 / 49) 혹은 규정된 **보편성**(LB, 46: 5 / 43; 53: 13 / 49)이라는 **자기동일성**의 계기와 다른 한편으로 (절대적) **부정성**(LB, 33: 26; 34: 4 / 33; 46: 7 / 43; 56: 13 / 51)이라는 부정성 내지 **구별**의 계기를 부여한다. 말하자면 보편, 특수, 개별은 각기 자기 관계하는 통일성으로 있으면서 자기부정 하는 활동성이다. 헤겔이 동일한 규정들을 세 계기에 각각 귀속시키는 것은 세 계기가 분리될 수 없는 방식으로 얽혀 있다는 것을 말하기 위해서이다. 세 계기에 자기 관계성과 부정성이라는 두 가지 규정이 동일하게 귀속되는 한, 세 계기는 서로 구별될 수 없는 것처럼 보인다. 하지만 두 규정이 세 계기 각각에 귀속되는 양상에 따라 세 계기는 구별될 수 있다. **보편**의 본래적 규정은 동일성인 **자기 관계**하는 규정성이지만, 보편성은 총체성이기 위해 잠재적으로 절대적 부정성을 포함한다. **특수**의 본래적 규정은 구별인 절대적 **부정성**이지만, 특수는 총체성이기 위해서 잠재적으로 자기 관계하는 규정성 혹은 규정된 보편성이라는 규정을 지닌다. 보편이 특수의 본래적 규정인 절대적 부정성을 자신 안에 잠재적으로 포함한다는 것은, 보편이 특수를 잠재적으로 포함하고 있다는 것이다. 특수도 마찬가지 방식으로 보편을 자신 안에 포함하고 있다. 이렇게 해서 각자는 개별이라는 통일적 요소 또한 자신 안에 포함하고 있는 것이 된다. 또한 개별은 보편과 특수의 통일이므로 양자를 자신 안에 포함한다. 이같이 보편, 특수, 개별은 서로를 **포함**하며 **분리 불가능**하게 얽혀 있다. 이렇게 하여 개념의 **총체성**이 형성되고, 그 안에서 계기들이 서로 분리될 수 없는 한 보편, 특수, 개별 각각의 계기도 개념과 같이 **총체성**으로서 존재한다. 헤겔의 개념은 이 세 계기들이 서로를 구별하고 포함하는 형식에 따라 구조화된다. 개념의 형식은 계기들로 하여금 서로 **구별**되고 서로를 **포함**하면서 하나의 통일을 형성하게 한다. 헤겔의 개념이란 이러한 형식에 의해서 조직된 **구체적 보편**이다.

 헤겔은 구체적 보편을 **유**(Gattung)라고 표현한다. 앞서 살펴보았듯이 **전칭성**은 경험적으로 결코 완결될 수 없기 때문에 참된 보편일 수 없고, 구체적 보편으로서의 개념을 대변할 수 없다. 따라서 삼단논법 대전제의 "모든 사람"은 "사람"(der Mensch), 즉 **정관사**로 규정될 수 있는 **유여야** 한다. 유로서의 인간은 **본질적으로** 이성적이고, 언어적이며, 죽는 동물이라는 특수한 규정들을 갖기 때문에, 인간은 죽는다는 명제는 항상 참이다. 이렇게 본질적인 **특수** 규정들의 **통일**로서 대표 단수인 인간(der Mensch)이 존재한다. 이같이 유는 자신을 구별하여 특수한 규정들을 산출하고, 이것들을 다시 개별로 통일하는 **구체적 보편**이다. 하지만 인간, 집, 동물 등과 같은 통상적 개념은 개념으로부터 보편성의 계기만을 취하고 특수성과 개별성은 제거해 버린 추상이다. 이러한 단순한 공통성으로서의 추상적 보편을 채우는 원소들 또한 이것, 저것 같은 개별적 존재자로서 간주된다. 통상적 개념의 보편성은 공허한 동일성의 형식이며, 외적으로 채워지는 내용에 무관심하다. 이에 반해 헤겔의 개념은 **자신의 형식**에 따라 자신의 내용들을 구별하고 구조화한다. 따라서 개념의 세 계기를 통해 사태를 파악한다는 것은 각 계기들의 본래적인 **규정**을 분석하고, 각 계기들이 발전을 통해 진행되면서 서로 맺게 되는 **관계**를 고찰하는 것이다.

　　헤겔의 개념을 특징짓는 또 하나의 주요 요소는 **자유**이다. 헤겔은 개념에 대한 서술을 "개념은 자유로운 것이다"라는 주장으로 시작한다 (LB, 33: 9-10 / 33; Enz I, § 160). 헤겔에 따르면 개념의 논리는 자유의 논리이다. 이러한 주장은 우선 헤겔 논리학의 체계에서 개념론이 차지하는 위치에 대한 고찰을 통해 이해되어야 한다. **개념**은 존재론, 본질론, 개념론으로 구성된 헤겔 논리학의 체계상 최고의 심급으로서 **자유**라는 가장 발전된 관계를 논증한다. 우선 존재론은 사태의 가장 직접적인 측면에 대한 사유로서, 존재의 규정들은 끊임없이 타자로 이행하면서 소멸되는 덧없는 것들이기 때문에 자유로울 수 없다. 존재 범주는 "자신의 반대 속에서 직접적으로 소멸하는 단순한 것"이다(LB, 34: 9-10 / 33). 가령 **존재**는 **무**로 되고 무는 존재로 되어 생성을 진리로 갖지만, 생성은 **어떤 것**으로서 타자에 맞서면서 타자에 대해 **타자**가 된다. 이같이 존재 범주는 자신을 유지하지 못하고 끊임없이 **타자로 이행**하기 때문에 자유롭지 못하다. 본질론의 규정들도 마찬가지이다. 동일성과 구별, 원인과 결과, 실체와 우유성 같은 본질 규정들은 자신의 의미를 형성하기 위해 타자를 필요로 하며, 그런 의미에서 **타자에 의해 제약**되어 있다. 본질의 반성규정은 자신의 타자에서 자신을 드러내기 때문에, 항상 타자에 제약된 **상대적**인 것이다(LB, 35: 14-16 / 34). 더욱이 본질 논리는 지배적인 요소인 원인이 종속적인 요소인 결과를, 마찬가지로 실체가 우유성을 지배하는 **지배의 논리**다. 하지만 개념으로서 보편자는 타자에로 소멸하는 덧없는 규정도 아니고 타자와의 제약 관계에 구속되어 있는 것도 아니다. 보편은 상대적이지 않고 **절대적**인 것이며, "규정성의 고유한 **긍정적 본성**"이다(LB, 35: 19-21 / 34). 총체성으로서 보편 개념은 "절대적으로 무제약적이고 자유로운 것이다"(LB, 33: 9-10).

보편 개념이 타자에 의해 제약되지 않고 자유로울 수 있는 것은 그것이 **자기규정적**이기 때문이다. 보편은 존재 논리에서처럼 자신을 타자로서 규정하지도, 본질 논리에서처럼 자신을 규정하기 위해 타자를 필요로 하지도, 즉 타자에 의해 규정되지도 않는다. 그것은 자신을 구별하여 자신의 타자인 특수를 산출한다. 그런데 보편의 타자인 특수는 다름 아닌 보편의 규정성이므로, 보편의 자기 구별 활동은 곧 자기규정 활동이다. 보편 개념의 근본 특징은 **자기규정성**이다. 헤겔은 그의 법철학 강의에서 위대하기를 원하는 자는 자신을 제한해야 한다는 괴테의 말을 인용하면서, 참된 보편은 자신을 구별하여 특수로 제한해야 한다고 주장한다(Hegel 1824/25, 116). 보편은 "자기 관계하는 규정성"으로서 무한한 활동성이다(LB, 33: 26-27 / 33). 헤겔은 그의 『법철학』 서론에서 **의지**의 개념을 **개념** 논리에 따라 규정하면서, 순수한 자기 관계이며 자기동일성을 내용으로 하는 보편이 의지로서 작동하면, 그러한 보편적 의지는 "절대적 추상"이자 "보편성의 제한 없는 무한성"으로 출현할 수 있다고 주장한다(Rph, § 5, 114). **순수한 자기 관계**로서 보편은 "모든 것으로부터 추상"(Hegel 1822/23, 114)된 것으로서, 그것이 **의지**로 작동하면 **무한한 자유**로 현상한다. 하지만 이러한 무한한 자유가 보편성 자체의 **무규정성**을 **절대화**한다면, 모든 특수와 개별을 **부정**하는 폭력으로서 작용한다. 헤겔은 이러한 방식으로 보편적 의지가 역사적으로 출현한 예로서 **공포정치**를 거론한다. 공포정치가 의욕하는 "보편적 평등"은 "긍정적 현실에 반드시 수반하는 특정한 형상의 질서, 즉 제도와 개인의 특수화"를 부정한다. 공포정치는 "현존하는 사회 질서를 파괴하는 광신주의"이다(Rph, § 5 A, 116). 보편 개념은 자기 관계하는 규정성이자 절대적 부정성으로서 무한한 활동성이지만, 이 무한성이 제한되지 않는다면 그것은 추상적 보편이 되며, '나는 나다'라는 자기 확신에만 빠져서 타자에 대해서는 폭력이 될 수 있다. 이러한 추상적 보편은 이성적이지 않다. 참된 이성적 보편은 구별을 가져야 하며, **구별의 이성적 구조**를 통해 **보편**을 형성해야 한다.

　　헤겔에게 **이성적** 구조는 보편이 자신을 특수로 구별하여 그것을 개별 속에서 통합하는 **개념**의 구조이다. 그는 "개념은 이성적인 것"이라고 주장한다(LB, 205: 31-32 / 173). 개념은 자기 자신을 구별하여 특수를 산출하는 방식으로 자신을 **제한**한다. 이렇게 하여 특수한 규정들을 갖는 개념이 형성되며, 특수한 계기들의 관계를 통해 개념은 자신을 **규정**한다. 개념의 자기규정은 우선 보편이 자기 구별을 통해 특수를 산출하는 것으로부터 시작한다. 이렇게 산출된 특수는 보편과 다른 보편의 타자이지만, 그것은 보편의 원리에 따라 산출된 것이기 때문에, 보편은 타자인 특수 속에서도 자신의 선명성이 흐려지지 않은 채로 지속된다. 보편은 "구체적인 것 안에 거주하면서, 그것의 잡다와 상이성 속에서 방해받지 않고 자기 자신과 동일하게 있다. 그것은 생성 속으로 찢겨 들어가지 않고 생성에 의해 흐려지지 않은 채 자신을 지속시키고 불변적, 불멸적 자기보존의 힘을 갖는다."(LB, 35: 8-12 / 34) 말하자면 보편은 타자 관계 속에서도 타자에 의해 변화되지 않고 자기 자신을 온전히 유지한다. 헤겔은 이같이 타자 속에서도 자기 자신을 견지하는 것을 **자유**라고 한다. 개념은 자유로운 자기규정 활동이다. 개념의 **자유로운 자기규정** 활동에서 우리는 두 가지 측면에 주목해야 한다. 첫째로는 개념은 타자에 의존하거나 지배되는 것이 아니기 때문에, 타자에 의해서가 아니라 **자기 자신으로부터** 스스로를 규정한다는 것이다. 둘째로는 개념의 특수한 규정이 자신으로부터 자신의 원리에 따라 구별된 타자이기 때문에, 개념은 타자 속에서도 **자신을 유지**한다는 것이다. 보편 개념은 타자인 특수성 속에서도 **자기** 자신을 **유지**할 뿐만 아니라, 특수를 자신에게로 되돌림으로써 특수와의 통일을 통해 개별 개념으로 **자기** 자신을 **규정**한다. 자기유지와 자기규정은 **개념**의 근본 특징으로서, 객관적으로 실존의 형태를 띤 개념인 **목적**뿐만 아니라, 목적이 실현된 내적 목적으로서의 **유기체**의 근본 특징을 형성한다. 또한 개념의 본질이 자유인 한, 개념, 목적, 유기체의 **자기유지**와 **자기규정**은 곧 **자유**를 실현하는 것이기도 하다.

하지만 이러한 자유관은 이해하기 어렵다. 왜냐하면 우리의 직관적인 자유 개념과는 상반된 성격을 지니기 때문이다. 통상적으로 유기적 통일성이 부분에 남김없이 침투하는 상황처럼 보편자가 개별자를 철저히 관통한다면, 개별자가 자유로울 수 없다고 생각한다. 왜냐하면 통상적으로 우리는 선택할 수 있는 가능성을 자유라고 생각하기 때문이다. 하지만 헤겔은 『법철학』에서 "사람들이 자유라고 할 때 갖는 통상적인 생각"은 자유가 아니라 "자의"(Willkür)라고 주장한다. 그에 따르면 통상적인 의미의 자유는 인간 본성이 제공하는 충동들 중에서 하나를 선택하는 반성적 의지의 활동이다. 여기서는 **자아**의 무한한 **형식**과 외적 **대상**의 **내용**이 서로 상이하다. 대상은 자아의 욕구를 충족시킬 **가능한** 내용으로서 존재하며, 자아의 형식적 자유는 이 외적으로 주어진 내용에 **의존**할 수밖에 없다(Rph, § 15, 140). 욕구의 충족은 우연적일 뿐만 아니라, 자아의 의지는 대상에 의존하기 때문에 자유로울 수 없다. 헤겔에 따르면 자유란 원하는 바를 행할 수 있는 것이라고 말하는 사람들은 사상의 도야가 결여되어 있으며, 절대적으로 자유로운 의지, 법, 인륜 등이 무엇인지 아직 모르고 있는 것이다(Rph, § 15 A, 140). 하지만 이러한 선택적 개별 의지가 보편적 의지로 고양되어 이성적 사유에 의해 보편성만을 의지하면, 그러한 의지는 **절대적으로 자유로운 의지**가 된다. 그러한 자유로운 의지의 형태를 띤 것들이 **법, 도덕, 인륜성**이다. 그것들은 현실적으로 존재하는 **자유**이며, 개인이 자유롭다는 것은 그것들에 따라 행동할 때뿐이다. 이같이 이성적으로 구성된 보편적 질서를 따를 때만 개인이 자유롭다는 **자유관**은 개념의 총체성 속에서 보편적 개념과 통일된 개별성으로서만 개별성은 온전하다는 **개념관**과 이에 기초해서 생명체의 유기적 연관의 한 부분으로서만 분지는 살아 있을 수 있다는 **생명관**에 기초한다.

개념에서 보편은 특수에 관계하지만, 그 자신 총체성으로서 이러한 타자 관계 속에서도 타자에 의해 변화되지 않고 자기 자신을 온전히 유지한다. 마찬가지로 생명 유기체도 다양한 기관으로 분화되지만, 분화된 기관들 속에서 그것의 힘이 제한되고 축소되는 것이 아니라, 기관들의 상호작용을 통해 자신의 힘을 실현한다. 생명의 통일성은 기관의 다양성으로 분화됨으로써 자신을 규정한다. 가령 사과나무는 사과 씨와 잎, 가지, 꽃, 열매로 분화되고 분지들 속에서 자신을 실현함으로써 사과나무로서 자신을 규정한다. 마찬가지로 동물은 기관으로 분화되고 분화된 기관의 특정한 구조와 상호작용을 통해 그 동물로서 규정된다. 이러한 방식으로 생명의 통일성은 **분지** 혹은 **기관**이라는 타자 속에서 **자기 자신을 규정**하면서 유지하고 보존한다. 이렇게 **개념**의 논리를 구현하는 유기체의 질서는 **자유롭다**. 유기체는 그것의 기관들이 원활하게 상호작용을 할 때, 자신의 **본질**을 가장 잘 **실현**하고 있는 것이며, 건강하고 **자유**롭다고 할 수 있다. 마찬가지로 구체적 보편의 논리에 따라 자신의 분지들의 원활한 상호작용을 통해 통일적으로 조직된 공동체는 자유롭다. 물론 자기규정은 유기체와 정치 공동체를 관통하는 자유의 근본적인 특징이지만, 정치 공동체에 나타나는 고차적으로 자유로운 정신은 유기체의 단순한 형태변환을 넘어서 역사적 발전 속에서 자기를 규정한다. 그럼에도 불구하고 생명체에서 자신의 고유 기능을 잘 발휘하는 기관처럼, 개인은 공동체 속에서 자신의 역할을 다하면서 공동체에 기여할 때 자유롭다. 보편과 특수, 공동체와 개체가 **구체적 보편**의 논리에 따라 **유기적**으로 조직될 때 **자유롭**다는 헤겔의 자유관은 아리스토텔레스와 공유하는 생물학적, 공동체주의적 자유관이다.

　　이제 헤겔의 개념관에 대한 긴 고찰을 뒤로하고, 헤겔이 칸트의 직관적 오성과 종합적 보편의 단초를 자신의 독특한 개념의 개념을 통해 방법론적으로 발전시키는 것이 어떤 의미를 갖는지를 천착하면서 이장을 마무리하도록 하자. 칸트에 따르면 우리 인간은 자연 일반을 **기계론**적으로만 구성할 수 있다. 반면에 유기체는 기계적으로 구성될 수 없기 때문에, 우리는 유기체를 구성할 수 없고 유기체에 대한 지식을 가질 수 없다. 하지만 우리가 유기체에 대한 지식을 가지려면, 유기체를 구성하는 방식인 목적론적 절차를 개념화하면 된다. 칸트는 인간이 부분에서 부분을 덧붙이는 방식으로만 사고할 수 있고, 전체로부터 부분으로 진행하거나 보편으로부터 특수를 산출하는 방식은 객관적으로 구성할 수 없다고 주장한다. 하지만 그것은 칸트가 규정한 인식론적 한계일 뿐, 생물학자와 생물철학자들은 전체에 의존하는 **부분**과 부분을 가능케 하는 **전체** 사이의 **목적 인과성**의 관계를 **객관적** 질서로서 사유한다. 헤겔은 생물학자와 생물철학자의 **객관적** 관점에 **개념적** 논증을 제공한다. 그는 칸트가 신에게만 부여했던 **종합적 보편**에 대한 사유를 **구체적 보편**이라는 **개념 논리**로 방법론화함으로써, 인간이 유기적 질서, 즉 부분의 가능성이 전체에 의존하는 사물의 질서를 사유할 수 있음을 논증한다. 실로 칸트가 목적 일반에 따르는 우리의 인과성과의 먼 유비를 통해 사유한 유기체의 최고 근거인 **직관적 오성**에는 목적론을 위한 중요한 통찰이 함축되어 있다. 하지만 그것은 함축적 통찰이기 때문에, 칸트주의자들은 그 함축을 현실적으로 전개하기보다, 칸트의 목적론적 판단력비판을 유기체라는 독특한 질서에 직면하여 인간 인식의 유한성을 다시 한번 확인하는 작업으로만 규정한다. 그렇지만 『판단력비판』의 칸트는 직관적 오성과 관련하여 『순수이성비판』에서처럼 수동적으로만 서술하지 않고, 전체로부터 부분을 가능케 하는 종합적 보편의 적극적인 원리를 제시하였을 뿐만 아니라, 반성적 판단력이라는 성소에서 인식론적 증명의 부담 없이 유기체의 질서에 대한 적극적인 설명 가능성을 제시한다. 칸트는 『판단력비판』§65에서 유기체의 첫 번째 계기인 **목적론적 측면**을 두 번째 계기인 기계론적 측면으로부터 엄격히 구분했을 뿐만 아니라, 목적론적 측면을 자연 목적으로서의 유기체가 성립하기 위한 불가결의 측면으로 확정한다. 또한 부분들을 가능케 하는 전체인 **목적 개념**을 부분들을 모두 포괄하고, 부분들의 존재와 작용 방식을 **선험적**으로 규정해야 하는 **이성 개념**으로 규정한다(KU, B290 / V373).

칸트에게 목적 개념은 한갓 **규제적**일 뿐인 이성 개념, 이념이지만, 헤겔은 칸트의 인식 비판을 무시하기 때문에, 이성 개념을 **구성적**인 개념으로 본다. 헤겔은 유기체의 첫 번째 **목적론적 측면**이 유기체의 설명에서 불가결하다는 칸트의 통찰을 수용할 뿐만 아니라, 설명의 출발점이 되어야 한다고 생각한다. 더욱이 그는 이 **목적론적 측면**을 『판단력비판』§77에서 서술되고 있는 직관적 오성의 **종합적 보편**에 대한 표상 방식과 연결하여 고찰한다. 헤겔에게 자연 목적으로서의 유기체는 목적 개념으로부터 설명되어야 하는데, **목적 개념**은 더 이상 단지 주관적 사고의 유비물이 아니라, 유기체의 존재와 작용 방식을 결정하는 **객관적 질서**이다. 이 객관적 질서는 인간의 방식으로 사유될 수 있으며, 우리는 이 객관적 질서를 통해 유기체에 대한 **객관적 설명**을 제공할 수 있다. 헤겔은 유기체가 배아 줄기세포로부터 기관과 사지로 분화되듯이, 보편이 자신을 구별하여 특수로 되는 개념의 논리를 고안한다. 목적 **개념**을 규정하는 **개념 논리**는 보편, 특수, 개별의 계기들의 상호작용을 통해 전체에 의존하는 부분들의 유기적 통일을 구조화하는 세계의 질서이다. 이로써 헤겔은 칸트가 그어 놓은 경험의 한계를 넘어서, 즉 인간 인식에 분석적 보편을 통한 사고를, 그리고 신적 인식에 종합적 보편에 대한 표상을 제한하는 것을 넘어서, 인간이 종합적 보편을 사유할 수 있음을 보여 준다. 이와 함께 자연 목적인 유기체의 두 가지 측면인 목적론적 측면과 기계론적 측면의 단절, 기계론에 기초한 인식론과 유기체의 목적론 사이의 양립불가능성의 문제가 극복된다. 더 이상 유기체의 질서는 우리의 주관적인 반성적 판단력의 사고물에 그치는 것이 아니라 자연 사물의 객관적인 질서이며, 유기체론은 기계론적 탐구를 위한 발견법적 안내가 아니라 자연과학이 된다. 이 모든 효과는 칸트의 인식론적 제한을 넘어 경험의 한계를 **확장**함으로써 발생하였다. 칸트에게서 유기체에 관한 인식이 주관의 사유물에 머물렀던 것은 기계론적 인식의 한계에 제한되었기 때문이다. 헤겔은 **유기적** 질서를 구성할 수 있는 **개념적** 방법을 고안하여 유기적 자연에 대한 **객관적** 설명을 제공할 수 있게 함으로써, 칸트의 인식 비판에 대한 내재적 비판을 성취하였다. 헤겔에 따르면 유기적 질서가 경험될 수 없는 것이 아니라, 그것을 경험할 수 없는 인식론이 잘못된 전제 위에 서 있는 것이다.

2. 기계론과 목적론

철학에서 목적론의 저명한 주창자로서 아리스토텔레스와 칸트가 많이 논의된다. 칸트가 목적론적 설명을 거부하고 목적론적 기술을 단지 자연과학의 발견법으로 받아들일 뿐인 데 반해, 헤겔은 목적론과 삶을 철학적 서술의 중심에 두고 있음에도 불구하고, 놀랍게도 헤겔은 지금까지 목적론적 생명관의 대표자로 거론된 적이 거의 없다. 그 이유는 아마도 헤겔의 논리학과 정신철학이 헤겔철학의 영향사에서 커다란 반향을 불러 일으킨 반면에, 그의 자연철학은 취약한 것으로 평가되었기 때문일 것이다.[4] 하지만 생명에 대한 설명을 구상하는 데 있어서 헤겔에게 독특한 점은 그가 생명을 자연철학에서 다룰 뿐만 아니라, 『논리의 학』에서 논리적 이념의 모델로서 전개한다는 사실이다. 이러한 사실이 말해 주는 것은 단지 헤겔이 생명의 논리적인 근본 구조를 강조하고, 그것을 자연철학에서의 실재적인 생명 개념에로 확장한다는 것만이 아니다. 헤겔의 생명관을 이해하기 위해 헤겔의 『논리의 학』에 주목하는 것은 불가피하다. 왜냐하면 앞 장에서 살펴본 것처럼 자연철학에서는 볼 수 없는, 보편자에서 특수자를 도출하는 생명의 논리적 구조가 거기서 해명될 뿐 아니라, 기계론과 목적론의 관계 같은 목적론 고찰에서 중요한 체계적 문제가 상세히 다루어지기 때문이다.

목적론 탐구에서 **기계론**과 **목적론**의 관계는 매우 중요한 주제이다. 칸트가 이 주제를 주로 인식론적 차별성의 관점에서 다룬 반면, 헤겔은 자연의 객관적 질서에 있어서의 차별성이라는 관점에서 다루고 있다. 헤겔은 『논리의 학』 개념론의 주관성 편을 개념과 그것의 실현으로서 판단, 추론에 대해 논한 후에, 객관성 편을 기계론으로부터 시작하여 화학론을 거쳐 목적론으로 진행한다. 통상적으로 화학적 과정은 기계론적 과정으로 환원되거나 그것의 일부로 간주되므로, 헤겔의 논의는 물리 화학적 과정과 목적과의 관계를 다루는 것이라고 간단히 규정할 수 있다. 기계론에 대한 헤겔의 서술은 오늘날 현대 과학의 성과에 기초한 과학철학자들의 연구와도 매우 유사한 선진적인 내용을 담고 있다. 헤겔은 주관

---

4   다행히도 최근에 헤겔 목적론에 관한 집중적인 논의가 이루어지면서, 목적론에 관한 현대 논쟁의 맥락 속에 헤겔의 목적론과 생명 개념을 위치시키려는 시도가 있었다. 2020년에 Hegel Bulletin은 "Hegel and the Philosophy of Biology"라는 제목의 특집호를 꾸렸다.

성 편의 마지막 단계인 추론에서 전개된 개념의 매개 활동이 지양된 상태를 객관성 편의 출발점으로 삼는다. 따라서 최초의 가장 단순한 객관의 형태는 동일적인 것(das Identische)이라고 칭해진다. 여기서 개념의 매개는 지양되어 어떠한 명시적인 개념적 구별도 찾아볼 수 없다. 기계론적 객체의 가장 단순한 형태는 어떤 규정도 갖지 않고 단지 자기와 동일적인 것일 뿐이다. 이것은 기계론적 사물을 구성하는 가장 작은 단위로서 입자일 수도 있고 파장일 수도 있다. 헤겔은 어떤 **명시적**인 개념적 구별도 갖지 않는 단순한 동일자로서의 객체를 그럼에도 불구하고 "개념에 의해 관통되어 있는 것"(LB 156: 2-3 / 131)이며 "목적에 의해 규정될 것"(LB 156: 7-8 / 131)으로 간주한다. 말하자면 객체란 **잠재적**으로 개념의 구조를 갖고 있는 것이며, 목적에 의해 규정될 수단이다.

하지만 최초의 객체는 아무런 구별도 자신 안에 갖지 않는 **동일적인 것**이어서, **외적**인 결합에 의해 **집산**(Aggregat)을 이루고, 다른 것과 구별된다. 이러한 집산은 객체들이 관계 맺는 역학적 과정을 통해 형성된다. 우리는 동일적인 것이 다른 동일적인 것에 관계하는 계열 속에서, 규정성이 전달되면서 지속되는 형식적인 역학적 과정을 생각할 수 있다. 그런데 이 과정에서 **작용**에 대해 **반작용**이 일어나면서, 작용은 반작용의 힘에 의해 멈추게 된다. 다시 말해서 지속적으로 전달되는 규정성의 보편성이 중단되고 **개별성**이 발생한다. 이로써 처음으로 기계적 과정의 **산물**이 형성된다(LB, 164: 14-33 / 139). 이런 방식으로 개별성을 지닌 객체가 형성되고 또다시 다른 객체들과 결합하여 합성된 집산이 이루어진다. 이같이 기계적 객체는 자기 자신에 의해서가 아니라, 타자의 매개에 의해서 비로소 자신으로 되는 것이며, 기계적 과정의 산물로서 **합성**, 혼합된 것이다. 이렇게 동일적인 것들의 집산으로 형성된 객체는 나름의 **특수성**을 갖기 때문에, 실질적인 역학적 과정에서 고유한 내용에 기초해서 **저항**을 형성시킨다. 하지만 전달되는 힘과 객체 사이에 공유된 영역이 없을 경우, 저항은 형성되지 않고, 객체를 통한 힘의 전달이 이루어지지 않는다. 가령 바람에 펄럭이는 부드러운 리본은 총알에 의해 관통되지 않는다. 하지만 총알과 나무의 경우처럼 같은 영역에 있을 때, 나무의 저항은 작동하지만, 총알에 대해 자신의 동일성을 유지하지 못하기 때문에, 객체는 전달되는 힘의 위력에 굴복하여 파괴된다. 이같이 개별 객체들은 저항을 형성하는 고유한 내용의 성격을 지닌다. 그런데 이러한 성격에 따라, 서로 외적인 객체들을 함께 모아 주는 **중심**이 형성된다. 이 중심은 기계적 과정에서 끊임없이 전달되는 규정성과는 달리 객체의 **내재적** 본질을 형성한다(LB 169: 28-29 / 143). 이로써 무한한 역학적 진행이 아닌 물체에 고유한 **안정성**이 생기며, 이것은 저항 일반이 아니라 **특정한** 종류의 **저항**을 만드는 **규정성**이다. 이렇게 하여 개념과 실재성이 통일된 **중심 물체**가 형성된다. 비자립적 외적 객체들은 중심 물체로 모이려고 노력하는데, 이 과정에서 제2의 중심이 생겨나서 중심 물체, 제2 중심, 비자립적 개체의 추론 관계가 형성된다. 이러한 역학적 과정에서 우리는 가령 태양을 중심 물체로 하는 태양계의 역학적 관계에까지 이를 수 있다. 구별되는 **객체들**과 **중심**의 추론 관계에서 압력, 충돌, 인력과 혼합 등이 객체들의 외면적 규정성을 형성하며, 이것의 내면적 규정이 **법칙**이다. 헤겔에 따르면 법칙은 외적인 객체성을 관념성으로 되돌리는 양자의 통일로서 **개념** 자신의 구별이다. 헤겔은 법칙에 지배되는 역학적 과정의 실재성을 더 이상 자신의 외부에 중심을 갖는 객체들의 "죽은 기계론"이 아니라, **개념**에 상응하는, 자기규정 하는 "자유로운 기계론"이라고 표현한다(LB 173: 1-24 / 146). **죽은 기계론**에서 객체들의 기계론적 과정은 **우연성** 혹은 **규정되지 않은** 부등성을 나타내거나 형식적인 동등성을 나타내며, 이 동등성은 **규칙**(Regel)일 뿐 법칙은 되지 못한다(LB 173: 16-23 / 146). 하지만 헤겔은 **자유로운 기계론**이 갖는 **법칙**을 **개념**의 고유한 규정이라고 함으로써, 소멸되었던 **개념**의 매개가 기계론의 마지막 단계에서 다시 드러나게 된다는 사실을 시사한다.

하지만 여기서 개념은 개념이나 유기체의 경우처럼, 그것의 계기들이 **유기적** 연관을 형성하지 못한다. 가령 태양계 행성의 운동 법칙에서 '행성들은 태양 주위를 돈다'는 것은 **보편적**인 것이다. 여기서 특정한 행성은 **특수자**가 될 것이다. 어떤 것은 가까이 어떤 것은 멀리 떨어져서 회전한다. 이 각각의 특수한 경우들은 법칙이라는 보편자의 **현시**이다. 여기서 보편자는 특수자를 **포괄**하는 구체적 보편자이다. 보편자는 추상적인 보편 개념으로서 내용에 맞서 있는 것이 아니라, 내용의 특수성을 **자기 자신 안에** 지니고 있다. 특수는 밖으로부터 주어지는 것이 아니라 보편자의 현시이다(Stederoth 2001, 371). 태양계 행성의 운동 법칙에 대한 인식에서 보편적 형식은 내용에 외면적인 것이 아니라, 자기 자신으로부터 내용을 산출하는 참된 형식이다. 여기서 보편적인 것은 자신을 특수화하고, 특수한 것을 자신의 것으로 파악함으로써, 개별성을 설명한다. 태양계 행성의 운동 법칙은 **개념**의 발전과 같이 보편적인 것이 특수한 것들을 관통하면서 자신을 구별하고 실현하는 것으로서 파악된다. 하지만 그것은 개념이나 유기체처럼 유기적인 관계를 형성하는 것은 아니다. 헤겔(Enz II, § 337 Z, 19)에 따르면 **개념**의 계기들은 서로를 포함하는 **총체성**을 현시하면서 **유기적** 관계를 형성하고, **유기체**의 **특수한** 기관들은 상호 의존하면서 한 주체의 **임시적** 계기로서 통일을 위해 실존한다. 반면에 천체의 체계에서는 특수한 계기인 행성들은 독자적으로 자유롭게 실존하는 **자립적**인 물체이다. 태양계 행성의 운동은 **개념**의 보편적 질서를 재현하지만, 그것은 단지 **잠재적**으로만 그러할 뿐 아직 유기적 실존이 아니다. 그것은 아직 **기계론**의 영역에 머무는 개념의 현시이다.

과학철학자 마크 비카드는 헤겔에 대한 어떤 지식과 언급 없이, 기계론적 과정으로부터 규범성이 발생하는 과정을 헤겔의 견해와 매우 유사하게 서술한다. 비카드(Bickhard 2010, 14f.)는 현대 물리학의 성과에 기초하여, 기계론적 과정으로부터 규범성이 창발하는 방식을 설명한다. 그에 따르면 현대의 최고 물리학은 존재하는 것이 입자가 아니라 장(field)임을 밝혔다. 입자로 보이는 것은 장들의 상호작용을 통해 장들의 속성들이 양자화되고(quantised) 보존된 것이다. 따라서 비카드에 의하면 입자설에 기초한 파르메니데스, 엠페도클레스, 데모크리토스의 **실체 형이상학**은 **과정 형이상학**으로 대체되어야 한다. 전자에서는 **정지**가 설명의 표준상태였고, 변화가 설명을 필요로 하는 것이었다면, 후자에서는 거꾸로 **변화**가 설명의 표준상태이고, 존재는 설명을 필요로 하는 것이다(19). 장의 과정은 무한히 흐르는 생성의 과정이 아니라, 언젠가는 상호작용을 통해 **에너지 우물**을 형성하면서 **조직화**된다. 우물 밖으로부터 충분한 에너지가 이 우물에 충격을 가하지 않는다면, 우물은 그러한 조직화를 유지한다. 이렇게 장의 과정이 조직화되어 **안정성**을 갖게 된 것이 원자나 분자이다(20). 과정 조직화의 안정성은 **자기유지적 체계** 혹은 **자율적 체계**를 형성하는데, 비카드는 이러한 자율적 체계를 **규범성**이라고 규정한다. 규범성은 헤겔에게 있어서는 **개념**의 논리를 의미한다. 헤겔에게 **개념** 논리가 **목적** 개념의 근본 규정인 것처럼, 비카드와 같은 생물철학자에게 **규범성**은 **목적론**의 근본 특징이다. 따라서 비카드는 헤겔처럼 자연의 **기계론적 과정**으로부터 **목적론적 규범성**이 **창발**함을 논증하는 것이다. 자율적 체계를 유지하려는 규범적 기능의 측면에서, 자연의 기계론적 과정은 다음과 같이 재서술될 수 있다. 기계론적 과정에서 비평형적 체계는 안정적이기 위해 **자기유지**를 필요로 하는데, 그렇게 자기유지를 하는 일은 안정성을 위해 기능한다. 이렇게 해서 과정의 조직화의 **지속**을 유지하도록 하는 기능이 생겨난다. 이것은 보다 복잡한 기능 연관적 체계로의 진화를 위한 일종의 원초적 출발점으로서 작용한다. 이렇게 **자기유지적 체계**와 더불어, 과정의 **조직화**가 자기 자신을 위해 기능하는 첫 번째 단계가 실행된다. 체계는 점점 더 복잡해지고, 자신의 안정성에 기능적으로 기여하기 위해, 자신의 환경을 활용하는 데 있어서 점점 더 유능하게, 즉 **자율적**으로 된다(22).

　　비카드의 서술은 현대 물리학의 성과에 기초해서 기계론적 생성과정으로부터 자율적 체계로서의 규범성의 출현을 설득력 있게 논증하고 있다. 헤겔은 생성으로부터 존재의 출현, 기계론적 과정으로부터 목적론적 규범성의 출현이라는 비카드의 논점을 선취하고 있을 뿐만 아니라, 비카드보다 기계론적 과정에 대해 상세하고 체계적인 개념적 설명을 제시하고 있다. 헤겔은 기계론과 화학론에 대해 체계적으로 서술한 후에, 화학론에서 목적론으로의 이행을 다음과 같이 논증한다(LB, 179: 2-25 / 151f.). 화학적 규정인 산-염기 **관계**는 산성 물질, 염기성 물질과 같은 사물이 아니라 추상적 규정이며, 그것들을 통일하고 있는 **토대**이다. 이 **토대**는 자신을 **양분**하여 객체들 속에 **대립**적 원리들을 정립한다. 따라서 화학적 과정의 내적 관계는 자신을 극들로 양분하고 다시 통일하는 원리로서의 구체적 개념이다(LB, 180: 5-7 / 152). 이로써 물리 화학적 과정의 단계들을 거치면서 객체의 외면성이 지양됨으로써, 객체의 외면성 속에 소멸되었던 개념이 명시적 형태로 다시 등장한다. 하지만 이 개념은 더 이상 주관성 편에서 서술된 **순수한** 개념이 아니라, 우선은 객관적 세계를 마주하고 거기에 적용되어야 하는 외적 목적이지만, 최종적으로는 물리 화학적 객체성을 관통하는 유기체의 내적 목적으로서 나타나는 개념이다. 따라서 이제 개념은 객관 세계와 관계하고 그것과 통일을 이룬 **객관적**으로 실존하는 개념이다. 헤겔도 화학론을 **기계론적 인과성**에 지배되는 영역으로 간주하는 일반적인 견해를 따르므로(LB, 188: 36-38 / 159), 기계론과 화학론으로부터 목적론으로의 이행은 **기계론**적 인과성에서 **목적론**적 인과성으로의 이행이라고 할 수 있다. 이러한 이행과 함께 **기계론**과 **목적론**의 관계라는 전통적인 문제가 주제화된다.

헤겔은 기계론과 목적론의 대립을 서술하는 칸트의 이율배반이 양자를 준칙으로 판정함으로써 둘 중 어느 것이 우위에 있는 진리인가를 결정하지 않았다고 비판한다. 헤겔 자신의 생각은 전통적인 견해와 같이 목적론이 기계론의 진리라는 것이다. 칸트 역시 **준칙**으로서 목적론을 기계론의 우위에 두고 있지만, 헤겔은 목적론이 **구성적**으로 기계론을 포괄하고 규정하는 원리로서 사유되어야 한다고 주장한다. 헤겔은 보편과 특수를 결합하는 칸트의 종합적 보편을 자신으로부터 특수성 혹은 외면성을 산출하고, 그것을 규정하는, 그럼으로써 결국 **자기** 자신을 **규정**하는 "구체적 보편"으로 재해석한다(LB, 188: 15 / 159). 이제 목적은 보편 개념이며, 기계론적 객체 혹은 외면성은 수단이 된다. 목적은 자기를 외면화하는 충동 혹은 활동성으로서, 외적 주관적 목적으로서는 객체에 맞서 기계론적 과정을 규정하거나 수단으로 삼고, 내적 유기적 목적으로서는 기계론적 객체를 관통하면서 조직화하는 원리로서 작동한다. 이같이 목적은 기계론적 과정을 매개로 하여 자기규정 하는 활동성인 반면, 기계론적 객체는 목적 실현의 수단이 되기 때문에, 기계론은 목적론의 **계기**가 된다.

　　앞서 무한하고 무규정적인 인과적 과정으로부터 형성된 최초의 기계적 객체는 자립성을 갖게 됨으로써, 타자와 구별되는 자기 관계성, 즉 일종의 자기유지적인 자율성을 갖는다고 하였다. 하지만 헤겔에게 이러한 기계적 객체가 갖는 자립성은 내용을 결여한 그저 동일적인 것(das Identische)일 뿐이며, 그것이 갖는 자율성은 단지 형식적이며 상대적인 것일 뿐이다. 왜냐하면 기계적 객체는 다른 객체에 의해 규정되며, 다른 객체와 함께 기계적 통일성에 불과한 단지 집산(Aggregat)을 형성하기 때문이다. 기계적 객체는 자신의 외부로부터 부가되는 다른 기계적 객체와 결합하여 형성된 "합성체" 혹은 "집합체"이다. 기계적 객체의 결합은 외적이기 때문에, 그것은 자기 자신에 의해 규정되는 것이 아니라 **타자**에 의해 규정되는 것이다. 따라서 기계적 객체에서는 진정한 의미의 자율성이 성립하지 않는다. 왜냐하면 진정한 의미의 **자율성**은 헤겔에 따르면 **자기규정**에서만 성립하기 때문이다. 순수한 기계적 객체성의 세계의 본질적 특징은 거기에서 구별이 단지 **외적**인 것으로서 현상한다는 것이다. 여기서 구별은 우선 기계적 객체 외부의 다른 기계적 객체에 의해서 발생한다. 따라서 타자에 의해 규정되고 외적으로 구별되는 기계적인과 계열은 완결되어 있지 않고 열려 있다. 기계적 과정을 설명하기 위해서는 현상 속에서 그것의 원인이 찾아져야 하는데, 이 원인은 다시금 결과가 되어 그것의 원인에 의해 근거 지어져야 한다. 기계적 과정에서 현상에 대한 설명을 근거 짓기 위해서는 이러한 탐색이 무한히 진행되어야 한다. 따라서 기계론의 과정은 원리적으로 열려 있으며, 그것의 논증은 궁극적으로 근거 지어져 있지 않다. 헤겔은 이러한 과정 속에서 자신의 근거를 자신 안에 갖지 못하고, 규정을 위해 타자에서 끊임없이 근거를 찾아야 하는 기계적 객체를 유한하다고 한다. 헤겔에 따르면 **유한**한 사물은 자신의 근거가 되는 개념을 자기 자신 안에서 온전히 갖는 것이 아니라, 근거를 갖기 위해 **타자**를 필요로 하기 때문에 유한한 것이다 (LB, 207: 32-34 / 175). 반면에 헤겔은 목적을 자신의 개념을 형성하기 위해 어떤 다른 것도 필요로 하지 않는, "자기 자신 안에서 무한한 총체성"이라고 표현한다(LB, 184: 35 / 156). 목적은 객관적 개념이기 때문에 개념의 형식을 지니고 있다. 앞 장에서 상술하였듯이 보편 개념은 자신을 구별하여 특수한 규정들을 산출하지만, 이 타자 가운데서도 자신을 상실하지 않고 **유지**한다. 그러면서 개념은 특수한 규정들을 내용으로 자신을 **규정**한다. 이같이 개념의 근본 규정은 **자기유지**이고 **자기규정**이다. 역학적 과정의 규정이 다른 규정으로 이행하면서 자신을 상실하는데 반해, 목적은 자기 자신을 유지한다. 목적은 자신의 규정을 위해서 어떤 다른 규정도 필요로 하지 않기 때문에 타자로 이행할 필요가 없다. 목적은 **자기 자신에만 관계**한다. 헤겔은 목적을 자연현상에서 자연법칙이 갖는 특징을 가지고 다음과 같이 서술한다. "목적은" 기계적 과정에 휩쓸리지 않고 "그것 밖에서 자신을 지탱할" 뿐만 아니라, "기계적 과정 속에서는 자신을" 상실하지 않고 "유지하며, 기계적 과정의 규정이 된다"(197: 14-16 / 166).

기계론에서 객체의 무관심한 규정성들은 한갓된 필연성의 **형식**에 따라서, 즉 기계적 인과성의 작용에 의해서 발생하며, 그 내용은 어떤 것이든 무관하고 형식만이 본질적이다. 반면에 헤겔은 "목적론에 있어서는 **내용**이 중요하다"고 주장한다. 왜냐하면 목적론은 **개념**을 전제하는데, 개념은 **자기규정** 하는 것이고, 절대적으로 규정된 것이기 때문이다(LB 184: 22-29 / 156). 말하자면 **목적**은 **내용**을 지닌 **개념**이기 때문에, 가령 임대 소득을 목표로 하는 외적 목적 관계가 합당한 것이 되려면, 매매나 건축을 통해 임대할 주택을 마련하는 수단이 결부되어야 한다. 또한 식물과 동물이라는 내적 목적은 각기 다른 내용의 목적을 가지고 있기 때문에, 각기 다른 분지와 기관을 수단으로서 가질 뿐만 아니라, 그것들의 상이한 방식의 상호작용을 통해, 목적이 설정한 내용을 성취한다. 반면 기계적 인과성에 따른 상호작용은 규정되어 있지 않고, 무한히 가능한 방식의 조합과 인과 계열을 형성할 수 있다. 그것들의 상호작용을 특정한 의미를 지닌 **내용**으로 형성시키는 것은 **목적**이다. 과학철학자 스타디스 프실로스(Psillos 2011, 12)는 기계론의 **통일**이 요소들을 전체 집합으로 정렬한다고 해서 이루어지는 것도 아니고, 요소들의 속성과 상호작용을 나열한다고 해서 형성되는 것도 아니라는 사실을 지적한다. 그에 따르면 부분들을 전체로 정렬하는 방식은 **무한**하지만, 그것들 대부분이 **자의적**이기 때문에 설명적 의미를 지니지 못한다. 그는 기계론이 그것을 초월하는 목적론에 의해 규정되어야 한다는 헤겔의 생각에 동의하면서, 기계론의 통일은 기계론이 목표로 하는, 기계론 외부의 목적론으로부터 와야한다고 주장한다. 말하자면 돌과 나무, 불, 바람, 중력의 인과적 상호작용은 기계론적으로는 무한한 방식으로 결합이 가능하지만, 임대 수익을 위한 거주용 집을 건축한다는 **목적**에 합당한 **설계**에 따라, 돌과 나무 같은 건축 자재들을 바람을 통해 불을 피우고 중력을 이용해 쌓는 방식으로 결합하여 집을 지어야 한다. 이같이 기계론은 목적론에 종속된다.

　　기계론에 대한 목적론의 우위는 보다 근원적인 차원에서 확인될 수 있다. 앞서 헤겔의 기계론에서는 기계적 인과성의 세계가 자기규정을 결여한 동일적인 것으로부터 출발한다는 사실을 서술하였다. 이러한 무규정적 동일성의 맹목적 기계론에 주목하면서, 슈패만은 기계론의 세계가 동일적인 것으로 구성되어 있을 뿐인 추상적 동일성의 세계이기 때문에, 거기서는 원리적으로 어떠한 구별도 불가능하다고 주장한다. 슈패만에 따르면 한 사건 B로부터 A를 보는 것은 **우리**이다. A는 그 자체로는 B와 전혀 관계가 없으며, A는 B가 아니라는 사정은 **우리**가 A에 갖다 붙이는 관점이라는 것이다(Spaemann, Löw 2005, 141). 하지만 대상을 그렇게 규정할 수 있는 것은 대상에 이미 그러한 규정 가능성이 잠재적으로 있기 때문에 가능한 것이다. 헤겔은 최초의 기계론적 객체가 무규정적 동일성이지만, 그 안에는 개념의 매개가 지양되어 있다고 주장한다. 따라서 하나의 동일적인 것과 다른 동일적인 것의 작용과 반작용에 의해 자율적인 체계가 형성되는 것은 가장 원초적인 차원에서 개념적인 것이 발생하는 것이다. 동일적인 것들이 집산을 이루면서 규정성을 띠게 되고 중심에 의해 통일되면서, 고유한 규정을 갖는 객체가 형성된다. 슈패만도 이러한 객체들로 구성된 기계론적 과정이 존재한다는 것을 인정한다. 하지만 이 과정은 무한히 진행하는 규정되지 않은 계열이다. 슈패만은 이 무한하고 무규정적인 계열에서 특정 부분을 잘라내고 의미 단위로 확정하는 것은 **우리**라고 주장한다. 앞에서 말했던 것처럼 기계적 객체 A와 B를 구별하고 기계론적 인과성의 무한 계열에서 특정 부분을 잘라내어 의미를 부여하는 것은 **개념**을 가지고 규정하면서 관여한다는 것을 의미한다. 이때 개념은 대상에 **구성적**이다. 따라서 슈패만에 따르면 이러한 방식으로 기계론적 관계는 주관에 의해 확립된다. 슈패만은 관여하고 규정하는 **주체**들 자체가 이미 어떤 것을 다른 것과 결합할 수 있는 방식의 살아 있는 **통일**들이며, **생명**이라는 **전제** 아래서만 기계론이 가능하다고 주장한다. 그는 이런 의미로 목적론은 기계론의 진리라는 헤겔의 테제를 해석한다(Spaemann, Löw 2005, 141f.).

슈패만의 주장은 기계론적 과정 밖에서 그것에 규정을 부여하는 주관을 상정하는 **주관적 외적 목적론**을 전제한다. 이러한 주장은 ―그가 목적론에서 의도가 문제되지 않는다는 사실을 명확히 밝히고 있음에도 불구하고(Spaemann, Löw 2005, 218)— 그가 전통 형이상학이나 칸트가 말하는 의도적 오성과 같은 **의도**를 가진 **주관적** 목적의 영향 아래 있다는 의심을 갖게 한다. 하지만 헤겔은 주관적 목적은 가상이고, 객관적 목적이 주관적 목적의 가능 근거라고 간주하기 때문에, 기계론을 규정하는 것은 **주관**이 아니라 주관을 통해 사고되는 **개념 자체**라고 생각한다. 말하자면 **주관**이 기계론적 객체를 서로 구별하고, 무한한 기계적 인과 계열에서 특정한 부분을 잘라 내어 의미를 부여할지라도, 그것이 가능한 것은 이미 **객체**들이 잠재적인 **개념적** 구별을 갖고 있으며, 특정한 부분이 통일적 의미를 지니고 있기 때문에, 그렇게 분리되어 대상화될 수 있는 것이다. 슈패만은 **생명**을 가진 **인간** 주체가 생명의 구조에 근거하여 기계론적 객체들을 결합한다고 주장하지만, 헤겔에게 생명 유기체는 물리 화학적 과정과 통일된 개념, 즉 개념과 실재성의 통일로서 **자연**에 실현된 목적이지, 자연의 물리 화학적 과정 외부에서 그것에 규정을 가하는 **주체**가 아니다. 규정하는 주체는 **생명** 유기체 일반이 아니라 **개념적**으로 **사고**하는 인간이며, 인간이 그렇게 할 수 있는 것은 기계적 객체에 잠재하는 개념적 규정을 사고할 수 있기 때문이다. 따라서 기계론적 객체를 규정하는 것은 객체의 외부에서 그것에 대해 지배적 우위를 점하는 주체의 **의도**가 아니라, 주체의 의도도 따라야만 하는 객체에 내재하는 **개념**적 질서이다. 헤겔은 기계론이 내용적으로 유의미한 통일성을 갖기 위해서는 "개념"(목적)이 "기계론의 규정성을 형성하는 본질적 계기"가 되어야 한다고 주장한다(189: 15-17 / 160). 확실히 자연의 과정은 서로 구별되며, 그런 한에서 한 자연 과정은 무한한 무규정적 인과 과정일 수만은 없고, 그 안에 내재하는 **개념(목적)**을 통해서 다른 과정과 **구별**되어야 한다. 기계론에 대한 목적론의 우위는 죽은 기계론적 객체에 대해 의도적으로 목적을 설정하는 살아 있는 **주체**의 우위로 보아서는 안 되며, 기계론적 **필연성**에 대해 목적의 **자유**가 갖는 우위, 다시 말해서 **기계론**적 질서에 대한 **목적론**적 질서가 갖는 **존재론**적 우위로 간주해야 한다.

헤겔에 따르면 물리 화학적 과정으로서의 객관 세계는 "외적인 목적 관계에 들어설 때, 목적에 종속되어 지양된 것"으로 현상한다(LB, 188: 36 - 189: 1 / 159). 여기서 외적인 목적 관계는 슈패만이 말하는 것처럼, 기계론적 과정과 그것의 밖에서 그것에 규정을 부여하는 주체 사이의 목적 관계를 말한다. 기계론적 객체는 주체가 설정한 목적에 종속되는 수단이기 때문에, 목적론은 원리적으로 기계론에 대해 우위를 점한다. 하지만 우리는 아직 규정을 부여하거나 목적을 설정하는 주체가 활동을 가하기 이전에 이미 존재하고 있는 무한한 기계론적 인과 계열을 생각할 수 있다. 말하자면 객체의 범위는 주체의 범위보다 원천적으로 넓다. 그렇다면 객체에 대한 주체의 우위, 기계론에 대한 목적론의 우위는 주체가 객체에 작용을 가하는 외적 **주관적 목적론**에서, 주체가 객체에 작용하는 한에서만 타당할 수 있는 것처럼 보인다. 하지만 헤겔이 말하는 기계론에 대한 목적론의 우위는 주관적 목적론에서뿐만 아니라, 내적 **객관적 목적론**에서도 타당하다. 왜냐하면 유기체의 분지들이 특정한 방식으로 구성되고 상호 관계하는 것, 즉 유기체의 **기계론적 상호작용**을 가능하게 하는 것은 **목적 개념**이기 때문이다. 따라서 기계론에 대한 목적론의 우위는 **자연 질서 자체**에 있어서의 위계를 말하는 것이다.

목적은 **개념**으로서 기계론적 객체를 **관통**한다. 기계론적 객체의 가장 낮은 단계에서 성립하는 에너지 우물과 같은 자율성의 체계조차도 이미 개념적 구조를 갖는다. 왜냐하면 **자율성**의 체계란 다른 것으로부터 자신을 구별하고 **유지**하려는 **통일성**을 말하며, 이 통일성은 **개념**이 가능케 하는 **의미**의 통일성을 가장 넓은 의미에서 형성하기 때문이다. 한 사물이 의미를 갖는다는 것은 자신을 다른 것으로부터 구별하고 자신으로서 유지하는 통일 혹은 자율성의 체계를 갖는다는 것을 말한다. 개념 논리에서 헤겔은 구체적 보편뿐만 아니라 통상적 개념도 추상적인 것이긴 하지만 개념으로서 간주하는데, 그 이유는 추상적 개념도 구체적 개념으로부터 추상된 것으로서 그것의 한 측면을 형성하기 때문이다(강순전 2021, 81-88 참조). 마찬가지로 기계론적 객체가 갖는 개념적 규정도 추상적이긴 하지만 개념적이다. 그렇다면 모든 기계론적 객체가 이미 가장 **넓은 의미**에서 **개념적**으로 구조화되어 있다고 말할 수 있다. 가장 단순한 기계론적 객체도 존재하는 한 구조를 갖는데, 그러한 **구조 규정**을 산출하는 것이 바로 **개념**이다. 헤겔에게 개념은 추상적인 공통의 징표가 아니라, 사물을 그것으로 존재하게 하는 **본질**이다. 복잡한 유기체가 목적 개념에 따라 기관들의 구조를 형성하듯이, 단순한 기계론적 객체도 개념에 따라 단순한 자신의 객체성을 구현한다. 사물의 **본질**은 그 사물의 **통일적 의미**이자, 그것을 다른 것과의 구별을 통해 유지해 주는 **자율성의 체계**이다. 이러한 의미의 본질을 규정하는 것은 **개념**이다. 모든 사물이 **본질**을 갖는 한 **개념적**으로 **구조화**되어 있는 것이고, 그러한 구조를 통해 자신을 유지하려는 **목적**을 갖는 것이다. 이런 점에서 볼 때, 헤겔은 플라톤과 아리스토텔레스처럼 **넓은 의미**에서의 **목적론**을 주장하는 것이다. 말하자면 의도를 가진 주체의 목적론이나 유기체의 목적론만을 주장하는 것이 아니라, **개념적 규정**을 지닌 모든 존재가 **목적**을 갖는다는 것을 주장하는 것이다. 모든 것이 **의미**를 갖고, 그 의미가 **개념적**으로 객체 속에 **구조화**되어 있는 한, 그러한 객체는 **목적론**에 지배되고 있다. 다시 말해서 헤겔에게 있어서는 **개념**과 객관적으로 실존하는 개념인 **목적**의 형식이 같기 때문에, **개념**이 객체 속에 **구조화**되어 있는 한, 그러한 객체는 객관적으로 실현된 개념으로서 **합목적적**인 것이다.[5]

이러한 맥락과 연결하여, 여기서 잠시 현대 영미철학의 개념주의-비개념주의 논쟁에서 헤겔에 기초하여 개념주의 입장을 취하고 있는 맥다월의 논의를 검토해 볼 필요가 있다. 맥다월은 그의 저서 『마음과 세계』에서 제2자연의 자연주의를 주장한다. 그는 근대 자연과학에 의

---

5   박홍규와 이태수에 따르면(박홍규, 이태수 1988, 292-293), 아리스토텔레스의 목적론도 사물의 형상(본질)을 목적인이자 최초의 원인으로 설명한다. 최초의 원인은 목적론에 의해서만 사고될 수 있다. 기계론은 인과의 계열이 어떻게 진행될지만을 필연적으로 규정할 뿐, 그것의 계열에서 무엇이 생겨날지가 필연적으로 정해져 있지 않기 때문에, 그 자체 우연적이다. 무엇이 생겨날지를 규정하는 목적론은 우연적인 인과 계열만으로 보장이 되지 않는 필연성을 보장해 준다. 인과적 필연성만이 아니라, 이러한 목적 필연성이 함께 생각되어야, 온전한 법칙성이 성립한다. 기계적 인과 연결은 형상이라는 목적을 실현하는 수단일 뿐인데, 수단을 목적으로부터 떼어서 자체적으로 다루는 것은 불충분하다(297). 이러한 사고는 헤겔과 매우 유사하다. 다만 아리스토텔레스는 목적론만이 사물에 대한 법칙적 설명을 제공한다고 생각하지만, 헤겔은 법칙을 개념적일지라도 아직 기계론적인 것으로 간주한다. 헤겔에 따르면 오히려 내적 목적의 유기성은 법칙으로는 설명이 불가능하다.

해 탈마법화된 자연을 재마법화함으로써, 제2자연의 자연주의를 추구한다. 그는 자연을 기계론적으로만 취급하는 근대 자연과학의 자연관을 비판하면서, 자연에 자율적 이성을 삼투시킨다. 그럼으로써 자연법칙의 영역, 즉 기계론이 개념적으로 파악되어 이성의 공간에 포함될 수 있다고 주장한다. 그는 '이성의 논리적 공간'과 '인과적 관계들의 논리적 공간'이라는 셀라스의 구분에서 출발한다. 이성의 논리적 공간이 개념적으로 논증되고 참, 거짓의 규범이 작동하는 개념의 체계라면, 인과의 논리적 공간은 맹목적 인과 작용의 공간을 말한다. 인과의 공간은 목적론의 형이상학으로부터 탈마법화된 노골적 자연주의뿐만 아니라, 전혀 비개념적인 기계론적 인과 과정을 의미한다. 맥다월은 이렇게 탈마법화된 기계론적 자연이 전혀 비개념적이라면 우리에게 인식조차 불가능하기 때문에, 그 영역 역시 개념의 체계인 이성의 논리적 공간에 귀속되어야 한다고 생각한다. 이렇게 재마법화된 기계론적 영역을 맥다월은 **자연법칙의 왕국**이라고 재규정하고, 셀라스의 구분을 '이성의 공간'과 '자연법칙의 왕국'으로 재구분하면서 후자 역시 **개념적**인 것으로 간주한다.

하지만 내 생각에 맥다월은 자연의 재마법화를 논증하는 작업에서 성공하지 못하고 있다. 그 이유는 그가 헤겔의 개념주의 노선을 따르고 있지만, 기계론과 목적론에 관한 헤겔의 논의를 파악하고 있지 못하거나, 형이상학적 부담 때문에 그것을 거부하고 있기 때문이다. 맥다월은 노골적 자연주의의 자연을 재마법화한 제2자연의 자연주의를 설명하기 위해, 아리스토텔레스의 실천적 지혜를 예로 들어, 윤리적 훈육을 통해 사고와 행위의 **습관**이 제2자연으로 형성되는 과정을 언급한다. 그는 제2자연의 형성이 윤리적 요구 이외의 다른 이성적 요구에 대해서도 타당하다고 하면서, 아리스토텔레스의 윤리적 제2자연의 형성 방식을 일반화한 것이 독일의 '**도야**'(Bildung)라고 주장한다(McDowell 1996, 84). 실로 **습관**이란 자연적 동물 존재로서 인간의 **육체**에 자율적 **이성**을 새겨 넣는 것이므로, **기계론**적 자연에 **개념**을 부과하는 것과 같은 그림을 형성한다. 또한 도야란 감성으로부터 이성을 순화하여 근거에로의 개방성을 갖게 되는 과정이므로, 도야된 이성은 개념을 자연과 매개시키는 합리성의 능력을 지닌다고 할 수 있다. 하지만 **습관**과 **도야**를 통해서 자연을 **재마법화**하여 개념적 의미를 지닌 자연으로 본다는 것은 매우 **주관적**이고 **막연한** 방법에 의존하고 있는 것이라고 하지 않을 수 없다.

　　탈마법화된 자연이 재마법화되어야 한다는 주장과 함께, 맥다월은 헤겔처럼 자연법칙을 개념적인 것으로 볼 뿐만 아니라, 사실상 기계론이 목적론에 포섭된다는 전통적 목적론의 입장을 따르고 있다고 할 수 있다. 맥다월은 셀라스의 구분을 '이성의 공간'과 '법칙의 왕국'으로 재구분하고, 법칙의 왕국을 개념적인 것으로 간주함으로써, 궁극적으로 양자를 통일한 하나의 '개념의 체계'만을 주장하는 것이다. 이러한 주장이 수미일관하려면 기계론적 인과 과정에도 개념이 스며들어 있어야 하며, '개념의 체계'는 **목적론적**이어야 한다. 하지만 맥다월은 목적론이 형이상학적이라는 선입견으로부터 자유롭지 못하다. 그는 직관이 언제나 개념에 의해 관통되어 있다는 칸트에 대한 개념주의적 해석을 헤겔과 함께 주장한다. 그럼에도 불구하고 그는 **개념** 아래에서 **일상언어**만을 보기 때문에, 헤겔과 같이 개념을 목적론적으로 파악하지 못한다. 탈마법화된 벌거벗은 자연이 재마법화된다는 것이 무엇을 의미하는가? 그것은 기계론적 질서를 그대로 인정하면서, 단지 거기에 이름을 붙일 수 있다는 것만을 의미하는가? 아니면 아리스토텔레스에 의해 생각되었던 **목적론적 자연**의 모종의 복권을 의미하는가? 헤겔은 명백히 목적론을 최상의 존재 원리로 하여 그 아래 기계론을 포섭하는 아리스토텔레스의 목적론적 세계관을 계승한다. 하지만 맥다월의 **일상언어**로는 **특수를 구조화하는 보편**을 표현하지 못한다. 헤겔의 개념은 현대 영미철학자들이 공유하는 (일상) 언어와 다르다(이에 대해서 강순전 2022, 189ff., 226ff. 참조). 헤겔의 **개념**은 사물의 특수한 부분들을 구조화하면서, 그 사물로 하여금 특정한 방식으로 존재하게 하는 **존재론적 구조 규정**이다. 그것은 특수한 규정을 갖지 않는 가장 단순한 동일자로부터 점차 복잡한 특수한 부분들로 구성된 자율성의 체계들을 계열화하면서, 기계론적 객체에 개념을 구조화한다. 따라서 개념에 의해 구조화되고 규정되지 않은 어떤 기계론적 객체도 불가능하다.

헤겔(Enz I, § 60, 143f. / 109f.)은 『철학전서』의 논리학에서 칸트의 이원론을 비판한 후에, 무한하고 무제한적인 것 없이는 유한하고 제한적인 것을 생각할 수 없다고 주장한다. 여기서 무한은 칸트의 기계론적 사고가 부분에서 부분을 결합하는 방식으로 표상하는 무한이 아니라, **보편적**이고 **전체적**인 **이념**을 말한다. 따라서 헤겔의 주장은 생명과 같은 무한한 이념에 의해서만 제한적인 기계론적 과정이 가능해진다는 것이다. 신체의 물리 화학적 과정이 유기체 전체에 의해 구조화되어 존재한다는 사실은 이러한 주장을 명시적으로 보여 준다. 나아가 헤겔의 주장은 기계론적 과정이 의도적 주체의 목적 활동에 수단으로 규정된다는 의미를 넘어서, 기계론적 객체성 자체가 항상 이미 개념적으로 구조화됨으로써 존재 가능하다고 주장하는 것이다. 그에 따르면 어떤 것도 개념적으로 구조화되지 않고는 존재할 수 없다. 맥다월의 제2자연의 자연주의는 헤겔이 말하는 개념적으로 매개된 존재, 그런 의미에서 의미들로 가득 채워진 목적론적 자연이어야 할 것이다. 맥다월의 자연주의가 의미 있는 자연주의가 되려면 그것은 개념의 형이상학을 피하지 않고 그것을 통해 제2자연의 특징을 근거 지어야 한다. 헤겔의 개념 논리학과 그에 기초한 목적론은 기계론적인 제1자연의 강력한 대안이며, 맥다월과 같이 새로운 길을 모색하는 사람들에게, 자연의 상이한 층위를 개념적으로 상세히 구별하면서, 자연에 대한 풍부한 의미를 개념적으로 파악하는 길을 개방할 것이다.

　　물리 화학적 과정으로부터 출현한 목적은 물리 화학적 과정으로서의 객관 세계에 맞서 있는 **주관적 목적**으로 등장한다. 헤겔이 목적론을 주관적 목적으로부터 시작하는 것은 독자들을 다소 놀랍게 한다. 왜냐하면 기계론과 화학론에서 객관 세계만이 문제가 되다가, 그것과 이질적인 주관의 목적이 물리 화학적 과정에 대립하여 등장하기 때문이며, 그럼으로써 『논리의 학』에서 처음으로 주관과 객관의 대립이 발생하기 때문이다. 하지만 헤겔이 목적론을 주관적 목적으로부터 시작하는 것은 주관적 목적에 대한 비판의 의도를 숨기고 있다고 볼 수 있다. 목적은 **개념적인 것**으로서, 물리 화학적 과정이라는 수단을 대상으로 하여 목적을 설정하는 **의도**와 같은 것이라고 생각하는 것은 지극히 자연스러운 것이다. 따라서 목적은 우선 주관적 목적으로서, 객관 세계에 대립된 것으로 간주될 수 있다. 하지만 주관적 목적이 객체와 맺는 목적 관계가 자의적인 것이 아니라 참된 것이 되려면, 목적과 수단의 관계는 **객관적으로 결합 가능**한 것이어야 한다. 객관적인 세계 속에서 목적을 실현할 수 있기 위해서, 따라서 주체와 객체의 분리를 주관적으로 극복하기 위해서, 우리는 이 분리를 이미 극복되어 있는 것으로서 객관적으로 전제해야 한다. 주관적인 목적 행위는 근본적으로 항상, 우리가 진정으로 이미 그러한 바의 것을 의식적으로 가져오는 것일 뿐이다(Spaemann, Löw 2005, 148). 다시 말해서 주관적 목적이 객관적 세계 속에서 실현되려면, 주관의 목적과 객관의 수단의 결합 가능성이 객관 세계 속에 이미 전제되어 있어야 한다. 헤겔의 목적론은 이런 의미에서 **주관적 목적**의 진리가 **객관적, 실현된 목적**이라는 것을 논증한다. 주관적, 외적 목적의 진리가 객관적, 내적 목적이라는 논증은 목적 관계에서 **자의적** 의도를 배제하고, 목적과 수단의 **우연적**인 결합을 배제한다. 여기서는 더 이상 칸트가 말했던 목적과 수단의 외적이고 우연적인 결합에 기초한 외적 목적론은 문제가 될 수 없다. 올바른 주관적 목적 관계는 오직 **객관 세계에서 실현된 참된 목적** 관계가 **주관적으로 나타난 것**일 뿐이다. 외적 목적론은 그것이 참된 목적 관계를 표현하는 한, 내적 목적론의 **현상**이다. 외적 목적론에서 내적 목적론으로의 이행을 논증하는 헤겔 목적론의 서술은 이같이 전자가 후자에 기초한다는 것을 논증할 뿐만 아니라, 외적 및 내적 목적론 전체를 목적론적 서술의 대상으로 제시한다. 칸트의 외적 목적론 비판에 따라 통상적으로 외적 목적론은 거짓이며 내적 목적론만이 참이라고 여겨지는 경향이 있다. 하지만 외적 목적론도 목적과 수단이 합치하면 타당한 목적론으로 된다. 주택 임대를 통해 임대 수익을 얻으려는 경우처럼, **의도적 행위의 목적론**도 타당한 목적론의 유형으로 간주되어야 하며, 유기체가 환경과 관계하는 외적 목적론도 유기체의 합목적적 활동으로서 간주되어야 한다.

      헤겔의 목적론 장은 이러한 외적 목적론으로부터 출발하여 그것의 진리가 내적 목적론임을 논증한다. 외적 목적론의 목적은 주관적 목적이다. 주관적 목적에는 아직 목적에 의해 규정되지 않은 기계적, 화학적 객체성이 맞서 있다. 이 객체성은 주관적 목적의 활동성이 부딪히는 **한계**이기 때문에, 주관적 목적은 **유한한** 목적이며, 객체 외부에 있는 **외적** 목적이다. 목적이라는 주체는 "자기실현의 충동"이다(LB, 191: 37-38 / 161). 목적은 객체에 관계하지만, 객체가 목적의 개념에 적합하지 않기 때문에, 목적은 객체의 직접성을 지양하여, 개념에 의해 규정된 것, 즉 **수단**으로 만든다(LB, 191: 37 - 192: 24 / 162). 주체로서의 목적과 객체로서의 수단은 서로 외적인 관계에 있는 것처럼 **보인다**(scheint). 하지만 헤겔에 따르면 외적 목적론의 이러한 **가상**(Schein)은 지양되어야 한다. 왜냐하면 목적과 수단은 사실은 상호 외재적인 것이 아니기 때문이다. 객체로서의 수단은 "목적에 대해 저항하는 힘이 결코 아니라", 목적에 의해 관통되고, "그 자체 목적과 동일한" 것이다(LB, 194: 28-32 / 164). 외적 목적론의 수단은 "그것이 지양되는 한에서", "그것의 외면성, 즉 외면성 속에 있는 그것의 객관성이 지양되는 한에서", 자신의 목적을 충족하고 개념의 통일에 상응한다. 따라서 외적 목적 관계의 진리는 "내적 목적 관계이며 객관적 목적"이다(LB, 201: 22-23 / 169). 이 객관적 목적, 실현된 목적(ausgeführter Zweck)에서 수단은 사라져 버린다. 왜냐하면 수단은 우선은 단지 직접적으로 목적 아래 포섭된 객체성일 뿐이기 때문이다(LB, 202: 16-19 / 170). 이렇게 하여 **수단**에서 **목적**이 도달되었고, 충족된 **목적** 속에는 **수단**이라는 매개가 포함되어 있다(LB, 204: 5-6 / 171). **실현된 목적**은 또한 **수단**이며, 거꾸로 수단은 목적 자신의 현실성이다.

　　이러한 통일은 목적론적 과정에 의해 이루어지는데, 목적론적 과정은 우선 목적 개념이 객체성 안으로 이전되는 것(Übersetzung des Begriffs in die Objektivität)을 의미한다(LB, 197: 37-39 / 167). 이 이전은 수단인 **객체**가 가지는 **외면성**을 지양하는 목적 활동성에 다름 아니고, 이를 통해 앞서 말한 대로 **가상**을 지양하는 것이다. 이것은 목적에 따라 기계론적 **객체**를 **규정**하는 작업이지만, 그럼으로써 목적 개념은 기계론적 객체를 통해 **자기** 자신을 **규정**한다. 헤겔은 이러한 목적론적 과정 혹은 목적 활동을 "자기 자신을 자신으로부터 밀어내는 통일성"(die sich von sich abstoßende Einheit)이라고 표현한다(LB, 203: 24 / 171). 이것은 자기 자신을 특수로 구별하고 다시 특수를 자신으로 되돌리는 **개념**의 운동에 다름 아니다. 목적 활동에서 **기계론적 객체성**은 목적에 의해 관통되어 외면성이 지양된 수단이므로, 목적 개념이라는 보편에 의해 산출된 **특수성**이라고 할 수 있다. 목적이 이행해 들어간 객체성은 더 이상 외면성이 아니라 목적의 고유한 계기이므로, 목적의 수단으로의 이전은 보편이 자기 구별을 통해 특수를 산출하는 것에 다름 아니다. 이로써 외적 객체를 수단으로 삼아 자신을 실현하는 주관적 목적의 활동은 자기 구별을 통해 특수를 산출하는 개념의 내재적 발전 과정으로 드러난다. 목적 활동성은 개념의 발전에 다름 아니기 때문에, 거기서는 존재 논리와 본질 논리에서의 타자성이 모두 소멸된다. 목적 활동성 속에서는 "끝이 시작이요, 발생한 것(Folge)이 근거이고, 결과가 원인"이다(LB, 198: 19-21 / 167).

목적이 실현되면서 수단은 사라져 버렸으므로, **목적**은 직접적 **객체성**과 동일하다(LB, 204: 25 / 171). 실현된 목적에서 목적과 객체성이 동일하다는 것은 목적이 **객관적**으로 존재한다는 것을 의미한다. 더욱이 실현된 목적에서는 더 이상 주관적 목적에서처럼 목적 개념이 객체성의 외부에 있는 것이 아니라, 객체성에 **내재**하는 것이다. 따라서 실현된 목적은 내적 목적이다. 내적 목적 속에서 **개념**과 **실재성**은 직접적으로 통일을 이루고 있다. 다른 한편 객체를 관통하는 내적 목적의 활동성은 자기 구별을 통해 특수를 산출하는 **개념의 논리**를 구현한다. 이같이 자기 자신을 구별하여 특수한 분지들을 산출하고 그것들의 상호작용을 통해 자신을 유지하는, 객관적으로 실존하는 개념이 **생명 유기체**이다. 생명은 헤겔이 **실재성**과 **개념**의 **통일**이라고 정의하는 **이념**이다. 헤겔은 또한 개념과 실재성의 통일을 근원적인 **진리**라고 한다. 생명 유기체에서 **실재성**은 자신의 본래적 구조인 **개념**에 적합하게 있다. 거기서는 **수단**으로서의 특수한 분지가 전체의 **목적**으로부터 분리 불가능하게 구조 지어져 있기 때문에, 자의적이고 우연적인 목적 관계는 성립할 수 없다. 이로써 우리는 외적 주관적 목적의 분석을 통해 그것이 기초하고 있는, 내적이고 필연적인 방식으로 실존하는 개념인 **실현된 목적**에 도달했다. 주관적 목적과 객체, 주관과 객관의 분리가 지양된 실현된 목적은 유기적 **생명**이며,

생명은 한편으로 개념 혹은 영혼과 다른 한편으로 실재성 혹은 육체의 절대적인 통일이다. 생명은 개념과 실재성, 주체와 객체의 통일인 **이념**으로서, 자연 속에 실존하는 **진리**이다.

3. 실현된 내적 목적으로서 생명 유기체

이미 언급했듯이 목적론적 생명 이해를 위한 헤겔의 구상에서 중요한 점은 그가 생명을 『논리의 학』에서 **논리적 이념의 모델**로서 고찰한 후에, 거기서 드러난 **생명의 논리적 근본 특성**을 자연철학에서의 실재적인 생명 개념에까지 적용한다는 것이다. 헤겔의 자연철학은 **역학, 물리학, 유기물리학**으로 구분되는데, 헤겔은 "자연철학 제1부는 역학적 메커니즘이었고, 제2부는 그 정점에서 화학 현상이었다면, 이 세 번째 것은 목적론"이라고 말함으로써(Enz II, § 337 Z, 19), 자연철학 전체를 『논리의 학』의 객관성 편에 따라서 **기계론, 화학론, 목적론**으로 구분하고 있다. 생명에 관한 논리적 구상을 준비하는 객관성 편의 이 세 장, 특히 **목적론**은 주관성 편의 **개념** 장에 기초하고 있다. 목적론은 외적 주관적 목적의 진리가 실현된 **내적 목적**임을 밝힘으로써, 이념 편의 **생명** 장으로 이어진다. 따라서 헤겔의 목적론적 생명관을 해명하기 위해 『논리의 학』에서는 **개념-목적론-생명**으로 이어지는 체계적 서술이 이루어지고, 이에 기초해 자연철학에서는 실재하는 자연적 생명으로서 유기체가 고찰된다. 헤겔 목적론적 생명관에 대한 연구는 이러한 체계적인 연관을 파악해야 올바로 이루어질 수 있지만, 기존의 많은 연구는 그렇지 못하다. 목적론이 생명 유기체의 질서라는 사실은 아리스토텔레스와 칸트의 내적 목적으로서의 유기체론에서부터 기계론과 목적론 논쟁을 거쳐 현대의 생물학적 기능에 관한 논쟁에 이르기까지 광범위하게 퍼져 있는 인식이지만, 많은 헤겔 연구는 목적론과 생명을 분리시켜 고찰한다.[6] 그 이유는 아마도 목적이 속해 있는 객관성 편과 생명이 속해 있는 이념 편의 대분류 때문에, 두 주제를 분리된 내용으로 이해하기 때문인 것 같다. 같은 이유에서 **목적론**과 **생명**을 탐구하는 대부분의 헤겔 연구는 두 주제에 관한 헤겔의 서술에서 **개념**이 그것들의 실체로서 강조되고, 그것들이 **개념 논리**에 따라 서술됨에도 불구하고, 두 주제를 명시적으로 **개념론**과 연결시키지 못한다.

헤겔은 이념 편을 개념에 관한 논의로 시작한다. 개념은 이성적인 것인데, 개념이 실재성과 통일된 것이 이념, 이성 개념이다. 우리는 지금까지의 논의를 통해 객체 외부에 있는 주관적 목적이 객체에 내재하는 객관적, 실현된 목적으로 발전하는 과정을 살펴보았다. **실현된 목적**은 **목적**이 **객체**와 통일된 것인데, 목적이 **개념**이고 객체성이 **실재성**

---

6   이와 관련한 연구에서 젤(Sell 2004)과 시코스(Csikos 2005)는 생명이나 유기체에 대한 헤겔의 서술의 특성들을 스케치하거나 분석하면서, 그것을 목적론과 결합시키지 않고 있다. 반대로 풀다(Fulda 2003)의 연구는 생명과 관련 없이 목적론에만 머문다. 리날디(Rinaldi 2005)는 외적 합목적성과 내적 합목적성을 분명하게 구별하고 있지만, 이러한 차이를 생명의 문제와 결합시키는 데 있어서는 너무 부족하다. 목적론과 생명의 연관을 드러내려는 드 포스(De Vos 2005)의 시도 또한 양자 사이의 모호한 연관만을 보여 주었기 때문에 성공하지 못한다.

이므로, 실현된 목적은 **개념과 실재성의 통일**인 **이념**이다. 이념의 첫 번째 형태는 **생명**이다. 헤겔은 생명을 "수단 속에 내재하고, 그 속에서 실현된 자기 동일적 목적"이라고 규정한다(LB, 210: 32-36 / 177). 따라서 생명은 실현된 목적, 내적 목적이며, 거기서 목적 개념과 객체의 실재성은 통일되어 있다. 개념과 실재성의 통일이라는 **생명**의 규정은 헤겔이 말하는 객관적 **진리**의 정의이기도 하다. 통상적인 진리의 정의인 대상과 인식의 일치는 인식론적 진리 정의라고 할 수 있다. 하지만 헤겔에 따르면 주관과 객관의 일치는 본래적인 진리가 아니다. 헤겔(Enz II, § 246 Z, 46)은 "표상이 대상과 일치하는 것"을 "주관적 의미의 진리"라고 하면서, 그 것을 "객체 혹은 사태가 자기 자신과 일치하는 것"을 말하는 "객관적 의미의 진리"로부터 구별한다. 본래적 의미의 진리는 **객관적** 의미의 **진리**이며 주관적 의미의 진리는 부차적인 것이다. 객체 혹은 사태가 자기 자신과 일치한다고 하는 것은 객체 혹은 사태가 그 자신 본래 있어야 할 바대로 있는 상태를 말한다. 본래 있어야 할 바, 즉 **본질**을 결정해 주는 것은 **개념**이므로, 그것은 "사태의 실재성이 그것의 개념에 적합"한 것을 말한다. 이같이 "개념과 실재성의 참된 일치"(Enz I, § 24 Z2, 86)라는 진리의 정의는 **이념**의 규정에 다름 아니다. 이념으로서 **생명**은 **객체**와 **개념**의 통일이며, 우리는 목적이 객체를 관통하면서 자신을 분화하고 분지를 통해 자신의 통일성을 유지하는 **유기체**에서, 그것의 예시를 본다. 왜냐하면 생명이 객체화된 것이 유기체이기 때문이다. 이제 우리는 유기체에서 자신의 **개념**을 객관적으로 실현하고 있는 **객체**로서 존재하는 진리를 본다. 유기체는 온전히 자기 자신 안에 개념의 실재성을 지니고 있는 **무**

한한 존재이며, 주관적 목적의 수단이나 기계론적 객체처럼 개념의 실재성을 외부의 타자에게서 찾지 않는다(LB, 207: 32-38 / 175). 헤겔에게서 진리인 이념은 무한하며, 존재하는 진리로서 유기체는 이념의 무한성을 자연 속에서 현시한다.

자연철학에서 헤겔(Enz II, § 352, 216)은 생명체가 단순히 존재하는 것이 아니라, **재생산**하는 것으로서만 생명체로서 존재하며, 자신을 **유지**한다고 말한다. 그러면서 그는 생명체의 재생산과 자기유지의 방식을 1) 형상(Gestalt), 2) 동화(Assimilation), 3) 유적 과정(Gattungsprozess)으로서의 번식 혹은 재생산이라는 세 가지 관점에서 고찰한다. 그는 첫째로 분지와 전체 사이의 **생리학**적 관계를 통해 개별 생명체의 형상이 형성되는 과정(형상), 둘째로 **환경과의 상호작용** 속에서 물질대사 활동(동화), 마지막으로 자기 자신과 동일한 타자를 산출하는 **번식**(유적 과정)을 통해 생명의 특징을 해명한다. 『논리의 학』에서 생명의 근본적인 논리적 특성을 다루는 생명 장은 A. 생명 개체, B. 생명의 과정, C. 유(Gattung)라는 제목을 달고 있지만, 내용상 위의 삼분법을 따르고 있다. 이 삼분법은 칸트를 거쳐 블루멘바흐(J. F. Blumenbach)와 조르주 뷔퐁(G. L. L. Buffon)에게서 물려받은 것이다(Toepfer 2011, 285). 칸트는 나무가 동일한 종류의 다른 나무를 산출하며, 성장을 하고 자신의 부분들의 상호 의존성 속에 있다고 언급하면서 유기체의 사례로서 나무의 세 가지 측면, 즉 번식과 동화, 형상에 대해서 말한다(KU, B287 / V371). 하지만 뒤징의 지적대로 칸트는 성장이나 번식을 개념적으로 파악하지는 않았다(Düsing 1990, 149). 크레인스도 칸트가 동화와 재생산을 실재하는 생명현상으로 간주하지만, 생명체와 관련하여 중요한 문제라고 생각하지 않았다고 말한다(Kreines 2008, 360 note 34). 반면 헤겔은 이 세 가지 측면 모두에서 주목할 만한 통찰들을 제공하고 있다.

(1) 형상(Gestalt): 유기체의 형성

칸트는 유기체의 근거로서 직관적 오성을 반성적 판단력을 통해 단지 규제적으로 사고했기 때문에, 그가 목적론의 핵심이라고 생각했던 종합적 보편으로부터 특수한 규정들을 구별하는 분화(differentiation)를 개념적으로 구성할 수 없었다. 그래서 목적론 논의를 위한 그의 최고의 통찰은 직관적 오성이 그렇게 설계를 했을 것이라는 가정 아래, 분지들이 서로를 산출하면서 전체의 형성에 기여하는 자기조직론이다. 하지만 칸트의 목적론에서는 첫 번째 목적론적 측면과 두 번째 기계론적 측면, 목적을 설계하고 설정하는 직관적 오성과 분지들의 상호 인과관계 사이에 존재론적 차이가 있고, 양자를 결합하는 데 어려움이 있다. 그래서 크레인스(Kreines 2008, 352)도 칸트의 경우 내적 합목적성에 의한 목적론적 체계에 대한 요구[7]와 유기체의 부분들이 상호 인과에 의해 전체로 결합되어야 한다는 요구가 함께 충족될 수 없다고 문제를 제기한다. 그는 칸트의 논증을 다음과 같이 재구성한다. 유기체 전체의 구조는 부

---

[7]   이 요구는 자연 목적의 이성적 원인에 대한 요구로서, 부분들을 오직 전체에 대한 관계에서만 가능케 하는 직관적 오성의 이념에 대한 요구를 말한다(KU, B290f. / V373).

분들에 기인하는데, 부분들은 물질이다. 물질은 목적이 부여될 수 없는 것이니, 부분들에 전체가 기인하는 한, 합목적적 전체는 구성될 수 없다. 말하자면 내적 목적으로서 유기체는 인공물의 경우처럼 제작자와 같은 외적 원인이 아니라, 부분들과 동일하게 내적 원인을 가져야 하는데, 물질은 시공간 안에 존재하는 죽어 있는 것이므로 유기적 전체를 산출할 (originating) 수 없다는 것이다. 크레인스에 따르면 칸트가 부분들 속에서 유기적 전체를 형성하는, 산출하는(originating) 물질을 발견할 수 없는 한, 칸트의 유기체는 구성될 수 없고 인식될 수 없다. 크레인스(360f.)는 칸트의 유기체가 구성될 수 있다는 것을 증명하려면, 어떻게 물질만으로 목적론적 체계를 산출할 수 있는지를 보여 주어야 할 것이고, 그것을 보여 주기 위해서는 모종의 생기적 힘(vital forces)을 갖는 물질을 발견해야 할 것이라고 말한다. 하지만 헤겔이 제시하는 해결책은 그러한 가장 낮은 단계에 놓여 있는 구성적(constituent) 물질과는 관계가 없다.

크레인스는 타당하게 헤겔의 문제 해결의 핵심을 **특수**와 **보편**의 결합에서 찾는다. 하지만 그는 특수와 보편의 결합을 유적 과정, 즉 번식에서 찾기 때문에, 이 결합이 의미하는 것은 부모와 자손이 종(species)과 같은 구조를 갖는다는 사실일 뿐이다. 크레인스에 따르면 이것은 이전 세대의 유기체 속에 있는 부분들의 기여가 같은 구조를 갖는 다음 세대를 가능케 하는 방식으로 실현된다. 말하자면 이전 세대의 유기체의 **부분**들이 다음 세대 유기체의 **전체**의 현재 혹은 존속에 기여한다는 것이 **특수**와 **보편**의 결합에 관한 크레인스의 이해 방식이다. 하지만 내가 보기에 크레인스는 현대 영미철학의 기능 논쟁의 맥락에서 헤겔의 유적 과정을 기원론(etiology), 즉 진화론적 목적론에 너무 가까이 가져간다. 물론 크레인스는 헤겔이 종 변화를 부정하기 때문에 진화론과 헤겔의 유적 과정(Gattungsprozess)이 일치하지 않는다는 것을 인정한다. 하지만 그는 종 변화가 경험적인 사실로서 경험과학의 탐구 대상이며, 헤겔이 진화론을 포함한 번식의 생명현상을 개념적으로 탁월하게 설명하고 있다고 주장한다. 그는 헤겔의 유기체론의 유적 과정을 생물학적 기능과 관련한 현대 영미철학의 논의에서 커다란 영향력을 발휘하는 진화론적 목적론과 유사한 것으로 해석한다. 그러면서 크레인스는 부분들의 결합을 목적론적으로 설명하지 못하는 칸트의 문제를 헤겔이 해결하고 있다고 논증하고자 한다. 하지만 이러한 시도는 헤겔 학자들의 동의를 얻지 못한다(Cooper 2020, 401; Maraguat 2020, 423 note 15). 크레인스의 해석은 헤겔의 유적 과정에서 부분의 기능이 전체의 보존에 기여함에 주목한다. 여기서 **부분**과 **전체**가 결합하는 방식은 부분들이 **번식**을 통해 종이라는 전체로부터 생겨나서, 상호작용을 통해 전체, 즉 종의 보존에 기여하는 방식이다. 하지만 헤겔은 이미 **형상**(Gestalt)에서 부분들의 가능성을 보편으로서의 유기체가 자기 구별하는 분화를 통해 분지들을 산출하는 개념 논리로부터 설명하고 있다. 크레인스는 헤겔이 개념 논리의 고안을 통해 칸트의 직관적 오성의 종합적 보편을 방법론적으로 변형시키고, 그것에 기초해 "실존의 형태를 띤 개념"인 목적과 "실존하는 개념"으로서의 생명 유기체를 체계적으로 서술하고 있다는 사실을 파악하지 못하고 있다. 그(Kreines 2008, 363)는 헤겔의 개념이 통상적 개념과 다른 어떤 것이라고 말하지만, 개념이 무엇인지를 헤겔의 논리적 서술로부터가 아니라, 단지 유(Gattung)라는 사례를 통해서만 설명한다. 따라서 그에게서 개념은 동일한 종류의 많은 사례들을 가지고 있는 보편적인 어떤 것이라는 유에 대한 예시를 통해서 유비적으로 말해질 수 있을 뿐이다.

유기체의 형성을 설명하는 데 있어서, 칸트는 보편으로부터 특수로 논증할 수 없었기 때문에 부분들의 유기적인 결합을 기술하는 자기 조직론에 집중하였지만, 헤겔의 서술은 보편의 자기 구별을 통해 특수한 기관들을 산출하는 개념의 논리에 기초하고 있다. 헤겔은 생명 유기체를 우선 "자신을 객체로부터 분리시키고" 객체를 자신에 대해 맞세우는 "개별적 주체"로서 규정하는 데서 출발한다(LB, 215: 11-14 / 181). "살아 있는 개체"는 "주체"이다(LB, 217: 14-16 / 183). 루카 일레테라티(Illetterati 2014)는 헤겔이 자연 사물인 유기체를 정신적 개념인 **주체**로서 간주했다는 점에 주목하면서, 유기체의 능동성에 대한 헤겔의 평가를 강조한다. 나아가 그녀는 안드레아 감바로토와 함께(Gambarotto, Illetterati 2020), 헤겔이 자연과 자유의 관계를 칸트적 이분법을 넘어서 생각했다고 주장한다. 그들은 이러한 주체의 능동성에 기초하여 헤겔의 유기체론을 유기체를 단지 자연선택의 수동적 대상이 아니라, 능동적으로 환경을 개척하는 주체로 간주하는 확장된 진화론(Extended Evolutionary Synthesis)과 연결시킨다. 나는 헤겔의 유기체론이 유기체를 능동적 주체로 간주하며 확장된 진화론에 대한 개념적 설명을 제공할 수 있다는 그들의 주장에는 동의하지만, 주체의 개념을 정신철학적인 성격과 결합하는 관점에는 동의하지 않는다. 헤겔 논리학에서 주체 개념은 전혀 정신철학적 의미를 지니지 않으며, 논리적 의미만을 지닌다. 헤겔은 『논리의 학』 존재론의 범주 "어떤 것"(Etwas)을 "주체성의 시작"으로 규정하고 있으며, 주체란 "부정의 부정"으로서의 자기 관계 혹은 자기 관계하는 "부정적 통일" 혹은 "절대적 부정성"으로서 표현된다. 헤겔은 주체성이 "어떤 것"에서 시작하여 "독자존재"(Fürsichsein)를 거쳐 "개념"에서 가장 강도 높은 주체성에 도달한다고 한다(LS, 110: 11-35 / 103). 그는 개념 장에서 개념을 '어떤 것'과 마찬가지로 "절대적 부정성"과 "자기 관계하는 규정성"으로 특징짓는다(강순전 2023, 21). 따라서 개념이 주체성 편의 첫 장을 구성하는 온전한 **주체**라면, 어떤 것과 독자존재는 아직 강도가 약한 **주체**이다. 이같이 『논리의 학』에서 **주체**란 **의도**나 **정신**과는 무관한 순수 논리적 의미만을 지닌다. 그럼에도 불구하고 주체란 절대적 부정성으로 표현되는 **활동성**을 의미한다. 앞서 언급하였듯이 내적 목적으로서의 유기체는 의도나 의식과는 무관하다. 그럼에도 불구하고 헤겔의 유기체는 **주체**로서 **능동적인 활동성**으로 간주된다.

　　"생명의 개념"은 "부정성"으로서 자신을 주체와 객체로 양분하고 객체를 자신에게 맞세우지만, 객체를 다시 지양하여 자신의 것으로 정립하는 "자기규정 활동"이다(LB, 216: 2-15 / 182) 그런데 객체는 주체인 유기체에게 두 가지로 나타난다. 하나는 "목적에 종속된 실재성"으로서 "신체성"이고, 다른 하나는 "외적인 객체성"으로서 환경인데, 신체는 주체의 목적과 환경을 매개하는 "수단"이다(LB, 217: 23-30 / 183). 헤겔은 "개념이 객체에 외적일 때" 그 객체는 "죽은 것"이라고 말한다(LB, 218: 3-4 / 184). 개념의 실현인 "추론"으로부터 "기계론"으로 이행하면서 개념은 소실(erloschen)되기 때문에, 개념을 결여한 객체성인 **기계론**은 죽어 있는 것이다. 반면에 "개념이 객체에 내재하면", 그러한 객체는 내적 합목적성을 갖는 "생명체"이다(LB, 218: 4-5 / 184). 이같이 개념은 내적 목적인 생명 유기체의 구조를 규정함으로써, 객체를 살아 있는 것으로 만든다. 헤겔은 개념을 유기체의 **영혼**이라고 부르면서, 플라톤과 아리스토텔레스의 영혼에 대한 규정을 받아들여, 개념을 "시작하는, 자기 자신을 움직이는 원리"라고 표현한다(LB, 217: 17-19 / 183). 따라서 개념은 객체에 생명을 불어넣고 운동하게 하는 영혼이다. 헤겔에 따르면 영혼으로서의 개념은 **보편성**이며, 이 보편성의 구별을 통해 산출된 **특수성**이 신체이다(Enz I, § 216, 373).

실현된 목적인 유기체는 그 자신 목적이면서 목적의 수단이자 도구이기도 하기 때문에(LB, 218: 9-12 / 184), "자신 안에서 자신을 자신의 구별들로 발전시킨다"(Enz II, § 252 Z, 78). 목적은 자기 구별을 통해 자신을 실현하려는 충동이지만, 이러한 구별을 통해 생성된 분지들(Glieder)도 자신을 **산출**하려는 충동이다(LB, 218: 23-25 / 184). "산출된 것은 개념이 그것의 본질이기 때문에 그 자신 산출하는 것"이기도 하다(LB, 219: 12-14 / 185). 앞서 헤겔은 **목적** 활동성 속에서는 "끝이 시작이요, 발생한 것(Folge)이 근거이고, 결과가 원인"이라고 말했다(LB, 198: 19-21 / 167). 이제 **내적 목적**인 유기체에서 시작과 끝, 원인과 결과가 같은 것이라는 사실을 확인할 수 있다. "생명은 내적인 것과 외적인 것, 원인과 결과, 목적과 수단, 주관성과 객관성이 동일한 곳에 있는 것이다"(Enz II, § 337 Z). 헤겔은 살아 있는 개체의 생리학적 구조를 설명하는 데 있어서, 이같은 **상호 인과성**을 넘어서 분지들 간의 **상호 산출**을 통해 전체에 기여하는 측면을 덧붙인다. 분지들 각자는 다른 분지를 희생하여 자신을 산출하지만 마찬가지로 자신을 지양하여 다른 분지를 위한 수단으로 만드는 방식으로, **특수성**을 **보편성**으로 고양한다(LB, 218: 26-29 / 184). 헤겔은 이렇게 보편적 목적이 산출한 분지들의 관계를 칸트의 자기조직론처럼, 상호 산출을 통한 유기적 전체의 조직화로 설명한다. 보편으로부터 구별된 특수가 보편에 의해 통일되어 개별로 되는 개념의 논리는 이제 유기체의 목적과 분지 사이의 관계에서 특수한 분지들의 **상호 산출**을 통해 **전체의 유지**에 기여한다는 보다 구체적인 형태로 전개된다.

헤겔(Enz II, § 248 Z, 60)은 유기적으로 조직된 생명의 통일성을 **주체성**의 특징으로 서술한다. 주체성은 생명에서 비로소 나타나는 특징으로서 상호 외재(Außereinander)의 반대를 의미한다. 특수한 분지들은 다양한 것이며 상호 외재적으로 존재하는 것이지만, **주체** 속에서 존립하는 한에서 그것들은 **개념**인 **영혼**의 위력에 지배되어 상호외재성이 지양된 채, **계기**로서만 존립한다. 심장, 간, 눈은 독자적으로는 결코 자립적 개체가 아니다. 손은 육체에서 떼어 내어지면 썩어 버린다. 헤겔(Enz II, § 337 Z, 19)에 따르면, 생명은 개념에 의해 지배되는 한, 개념의 논리가 그랬듯이 자신 안에서 원을 그리는 하나의 총체성이며, 바꿔 말하면 자기 목적이다. 생명은 주체로서 자기 자신을 **특수화**하여 분지들로 만들며 그것들을 관통하는 **개체**로서, 타자와의 관계에서 자신의 **주체성**을 유지한다. 이러한 방식의 유기체의 **개체적 통일성**으로서의 주체성은 동물 유기체만이 가질 수 있다. 죽을 때까지 성장하는 식물은 끊임없이 밖을 향해 당겨지기 때문에, 아직 자기 자신을 유지하는 참된 주체성이 아니다.

식물은 분지들이 각기 통일적 개체성을 띠고 상호작용하는 참된 분절화에 대한 주체성의 요구를 충족시키지 못한다. 식물은 주체들의 무한한 집합이며, 식물을 하나의 주체로 현상하게 하는 연관은 표면적인 데 불과하다. 식물의 가지를 꺾어 땅에 심으면 새로운 개체로서의 식물이 생기는 경우나 한 식물 개체의 가지를 다른 개체에 접목시킬 수 있는 경우가 보여 주는 것처럼, 식물의 마디는 자립적인 것으로서, 식물로부터 달아나 버린다. 그래서 식물은 자신의 **분절화**를 자신의 위력으로 유지하기에는 무력하다. 식물은 제 자체 안에서 아직 구별에 도달해 있지 않은 허약하고 미숙한 생명이다. 반면에 동물은 참된 주체성을 재현한다. 거기서 각각의 분지는 자신 안에서 완전한 영혼을 가지고 있지만, 자립적인 것이 아니라 단지 전체와 결합되어 있는 것으로만 존재한다. 싹, 가지, 잎, 꽃과 열매를 거치면서 **형태변환**을 하는 식물의 분지와 달리, 동물은 하나의 배아 줄기세포로부터 분지들의 **구별**이 처음부터 **완성**된 형상을 지니며, 동물적 성장은 단지 양적인 성장일 뿐이다. 동물 유기체의 분지들은 서로가 원인과 결과, 수단과 목적의 역할을 **주고받으면서**, 각 계기가 다른 계기를 포함하는 개념의 논리를 구현한다. 개념의 논리에서 계기들이 각기 **총체성**인 것처럼, 동물 유기체의 분지들 각각은 그 자신 **체계**이며 **전체**이다. 이같이 동물 유기체만이 참된 주체성이며, 개념의 구별을 계시하고 개념을 전개하는 이념이다.

헤겔(LB, 219: 29-33 / 185)에 따르면 유기체의 실체는 **개념**이기 때문에, 유기체는 개념에 따라 특수한 분지들로 분화되고 분지들의 상호작용을 통해 전체를 보존한다. 이러한 유기체의 개념적 전개는 보편, 특수, 개별이라는 개념의 세 계기에 따라 수행된다. 그런데 헤겔은 이 전개에서 **특수**의 단계에 해당하는 분지들의 생리학적, 해부학적 체계를 개념의 세 계기에 따라 구별한다. 감수성(Sensibilität), 반응성(Irritabilität), 재생산(Reproduktion)이라는 생리학적 및 해부학적 구별은 칸트의 유기체론에서는 보이지 않는 구별이다. 헤겔(Enz II, § 354, 221ff.)에 따르면 유기체의 신체는 개념의 세 계기인 보편성, 특수성, 개별성에 따라 본질적인 구별을 갖는다. 이때 보편성은 신경계의 감수성에, 특수성은 근육계 및 혈액 체계의 반응성에, 개별성은 소화계의 재생산에 상응한다. 헤겔(PhG, 204 / 150f.)은 **감수성**에 유기체의 "자기 내 반성"(Reflexion in sich), 즉 자기보존적 자기 동일성이라는 개념적 규정을 부여한다. 하지만 **반응성**은 이러한 동일성을 유지하면서 "반작용"하는 것이다. 그것은 감수성의 정지된 '자기 안에 있음'에 대립하여, 외부에 대해 자신을 실현하는 것이다. 이로써 감수성의 추상적인 자기를 위한 존재(Fürsichsein)는 동시에 타자를 위한 존재(Sein für Anderes)로 된다. **재생산**은 양자의 통일로서, 유기적 개체가 자신의 부분 혹은 개체 자체를 산출함으로써, 개체로서 혹은 유로서 자신을 유지하는 전체이다. 하지만 이미 말했듯이 개념의 세 계기는 추상적인 계기들로서 고정적인 구별을 갖는 것이 아니라, 각 계기가 서로를 **포함**하면서 개념의 **총체성**을 현시한다. 마찬가지로 유기체 전체에서처럼 유기체의 각 부분들에서도, 자기 동일적인 독자존재(Fürsichsein)와 반작용으로서의 타자를 위한 존재(Sein für Anderes), 그리고 양자의 통일로서, 자신을 산출하여 개체와 유를 유지하는 자기유지(Selbsterhaltung)라는 세 가지 개념적 계기들이 지배한다. 따라서 감수성, 반응성, 재생산에 상응하는 세 가지 체계는 각각이 감수성, 반응성, 재생산이라는 세 가지 모두를 직접적인 통일 속에 포함하고 있다. 이런 방식으로 각각의 체계는 다른 체계의 계기를 마찬가지로 자신 안에 가지고 있다. 가령 **감수성**에 상응하는 신경 체계는 감각신경뿐만 아니라 **반응성**에 속하는 운동신경도 포함하며, **반응성**에 상응하는 혈액은 **재생산**을 위해 영양을 제공한다. 어디에서나 혈액과 신경이 현존하며, 어디에서나 재생산을 구성하는 것인 선적인 것과 림프적인 것이 현존한다(Enz II, § 354 Z, 223f.). 만일 세 가지 체계의 추상적인 구분과 고정된 구별을 고수한다면 유기적 존재는 과정(Prozess)이라는 본질을 상실하게 된다. 유기체의 본질성은 자신의 계기들을 고립된 것으로서가 아니라 "보편적인 것, 즉 흘러가는 과정"으로서 포함하고 있다(PhG, 210f. / 154f.).

헤겔은 생명의 형상과 관련한 또 하나의 특징으로서 형태변환(metamorphose)을 언급한다. 형태변환은 『논리의 학』에서는 언급되지 않지만, 자연철학에서 서술되고 논리학 강의에서 생명현상의 예시로서 자주 언급된다. 형태변환은 개념에 속하는 것이며, 개념의 발전처럼 변화하는 유기체의 변화를 말한다(Enz II, § 249, 64). 개념의 발전에서 보편은 자기 구별을 통해 자신을 특수로 산출한다. 이때 보편은 자신 안에 부정성을 가지고 있는 부정적 통일성이며, 자기 구별은 자기부정을 의미한다. 마찬가지로 생명체도 부정적 통일성으로서, 자신을 부정하여 자신으로부터 자신의 다른 형태를 산출하는 형태변환을 수행한다. 가령 식물은 씨앗으로부터 싹, 잎, 줄기, 가지, 꽃과 열매 같은 형태변환의 과정을 거치며 성장한다. 동물도 마찬가지로 올챙이가 개구리로 되거나 애벌레가 번데기를 거쳐 나비로 되는 경우처럼 성체와 다른 형태로부터 성체의 모습으로의 형태변환이 일어나는 경우가 있다. 하지만 기계론적 변화는 이같이 형태변환을 수반하는 자기생산을 하지 못한다. 푀어스터(Förster 2002, 187, 343)에 따르면 헤겔은 이러한 생각을 식물의 형태변환에 관한 괴테의 통찰로부터 물려받았다. 괴테는 칸트의 직관적 오성 개념을 논증적(diskursiv)일 뿐만 아니라 직관적이기도 한 인식 모델로 발전시킨다. 이를 위해 괴테는 전체에 대한 직관 속에서 유기체의 연속적 형태들의 온전한 계열을 파악하고, 유기체의 부분들의 이행을 통한 형성을 파악하고자 한다. 하지만 괴테는 한 형태가 다른 형태로 이행하는 **방법**을 설명하지 못했다. 형태변환에 대한 개념적, 방법론적 설명은 헤겔의 독창적인 공로라고 할 수 있다.

⑵ 동화(Assimilation): 유기체와 환경의 상호작용

유기체가 자기 안에서 분화됨으로써 형상을 갖춘다는 것은 그것이 주체가 되어 객관 세계와 대립한다는 것을 의미한다(LB, 221: 32-35 / 187). 유기체가 환경과의 관계에서 수행하는 활동을 헤겔은 생명의 과정(Lebensprozess)이라고 부른다. 형상(Gestalt)에서 생명 과정으로 이행하면서, 이제 다시 주체인 유기체와 객체인 환경 사이에 분열이 일어난다. 주체란 목적을 설정하는 존재, 즉 객체라는 수단에 자신의 목적을 정립하는 존재이다. 따라서 주체와 객체 사이에 목적론적 관계가 형성되고, 이제 **내적 목적**인 유기체는 환경과 관계하면서 **외적 목적론**의 관계로 자

신을 전개한다. 하지만 유의할 것은 여기서 얘기되는 주체도 외적 목적
론도 의도적 행위의 목적론에서 말하는 주체나 외적 목적론과는 무관하
다는 점이다. 의도적 행위의 목적론은 목적을 의도하고 설정하는 주관과
수단으로서의 객체가 분리되어 있고, 주관적 목적이 기계적 과정의 외
부에서 그것에 목적을 설정하는 외적 목적론이다. 이때 주관적이란 아
직 객관에 관계하지 않고 주관에만 머물러 객관과 대립하여 있는 일면
성을 말하며, 주관에만 속하는 특수한 내용을 지니고 있음을 의미한다.
물론 의도적 행위의 목적론에서도 타당한 목적 관계에서는 주관적 목적
이 수단인 객관과 항상 일치하지만, 주관의 목적은 객관의 수단과 합치
하지 않을 가능성이 원리적으로 열려 있다. 하지만 유기체는 거기서 목
적과 수단이 더 이상 분리되지 않는 그 자체 내적 목적이다. 환경과의 상
호작용도 외적 목적 관계로서 현상하지만, 본질적으로 내적 목적론에 포
함된다. 왜냐하면 환경과의 상호작용은 유기체의 자연적 본능에 따른 것
이고, 환경은 유기체의 목적 활동의 한 계기이기 때문이다. 그렇기 때문
에 여기서는 의도적 행위의 목적론에서처럼 의도와 실현의 불일치가 발
생할 수 없다. 유기체의 목적 설정은 자각적 정신의 목적 설정이 아니라,
자연적 생명의 무의식적 목적 설정, 즉 본능적 욕구 충족과 관련된다. 정
신은 의식적으로 자의적인 선택을 통해 규범을 어길 수 있지만, 필연성
의 영역인 자연에서는 자유로운 장소 이동을 통해 공간을 지배하는 동물
조차도 궁극적으로 본능에 따를 뿐이다. 헤겔은 목적 관계를 외적인 것
으로 생각하면서 목적을 의식적인 방식으로만 실존하는 것으로 생각하
는 견해가 지배적이지만, 자연적 본능은 무의식적 방식으로 작용하는 목

적 활동이라는 점을 강조한다.[8] 따라서 유기체와 환경의 상호작용에서 현시되는 외적 목적론에서 주체와 객체, 유기체와 환경이 외견상 분리되어 있지만, 환경은 유기체의 자기 객관화의 **계기**일 뿐 독립적인 실체가 아니기 때문에, 실질적인 분리는 없다. 분지들의 분화를 통한 유기체의 형상화(Gestaltung)와 마찬가지로, 유기체의 외부 환경과의 상호작용도 내적 목적인 유기체의 **개념적** 구조를 형성한다. 개념은 절대적인 총체성으로서, 자신을 부정하여 분리하지만, 그 안에서 자신을 유지하는 통일성이다. 유기체는 객관적으로 실존하는 개념, 즉 이념으로서 현존하는 진리로서, 양분을 계기로 포함하는 절대적 통일이다.

앞서 살펴본 것처럼 동물의 형상화에서 참으로 주체적인 통일이 형성된다. 동물은 형상화를 통해 육체를 갖는데, 육체 때문에 동물은 외부 환경과 관계를 맺게 되고 욕구를 충족할 수 있게 된다(Enz II, § 350 Z, 208). 육체는 유기체가 외부 환경과 관계할 수 있는 수단이다. 이 수단을 통해 유기체는 외부 환경과 맞서서 환경을 비자립적인 것으로 간주하는 자립적인 주체가 된다(LB, 221: 35 – 222: 5 / 187). 헤겔(LB, 222: 16-37 / 187)에 따르면 유기체가 환경과 관계하는 생명의 과정은 유기체의 **욕구**(Bedürfnis)로부터 출발한다. 유기체의 활동은 개념에 의해 지배되기 때문에, 유기체는 자신을 부정하여 환경에 관계하지만, 환경 속에서 자신

---

8   Enz II, § 360 A, 287. 슈패만과 뢰브(Spaemann, Löw 2005, 218)에 따르면, 가장 강력한 반목적론적 논증은 의도와 목적을 혼동하는 데 기인한다. 사람들은 목적 대신 의도나 동기에 대해서 말하는데, 식물에게 목적은 있지만, 식물은 종족 보존을 위한 의도나 동기를 갖지는 않는다.

을 상실하지 않고 자신을 유지한다. 개념의 발전에 따른 이러한 유기체의 활동은 환경을 지양하여 자기와 동일하게 만듦으로써 자신을 객관화하려는 **충동**에 지배된다. 하지만 이러한 자기 객관화, 자기규정은 환경이라는 외면성에 관계하면서도 자신의 동일성을 유지해야 한다. 유기체는 환경이라는 타자와의 통일을 통해서만 자기 자신일 수 있기 때문에 "절대적인 **모순**"이다. "양분 속에서 절대적 통일"을 유지하는 것은 유기체에게 "고통"으로 느껴진다. 하지만 헤겔은 이 고통을 "살아 있는 자연의 특권"이라고 규정한다. 말하자면 살아 있는 것만이 자신과 자신의 대립을 통일시키는 개념의 질서를 갖는다(Enz II, § 359 A, 278). 유기체는 결핍을 느끼고 이 결핍을 상쇄하려는 충동을 갖는다. 충동, 본능, 욕구는 유기체 안에 있는 부정이며, 결핍이라는 부정을 상쇄하는 부정의 부정이다. 따라서 유기체는 본능 속에서 이러한 동일성을 자기 자신에 대한 확신으로서 지니고 있다(LB, 223: 9-11 / 188).

결핍을 상쇄하는 부정의 부정을 통해 동일성을 확보하기 위해, 유기체는 자신을 부정하여 환경과 관계하고 환경을 지양하여 자신의 것으로 만들어야 한다. 이것은 보편이 자신을 특수화하고, 특수 속에서 보편을 발견함으로써, 개별이 되는 개념의 운동에 다름 아니다. 우리는 앞 절에서 유기체의 형상을 고찰하면서, 내적 목적이 자기 구별을 통해 자신을 실현하려는 충동이지만, 이러한 구별을 통해 생성된 분지들(Glieder)도 자신을 산출하려는 충동이라는 사실을 확인하였다(LB, 218: 23-25 / 184). 동일한 **개념**의 논리가 유기체와 환경 사이에서도 전개되지만, 외부 환경은 개념의 자유를 결여하고 있기 때문에, 생명체에 대항하여 자신을 유지할 수 없다(LB, 223: 20-22 / 188). 따라서 외부 환경은 유기체에 영향을 미쳐 유기체의 형상을 결정하는 **원인**이 아니라 단지 유기체를 **자극**하는 것에 불과하다(LB, 223: 25-26 / 188; Enz II, § 359 A, 279). 헤겔(LB, 223: 26-33 / 188)에 따르면 유기체는 충동이기 때문에, 환경은 그것이 유기체에 이미 들어 있는 한에서만 유기체 속으로 수용된다. 말하자면 환경은 유기체에 **상응하는** 만큼만 유기체에게 영향을 미친다. 이때 환경은 유기체의 **특수한** 측면에 상응해야 한다. 이것은 거꾸로 말하면 주체로서의 유기체가 환경과 관계하면서 **특수자**로 존재하기 때문에 가능하다.

환경은 주체의 특수한 측면에 상응하는 한에서만 주체와 관계하므로, 주체에 대한 환경의 영향을 결정하는 것은 **주체**의 특수성이다. 따라서 환경과의 상호작용은 주체가 환경으로 자신을 **특수화**하는 것이라고 할 수 있고, 환경은 주체의 목적 활동의 특수한 계기이다. 그렇기 때문에 헤겔(Enz II, § 361 Z, 291)은 각종의 유기체의 목적 활동은 **타자 일반**으로서의 환경이 아니라 **자신의 타자**로서의 환경에 관계한다고 말한다. 독수리에게는 토끼와 같은 동물들이, 젖소에게는 풀이 욕구의 대상이 되는 것처럼, 타자는 각각의 동물의 고유한 본성(Nature)의 본질적 계기다. 유기체는 본래 자신과 동일한 환경적 요소만을 자신 안으로 동화시킨다는 의미에서 원래 객체란 유기체 자신과 동일한 것이다(Enz II, § 365 A, 301f.). 헤겔은 유기체와 환경의 관계를 유기체가 환경에 영향을 받는 것으로 파악하지 않고, 유기체가 환경에 **침투**하여 그것을 자신의 **원리**에 따라 **자신의 것**으로 만드는 것으로 파악한다. 주체의 활동에 침투된, 즉 개념에 의해 관통된 환경은 개념을 본질로 한다(LB, 224: 7-9 / 188). 이 같이 유기체와 환경의 관계는 외부의 **환경**에 의해 결정되는 것이 아니라 유기체 내부의 **개념**의 원리에 따라 규정된다(Enz II, § 359 A, 278). 헤겔에 따르면 환경은 유기체가 실현된 "객관적 특수성"이며(LB, 222: 29-30 / 187), 이러한 객관화를 통해서 주체는 **자기** 자신을 **규정**한다.

이렇게 유기체를 환경에 대한 능동적 주체로 해석하는 것은 유기체를 환경에 의한 자연선택의 **결과**로만 간주하는 현대의 종합진화론(Modern Evolutionary Synthesis)과는 달리, 유기체를 **자기규정**의 **주체**로 보는 새로운 관점을 제시한다. 헤겔에 따르면 유기체의 **형상**은 유기체의 목적이 자신의 신체를 자기유지에 적합하게 조직함으로써 형성되며, 이렇게 내재적으로 규정된 자신을 외부 **환경**과의 상호작용을 통해 객관화한다. 따라서 유기체는 진화와 같이 유기체의 형상을 결정하는 사건의 **원인**이지 **결과**가 아니다. 최근의 헤겔 목적론과 생명 개념에 대한 연구들은 헤겔의 주체성 개념의 이러한 적극적인 역할에 주목한다. 감바로토와 일레테라티(Gambarrotto, Illetterati 2020, 354)는 유기체에서의 발전이 단순히 유전 프로그램의 집행으로만 이해되어서는 안 되고, 오히려 유기체와 환경 사이의 역동적 상호작용으로서 이해되어야 한다는 생각을 생물학의 최근의 새로운 관점으로 적시한다. 그들은 이러한 유기체와 환경 사이의 변증법적 상호 관계를 강조하는 생태학적 관점과 관련하여, 헤겔철학이 특히 생산적임이 증명될 수 있다고 주장한다. 그들에 따르면 이미 생물학 분야에서도 지배적인 진화 생물학 이론인 현대 종합진화론에 대해 반발하면서, 확장된 종합진화론(Extended Evolutionary Synthesis)이 진화에서 주체성의 적극적 역할을 지속적으로 주장해 왔다. 현대 종합진화론의 대변자인 리처드 도킨스(R. Dokins)는 개별 유기체를 유전자의 전달자이며 환경적 도전에 직면한 군집의 최소 단위로만 본다. 스티븐 굴드와 리처드 르원틴은 도킨스를 비판하면서(Gould, Lewontin 1979), 유기체를 단순한 수동적 객체가 아니라 자기 진화의 주체라고 주장한다. 이들의 작업은 확장된 종합진화론(Extended Evolutionary Synthesis)이라고 불리며, 감바로토와 일레테라티는 이것을 "생물학에서의 변증법적 전회"라고 부른다. 하지만 리처드 레빈스와 르원틴은 그들의 책『변증법적 생물학자』(The Dialectical Biologist)에서 이러한 관점을 철학적 탐구 프로그램의 강령으로만 제시했을 뿐, 구체적 작업을 통해 성취하지 못했다 (Levins, Lewontin 1985). 감바로토와 일레테라티(Gambarrotto, Illetterati 2020, 364)는 유기체를 **주체**로 이해하는 것이 헤겔의 생물학 철학에서 가장 혁신적인 측면이라고 강조한다. 그들은 헤겔이 물리주의적 자연주의에 반대하여 자연 속에서 **주관성**을 주장하였고, 자연과 자유의 관계를 칸트적 이분법을 넘어서 생각함으로써, 자연과 (자기의식적) 정신 사이의 구별을 제거하였다고 주장한다. 이러한 주장은 큰 틀에서는 타당한 것이나, 세밀한 부분에서는 수정될 필요가 있다.

　　헤겔철학이 어려운 이유는 개념, 주체, 정신과 같이 그가 사용하는 개념이 통상적인 의미와는 다른 의미를 지니기 때문이다. 우리는 주체성을 객체성에 대립되어 있다는 의미에서 주관적인 것으로 이해해서는 안 된다. 주체는 객체에 의식적으로나 행위적으로 대립해 있어서, 자신의 자의에 따라 선택적으로 객체에 관계할 수 있는 것이 아니다. 오히려 주체성과 객체성은 같은 층위에서 서로 대립하는 것이 아니라, 객관적 존재의 상이한 층위를 말하는 것이다. 개념, 판단, 추리를 다루는 주체성의 영역에서 주관과 객관의 분리는 존재하지 않는다. 객체성에서도 주관과 객관의 분리는 존재하지 않다가, 목적론의 주관적 목적에서 비로소 그러한 분리가 등장하지만, 이내 실현된, 내적 목적에서 그것은 다시 통일된다. 내적 목적으로서의 유기적 생명은 주관과 객관, 개념과 실체성의 통일인 이념으로 등장하면서도, 유기체는 자기를 통일적으로 조직하여 환경과 상호작용을 하는 주체로서 간주된다. 따라서 여기서 주체는 이념이라는 **통일** 속에 있으며, 자연적 객체와 분리된 **정신적 주관**이 아니다. 헤겔 논리학의 두 번째 책은 주관 논리학이며, 이 책의 첫 번째 편(Abschnitt)의 제목은 주체성이다. 주관 논리학의 시작부에서 개념은 ―칸트의 범주와 같이 객체에 대립해 있는 "주관적 전제"가 아니라― 후행적으로(rückwärts) 존재와 본질의 "절대적 토대"임이 밝혀진다(LB, 5: 13-14 / 11). 나아가 개념과 그것의 실현인 판단, 추론으로 구성되는 주체성의 논리는 전진적으로(vorwärts) 객체성을 관통하여 그것의 구조를 규정하는 원리로서 기획된다. 말하자면 헤겔은 논리학에서 주체성과 객체성의 관계를 통상적 견해처럼 심리학적, 그리고 그에 기초한 인식론적 구분 아래, 대립적인 것으로 고찰하지 않는다. 그는 주체성을 객체성의 근저에 놓인 구조적 원리로서 고찰한다. 객체성을 규율하는 원리는 객체성과는 다른 층위에서 마련되어야 하며, 이런 의미에서 주체성은 객체성을 초월하는 그것의 **원리**이다. 주체와 객체, 개념과 실재성의 통일인 이념에 이르러서, 유기체는 **실존**하는 **개념**으로서 자신의 몸과 외부 환경의 객체성을 지배하는 개별적 주체로서 등장한다. 여기서도 주체는 객체와의 관계를 자의적으로 선택할 수 있는 행위자가 아니라, 객체를 **개념적**으로 **구조화**하고 그럼으로써 자신을 객관화하는 **개념**에 다름 아니다.

헤겔에게서 주체성은 자의적인 심리(Mentalität)와는 무관한 객관적인 목적론적 관계이지만, 환경에 의해 일방적으로 지배되는 것이 아니라 환경을 자기보존의 필연적 계기로 삼는 **능동적**인 활동성이다. 왜냐하면 그것의 본질은 자유이기 때문이다. 헤겔은 자유의 근본적인 규정을 **자기보존**을 넘어서 **자기규정**으로 기술하고 있는데, 유기체는 자기 분화를 통한 자기 **형성**, 환경의 요소들의 **동화**를 통한 성장과 다른 자기를 산출하는 **번식**의 방식으로 자신을 규정한다. 이러한 **주체성**으로서 유기체의 능동적인 활동성은 유기체의 **능동적 역할**에 주목하는 현대 생물학의 확장된 종합진화론의 경향을 선취한 것이라고 할 수 있다. 이 이론에서 중요한 것은 새로운 **적응력**이 근원적으로 돌연변이에 의해서 발생하는 것이 아니라 유기체의 가소성(plasticity)에 의존하는 **표현형**에 있어서의 적응적 변화에 의해 생겨난다는 것이다. 다시 말해서 유전형의 선택에 의해서가 아니라 **유기체의 특수한 능력**에 의해서 유기체의 집단이 유지된다는 것이다. 메리 웨스트-에버하드(West-Eberhard 2005, 613)에 따르면 "표현형적 순응이 새 표현형을 생산해 냄으로써, 적응 진화에 주된 출발점을 제공한다". 환경의 변화와 돌연변이는 유기체의 발달과 진화에 있어서 불확실성을 형성하는데, 이 불확실성은 표현형적 가소성이라는 유기체의 적응 능력에 의해 제거되어야 한다. 환경의 변화는 많은 개별 유기체에 한꺼번에 영향(affect)을 미친다. 이러한 환경의 변화가 거듭하여 유기체에게 입력되면, 이 새로운 입력은 각각의 개별 유기체의 적응하는 "행위"를 유발한다. 이 행위를 통해 유기체는 유기체의 발달 과정에서 표현형을 재조직하고 재결합하여 새로운 특성을 생산해 낸다.

웨스트-에버하드(611)는 선천적으로 앞발이 마비되어 뒷발로만 걸어야 했던 염소의 표현형적 적응의 사례를 언급한다. 염소가 죽은 뒤 해부를 해 보니 뒷발로만 걷는 행위를 통한 적응은 극적인 유형학적 적응을 초래하였다. 뒷발의 뼈대와 흉골의 모양이 변하였고, 비정상적으로 긴 좌골이 발달되었으며, 골반의 형태와 힘, 그것을 뒷받침하는 골반 근육과 힘줄의 발달 등이 관찰되었다. 이같이 유기체의 "행위"는 "새로운 유형적 형질의 기원에 있어서 중요한 메커니즘이다"(612). 행위를 통한 이러한 적응적 가소성 혹은 표현형적 순응은 유전자적 변화 **없이** 유형적 새로움의 기원과 진화를 유발한다(611). 새로운 형질의 시발점은 돌연변이가 될 수도 있고 환경이 될 수도 있지만, 환경이 더 효과적인 시발자이다(613). 돌연변이에 의해 형질이 발생하더라도, 유기체의 행위를 통해 형질이 선택되거나 되지 않을 수 있다. 유기체는 환경의 변화에 대해 행위를 통해 적응함으로써, 새로운 유형 혹은 형질을 생산하지만, 그것은 형질이 전혀 기존에 **없던** 돌연변이에 의해 생산되는 것이 아니라, 기존에 **있던** 능력, 즉 **행위**와 같은 **표현형**적 적응 능력에 의해 생산된다는 것을 말한다(611). 하지만 웨스트-에버하드(613)에 따르면 새로운 유형학적 상태가 유전되고 지속적으로 고정되기 위해서는 표현형적 순응에 유전자적 순응이 뒤따를 것이 요구된다. 그럼에도 불구하고 그녀는 새로운 성격의 특수한 본성이 어떠한 의미에서도 그 성격을 유전적으로 만들어 주는 **돌연변이**에 의해서가 아니라, **표현형**적 재조직과 재결합에 의해서 규정되거나 설명된다는 사실이 오해되어서는 안 된다고 강조한다. 웨스트-에버하드는 이것이 다윈의 적응 진화와 상이한 새로운 적응 이론의 결정적인 발견이라고 주장한다(614). 데니스 월쉬도 그녀의 주장에 기초하여, 유기체는 표현형적 가소성을, 즉 유전적 및 환경적 불확실성에도 불구하고 주체적 행위를 통해 살아 있는 기능적 맥락을 유지하는 목표 지향적인 능력을 가지고 있다고 주장한다(Walsh 2010, 130).

앤드루 쿠퍼(Cooper 2020, 402f.)도 헤겔의 견해가 진화 과정에서 유기체의 역할을 고려하는 생물학에서의 최근 작업들과 정합적이라고 주장한다. 왜냐하면 헤겔의 견해는 어떻게 유기체의 내적 구성이 환경의 변화에 반응할 수 있는지를 논증하기 때문이다. 그는 헤겔이 진화에 기여하는 생물학의 두 가지 측면, 즉 **자연선택**과 **발달 과정**의 측면을 통합하는 개념 틀을 제공할 수 있다고 주장한다. 전자가 **유전자 변이**와 **선택적 압력**이 능동인을 통해 군집에 작용하는 생물학적 영역의 측면을 형성한다면, 후자는 생물학적 개체의 유기적 폐쇄가 **환경과 상호작용**하는 **유기체**의 측면을 형성한다. 쿠퍼에 따르면, 헤겔은 전자가 후자의 조건 아래서만 가능하다고 주장함으로써, 표현형적 유연성, 틈새 형성(niche construction)[9], 발달 편향(developmental bias)[10], 학습과 습관 같은 비유

---

9   유기체가 자신에게 유리한 환경을 형성하는 것.
10   돌연변이 중 발달을 위해 특정한 변이들이 더 선택되는 것을 말하며, 이것은 돌연변이의 선택이 유기체의 능동적 발달에 의존함을 말해 준다.

전자적 형질(특성)을 가능한 설명 대상으로 포함하면서, 기원론이나 성향론 같은 현대의 목적론적 유기체론보다 자연선택이 목표로 하는 형질들의 훨씬 넓은 범위를 개방한다. 쿠퍼는 헤겔의 이론에서는 **유기체가** 환경을 자신 안으로 동화하고 환경 속에서 자신을 표현하면서, 자신의 생존에 유리한 기회를 **편향적**으로 선택할 수 있다는 사실을 설명할 수 있지만, 전통적인 진화론과 그에 기초한 과학철학 이론들은 선택적 압력과 상호작용하는 유기체의 **발전적 특징**들을 제대로 설명할 수 없다고 주장한다. 왜냐하면 그것들은 유기체의 내적 구성을 자연선택의 **결과**로서만 보지 **원인**으로 보지는 않기 때문이다.

유기체와 환경의 상호작용에 관한 헤겔의 견해에서 또 한 가지 주목할 가치가 있는 특징은 환경에 대한 생태학적 고찰이다. 헤겔은 생명에 이르는 과정을 광물, 식물, 동물로 분류한다. 우리는 이미 헤겔이 식물이 아닌 동물만을 주체로 간주한다는 사실을 확인했다. 식물은 동물처럼 분지들이 상호목적적으로 통일을 이루고 있지는 않지만, 생물학적으로는 유전정보로 나타나는 개념에 따라 분지들이 형태변환을 통해 발전하는 유기적 통일을 이루고 있다. 하지만 지구로서의 광물은 **분지들**이 유기적 통일을 이루지 못하고 **독자적**으로 존립하는 것이기 때문에, 그 자체 **죽은 것**이다(Enz II, § 337 Z, 21). 헤겔에게 지질학적 자연 혹은 지구로서의 환경은 이중적인 의미를 지닌다. 지구는 다른 행성에 의해 생겨나고 다른 행성(태양)에서 중심을 갖는, 즉 다른 행성의 중력에 의해 지배되고 움직여지는 **죽어 있는 물체**이다. 그럼에도 불구하고 지구는 식물, 동물로 이어지는 유기물리학의 첫 번째 대상으로서 **유기적인 것**

이다. 앞서 언급하였듯이 『논리의 학』 객관성 장의 세 가지 종류의 객관성, 즉 기계론, 화학론, 목적론의 구분은 자연철학 전체의 구분, 즉 역학, 물리학, 유기적 물리학에 상응하기 때문에(Enz II, 337 Z, 19), 유기적 물리학의 첫 번째 단계인 지질학적 자연은 목적론적인 것이다. 지구는 죽어 있는 역학적 자연의 총체성이지만, 헤겔은 그것을 잠재적 **유기체**(Enz II, § 337 Z, 19; Enz II, § 338, 27), 잠재적 **생명**이자 잠재적 **주체성**(Enz II, § 337 Z, 20)이라고 규정한다. 왜냐하면 지구로서의 환경은 생명의 체계로서 전체이고(Enz II, § 337 Z, 21), **하나**의 사슬, **하나**의 전체를 형성하기 때문이다. 이러한 이중성이 지구의 위상의 애매성의 근거이다. 헤겔에 따르면 **주체적** 생명성, 즉 생명체는 식물로부터 시작하며(Enz II, § 337, 16), 지구는 아직 영혼으로서의 생명을 가지고 있지는 않지만, **보편적** 생명을 가지고 있다(Enz II, § 339 Z, 47). 육지와 특히 바다는 생명을 산출하는 생명성으로서, 지구의 생명이 그곳에 점적으로 편재해 있는 보편적 생명일 뿐이며(Enz II, § 341, 69), 동물 유기체처럼 보편의 자기 구별을 통해 산출된 특수를 개별로 통합하는 현실적으로 참된 생명이 아니다. 지질학적 유기체로서 지구는 그 자체 **자신에 대한 부정성**(er ist an sich die Negativität seiner)이기 때문에, 자신을 부정하여 타자를 산출하는 **생명성**이다. 물론 그것은 잠재적으로만(nur an sich) 생명성이다(Enz II, § 341 Z, 361, 71). 헤겔은 지구가 그 자신 잠재적 생명체로서 대기, 바다, 땅과 같은 그것의 부분들의 유기적 상호 관계를 통해 하나의 통일을 이루고 있음을 지적한다(Enz II, § 341 Z, 72-75). 헤겔이 이러한 지구의 유기적인 과정을 생명을 산출하는 살아 있는 과정으로 간주하고(Enz II,

§341 Z, 76-87), 지구를 잠재적인 **유기체**로 간주하는 것은 유기체와 환경 사이의 기계적인 상호작용만을 고려하는 현대의 유기체론보다 탁월한 **생태학적** 관점을 제시하는 것이라고 할 수 있다. 환경으로부터 발생한 개별 생명체는 환경을 배제하고 그것에 대립하지만, 그것의 위력 아래서 자신의 **실존**의 **조건**과 **질료**를 갖는다(Enz II, §342, 87).

⑶ 유적 과정(Gattungsprozess): 재생산 혹은 번식

주체가 환경의 고유한 속성을 빼앗고 거기에 자신의 주체성을 실체적인 것으로서 부여함으로써, 환경을 전유(aneignen)하는 동화작용은 주체의 고유한 **객관적** 계기를 형성한다(LB, 224: 10-19 / 189). 주체는 객체와의 이러한 관계를 통해서 **독자적**으로 되고, 자신의 주관적 개념에 **객관성**을 부여한다. 이같이 주체는 환경과의 상호작용을 통해, 환경적 요소를 자신에게 동화함으로써, 자신을 보존하고 **재생산**한다(Enz II, §366, 334). 동화를 통한 유기체의 재생산은 단지 유기체의 **성장**에 그치는 것이 아니다. 생명의 과정을 통해 유기체는 자기감정을 얻게 되고, 자신을 현실적인 **개별성**으로서 구성한다(LB, 224: 32-39 / 189). 헤겔은 이것을 유기체가 재생산 속에서 현실적 **자기동일성**에 도달하는 것이라고 말한다(LB, 224: 28-30 / 189). 유기체가 동화작용을 통해 독자적으로 되고, 자기감정을 갖는 현실적 개별성으로서 자기동일성에 도달한다는 것이 의미하는 것은 유기체가 궁극적으로는 죽음을 통해 환경의 무기적 요소로 해체되지만(LB, 224: 20-21 / 189), 자신의 특수성을 지양하여 **보편성**

으로 고양된다는 것이다. 이때 보편성은 **유**(Gattung)를, 생물학적으로는 **종**을 의미하므로, 환경과의 상호작용은 각각의 생명 개체가 성장과 죽음을 반복하면서 자신의 **종**을 유지하고 **보존**하는 결과로 귀결된다.

이제 우리는 **형상**에서의 통일이 **동화**에서 양분(division)되었다가 재생산으로서의 **유적 과정**에서 다시 통일되는 지점에 도달했다. 외부 환경의 타자성을 지양하여 자신으로 통합한 개별 유기체는 이제 자기와 동일한 타자를 산출하는 유적 과정에 참여한다. 동화에서 유기체의 보편적 목적이 외부 환경이라는 타자에로 특수화되었다면, 유적 과정은 우선 개별 유기체가 자기부정을 통해 자손을 생산하고 그것과 통일적 관계를 형성하는 것으로 현상한다. 여기에는 동화에서와 유사한 모순이 지배한다. 자신의 타자인 환경과의 통일을 통해서만 자기 자신일 수 있었던 동화의 경우와 같이, 유적 과정에서 유기체는 자신과 동일한 자신의 타자, 즉 자손과의 통일을 통해서만, 유로서의 유기체가 된다. 유기체는 동화작용을 통해 자신의 욕구를 충족시키기 위해, 환경에로 향하는 충동일 뿐만 아니라, 번식을 통해 자신과 동일한 타자를 생산하려는 충동을 자신 안에 갖는다. 동화작용에서 보편의 **특수화**가 **환경**을 계기로 진행되었다면, 유적 과정에서 특수한 계기는 자손으로서 생산된 개별 유기체이다. 헤겔에게 유(Gattung, genus)는 개념이 지니는 보편성, 즉 구체적 보편을 말하는데(LB 87: 21 / 76), 유기체의 유적 과정에서 개념으로서의 **유**는 **생물학적 종**으로 현상한다. 헤겔에 따르면 개별 유기체는 자신과 동일한 타자를 산출하면서 **타자와 내적 동일성**을 형성하는데, 이 내적 동일성이 **종**(Art, spiecies)이다. 이 동일성은 부모와 자식이라는 개별성이 지양되어, 유적 보편성 속으로 해소된 것이다(LB, 226: 18-23 / 190). 이 동일성은 단순한 주관적 개념이 아니라 객관화된 현실적 개념이며, 그런 의미에서 현실적 이념의 산물로서 생명의 개별성을 표현하는 씨앗 (Keim)이다. 헤겔은 씨앗을 모든 속성과 분지의 구별들을 포함하는 아직 전개되지 않은 비물질적인 주관적 총체성이라고 규정하는데(LB, 226: 27-37 / 190f.), 그것은 의미상 유전자와 같은 것이라고 할 수 있다. 유전자로서 씨앗은 객관화된 현실적 개념, 즉 개념의 현존 형식이다.

　　이 현실성을 얻은 유가 유기체 안에 내재하는 한, 유기체는 자신 안에 자기와 유사한 유기체를 생산하려는 충동을 가지고 있다. 번식을 통해 개별 유기체는 자손으로서의 유기체를 생산하지만, 이 유기체는 개별적인 것이기 때문에 영원하지 못하고 사멸해 간다. 이 과정은 유한성에서 벗어나지 못하고 개별성을 생산하고 그것을 다시 지양하는 무한한 과정으로 반복된다(LB, 227: 5-6; 19-21 / 191). 이 과정에서 개별 유기체가 갖는 개체성과 유의 보편성 사이에 대립이 존재하는데, 이 과정은 개체성이 사멸하고 유가 승리하는 것으로 귀결된다(Enz II, § 376, 405). 헤겔은 관점을 바꿔 이 과정을 유가 개별 유기체를 자신의 특수한 계기로 산출하고, 개별 유기체의 생산과 죽음을 통해 자신을 실현하여, 보다 높은 현존재로 고양하는 과정으로 해석한다(LB, 227: 7-11 / 191). 그렇다면 번식은 사실은 개별 유기체 안에 내재하는 **종**의 충동이다. 따라서 주체로서의 개체가 자손의 번식을 통해 자신의 목적을 실현하려는 것처럼 보이는 목적 활동성은 사실은 종으로서의 유(genus)의 자기실현 과정이다. 이러한 헤겔의 설명은 관념론적이다. 왜냐하면 그것은 지각되는 것은 **개**

별 유기체가 자기 자신과 동일한 타자를 산출하는 것인데, 이러한 활동이 사실은 보다 높은 목적인 **유(종)**에 의해 조종된다고 주장하는 것이기 때문이다. 이러한 관념론적 파악은 집단의 생존을 위해 스스로를 희생시키거나 번식을 위해 죽음을 무릅쓰는 개별 유기체의 활동을 잘 설명할 수 있다. 헤겔은 나비의 교미 후의 죽음을 예로 들고 있으나(Enz II, § 370, 370), 산란을 위한 연어의 고통스러운 여정과 산란 후의 죽음도 번식을 위한 희생의 예이다. 또한 벨딩(Belding)의 땅다람쥐는 소리를 통해 포식자의 주의를 끌어 스스로를 위험에 처하게 하고, 자신을 희생한 대가로 집단을 구출한다. 유적 과정에서 개념의 **보편성**은 유(종)이다. 유는 개별 유기체를 수단으로 삼아 자신을 **특수화**하여, 개별자의 산출과 지양을 반복하면서, 개체의 죽음을 통해 **유(종)** 자신의 **보존**을 성취한다. 이것은 유적 과정을 통한 **개념**의 **자기규정**에 다름 아니다. 따라서 개별 유기체에게는 이롭지 않은 행동을 포함하여, 개별 유기체의 번식과 관련한 모든 **목적 활동성**은 사실은 **종의 보존**이라는 **유의 보편적 원리**의 실현이다.

이로써 주체의 범위는 종, 군집으로 확장되며, 개체는 종의 자기 보존과 자기규정이라는 목적을 실현하기 위해, 종에 의해 전제된 수단임이 밝혀진다. **유적 과정**으로서 종의 보존은 개체의 **형성**과 개체와 **환경**의 상호작용이라는 두 계기를 종합하는 귀결로 생각되지만, 이 결과는 동시에 앞의 두 과정의 목적이기도 하다. 목적으로서의 종은 자신을 특수한 개체들로 분화하고, **개체들**과 **환경**의 상호작용을 통해, 자신을 보존하고 규정한다. 헤겔은 하나의 **형질**이 그것이 속한 군집의 생존에 기여했기 때문에, 현재의 그 군집의 유기체의 부분이 되었고, 그런 방식으로 유기체의 부분들이 유기적으로 조직되었다는 사실을 구체적으로 서술하지는 않았다. 앞서 말했듯이 크레인스는 헤겔이 이러한 방식으로 전체로부터 부분들의 결합을 논증함으로써, 부분들의 결합을 통해 전체를 논증하지 못한 칸트의 문제를 해결했다고 주장한다(Kreines 2008, 347-354, 358-361). 하지만 나는 다른 헤겔 연구자들(Cooper 2020, 401; Maraguat 2020, 423 note 15)과 함께 이에 동의하지 않는다. 헤겔은 형질 유전에 대해서는 생각하지 못했다. 하지만 그는 종의 보존을 위해 **개체들**이 능동적으로 환경에 적응하여 **종을 규정**하고, 거꾸로 **종**이 **개체들의 형성을 규정**하는 방식으로 **보편**과 **특수**의 관계를 사유하였다. 이 쌍방향의 작용은 가능한데, 왜냐하면 한편으로 환경의 영향은 유기체들에게 한꺼번에 노출되기 때문에, 유기체들의 행위가 **종을 규정**할 수 있고, 다른 한편으로 군집의 적응 행위를 통해 형성된 종의 규정성이 **개별 유기체의 형성**을 규정하기 때문이다. 우리는 종의 보존을 위한 개체들의 적응을 형질들의 기여로서 구체적으로 인식하는 것이 경험적 탐구로 간주되어 철학적 논의에서 생략될 수 있지만, 그러한 인식을 헤겔이 제시하는 철학적, 개념적 사유의 큰 틀 속에 정합적으로 포괄될 수 있는 것으로 간주할 수 있다. 따라서 헤겔은 종 변화라는 경험적 탐구의 발견을 부정했지만, 개체, 환경, 종의 관계에 대한 그의 개념 논리적 파악은 진화론적 사고, 특히 확장된 진화론을 위한 개념적 틀을 제공한다고 할 수 있다.

헤겔이 개별 유기체의 생존에 해로운 번식을 설명할 수 있는 이유는 그의 목적론의 규범성이 **지각적 사실**이 아니라 **개념의 논리**에 기초하기 때문이다. 통상적으로 유기체의 목적은 자기보존이라고 생각되며, **자**

기보존은 유기체의 분지 혹은 형질들과 유기체의 행동을 규율하는 **규범**이다. 하지만 대부분의 유기체는 개체의 자기보존과 함께 군집의 보존을 추구하지만, 어떤 유기체에서는 군집의 보존과 개체의 자기보존이 서로 충돌하기도 한다. 또한 유기체를 생리학적 질서에 입각해서 설명하는 이론들은 개별 유기체의 형상과 동화의 수준에서 목적론적 규범성을 설명할 수는 있지만, 그것을 번식에까지 확장하는 데는 어려움을 겪는다. 하지만 논리학에 기초한 헤겔의 목적론은 형성, 동화, 번식에 일관되게 적용될 수 있다. 왜냐하면 **논리**란 시공간을 초월하는 것이어서, 유기체 내부에서의 상호작용뿐만 아니라, 유기체와 환경, 유기체와 그것의 자손 간의 관계도 관통하는 것이기 때문이다. 이같이 **개념**을 유기체의 질서, 즉 규범성으로 삼는 헤겔의 설명은 유기체의 규범성 문제에 대한 탁월한 답변을 제시한다. **개념의 논리**인 규범성은 형상과 동화에도 적용되는 생명현상 전반의 문제이지만, 특히 번식에서 설명되기 어려운 문제이기 때문에, 나는 유적 과정에 대한 나머지 서술을 이 문제에 집중하고자 한다.

자연과학은 자연을 물질적인 것으로만 간주하며, 초자연적인 것, 즉 자연적이지 않은 것을 통해 자연을 설명하려는 시도는 과학적이지 않다고 주장한다. 자연을 자연과학적 자연으로 파악하는 견해를 자연주의라고 한다. 자연주의는 유물론이며, 자연 속에서 정신적인 것의 존재를 부정한다. 자연주의는 **규범성**도 **가치** 관련적인 것으로서 **정신적인 것**으로 판정하여 배제한다. 자연주의는 철학적 목적론이 주장하는 **목적도 초자연적인 것**(supernatural)이라는 의미에서 "형이상학적"인 것으로 간주한다. 자연과학이 규명하는 자연의 궁극적 요소를 물리적 사물이라고 보는 물리주의적인 자연주의가 자연주의의 근본적인(radical) 형태를 형성한다. 물리주의는 물리학적 사물을 자연의 궁극 요소로 보기 때문에, 기계론적 세계상에 기초해 있다. 물리주의로서의 자연주의는 거시적 차원의 사물을 미시적 차원의 물리적 사물로 환원하여 설명하고, 모든 이론을 하나의 통일된 이론으로 통합하려고 한다. 여기서는 유기적인 것과 비유기적인 것의 영역 사이에 어떤 본질적인 구별도 없다(Gardner 2007).

비유기적인 것으로 환원될 수 없는 **유기적** 존재의 **고유성**을 주장하는 생물학의 입장은 이러한 물리주의와 자연주의적 환원주의에 대립한다. 하지만 생물학적 자연주의 역시 그것이 **자연주의**라는 입장을 취하는 한에서, 물질적인 것이 아닌 규범성과 같이 그들이 정신적, 가치적인 요소로 간주하는 것들을 자연에서 부정하는 유물론적 입장에 머문다. 따라서 생명현상은 순전히 물질적인 것으로 간주된다. 그들은 **기계론**에 반대하지만 생명현상을 **물질적**인 것으로 간주하는 자연주의를 고수한다. 생물학적 자연주의는 생명에 관한 전통적 설명인 목적론에서 정신적, 규범적, 가치적 요소를 제거함으로써 목적론을 자연과학화하려고 한다. 하지만 마크 베다우(Bedau 1991, 655)는 수정의 증식이 진화론의 모든 요건을 충족시키는 가운데 일어난다는 경험적 사실을 적시하면서, 수정의 증식이 보여 주는 사이비 목적론과 유기체의 **진정한** 목적론이 구별되기 위해서, 그것들을 구별하는 기준으로서 **가치**적인 요소가 유기체에 그것의 고유한 특성으로서 부가되어야 한다고 주장한다. 베다우는 자신의 입장을 **넓은 자연주의**라고 칭하면서, 좁은 자연주의의 생명현상에 관한 비가

치론적 파악을 넓은 자연주의로 확대할 것을 요구한다. 넓은 자연주의는 자연적인 것의 범위를 확장하고, 그 안에 **가치**를 포함하려는 시도이다.

넓은 자연주의가 무기물로부터 구별하는 유기물의 고유한 특성으로서의 **가치**적인 것, **규범**적인 것은 좁은 자연주의의 **물질** 개념과 구별되고 그것으로 환원되지 않는 것이어야 한다. 그러기 위해서 넓은 자연주의는 가치적인 것이 지니는 관점을 형이상학적으로 근거 지어야 한다. 하지만 만약 가치적인 것이 물질과는 **다른** 형이상학적 실체라면, 넓은 자연주의는 더 이상 본래적 의미의 자연주의가 아니게 될 것이다. 만약 넓은 자연주의가 이러한 귀결이 두려워 형이상학을 배제하고 자연주의를 고수한다면, 넓은 자연주의는 결국 좁은 자연주의로 환원될 수밖에 없다. 이러한 딜레마는 넓은 자연주의가 좁은 자연주의로부터 구별을 시도할 때 빠지게 되는 것일 뿐만 아니라, 생물학적 자연주의 또한 그것이 물리학적 자연주의로부터 구별을 시도할 때 동일한 딜레마에 직면하게 된다. 유기적 존재가 무기물과 다르게 되는 점은 무엇인가? 죽어 있는 사물과는 달리 살아 있는 유기체는 본능적, 무의식적으로 **합목적적** 운동을 한다. 생명의 고유성을 나타내는 합목적성을 형이상학적으로 근거 짓는 노력을 생물학적 자연주의가 포기한다면, 그것은 결국 물리주의적 자연주의로 환원될 수밖에 없다. 하지만 생물학적 자연주의가 생명의 고유한 특징을 형이상학적으로 근거 지음으로써 물리적 사물과 구별되는 자신의 대상의 고유성을 확증하려고 한다면, 그것은 더 이상 자연주의의 테두리 안에서는 수용할 수 없는 형이상학적 요소를 수용해야 한다. 이 **형이상학적** 요소는 바로 생명의 특징인 **목적**이 지니는 **규범성**이며, 그것은 물질적인 것이 아니다.

　　물리주의로부터 생명현상을 구제하려는 노력은 그것이 **자연주의**에 머무는 한, **생명**의 본질을 형성하는 **규범성**을 **형이상학**적으로 근거 짓는 문제에서 딜레마에 빠진다. 그것은 규범성을 물질과는 다른 형이상학적 실체로서 인정하면 자연주의에 머물 수 없다. 하지만 자연주의에 머물기 위해 규범성이 지니는 자율성을 인정하지 않으면, 생명과 무생명을 구별할 수 없다. 규범성의 형이상학적 의미를 규명하기 전에, 강한 자연주의가 비판의 목표로 삼는 통상적인 규범의 의미를 살펴보고, 그것과 헤겔의 규범성의 차이를 탐구해 보자. 강한 자연주의, 좁은 의미의 자연주의를 노골적 혹은 벌거벗은(bald) 자연주의라고도 부르는데, 노골적 자연주의자들은 유기체의 자기보존에 "좋고", "이로운 것"을 목적론의 **규범**으로 간주하는 것이 자연을 초월한 주관적 가치를 도입하는 것이라는 이유로 **규범성**을 배제하려고 한다. 엘제린 킹마는 자연주의를 규범주의에 대립시키고, 그것을 상태에 대한 우리의 **주관적** 평가를 배제하는 관점이라고 정의한다(Kingma 2010, 242). 저스틴 가슨은 이러한 구분에 기대어 노골적 자연주의를 주장하면서 베다우의 넓은 자연주의를 거부한다(Garson 2017, 1099). 이들은 규범을 **주관적**인 어떤 것으로 간주하고 있음에 틀림없다. 하지만 통상적으로 사람들은 규범이라는 용어 아래서 주로 실천적 규범을 생각하지만, 규범에는 윤리적 규범 말고도 미적 규범, 이성적 규범, 존재론적 규범 등 다양한 실재성의 영역에서 규범들이 존재한다(Papineau 2021). 유기체와 관련된 규범은 유기체의 존재를 보존하는 행위나 존재를 가치 있는 것으로 보기 때문에 **존재론적 규범**의 일종이다. 현대의 생물학적 기능에 관한 논쟁에서 **유기체론**과 같은 입장은 목적론의 **규범성**을 **유기체의 보존에 기여함**으로 정의한다. 유기체의 보존에 기여하는 형질 혹은 행위는 좋은 것, 규범에 적합한 것인데, 이것은 주관적인 관찰자의 임의적 관점에 좋은 것이 아니라, **자연 사물**로서 **유기체**의 **자기보존**에 좋은 것이다. 유기체의 보존에 기여하는 것은 **규범적**이며 그렇지 않은 것은 오기능이라고 평가하는 것은 유기체 외부로부터 가치를 도입하는 것이 아니므로 **가치중립적**이다.

　　이러한 **존재론적 규범**은 헤겔의 **논리적 규범**과 유사하게 보인다. 실제로 쿠퍼는 유기체론에서 유기체의 자기보존에 기여함이라는 의미의 규범성이 헤겔의 논리적 규범성과 같이 가치중립적 규범성을 제시한다고 주장한다(Cooper 2020, 401f.). 하지만 규범성의 근거가 자연사물인 유기체에 놓인다는 것은 그것이 논리에 준거할 때보다 **가변적**일 수 있다. 가슨(Garson 2017, 1098)은 이 틈을 파고들면서, 잘못된 믿음의 경우를 통해 유기체론의 규범성을 공격한다. 그에 따르면 가령 인간과 같은 유기체는 어떤 행위가 유기체의 보존을 위해 실제로는 해로운 행위임에도 불구하고, 이로운 행위라고 잘못된 믿음을 가질 수 있다. 유기체는 자신의 보존을 위해 이 잘못된 믿음에 기초한 행위를 하고, 이 행위는 유기체의 보존을 위해 작동하지만, 유기체의 보존에 좋은 것은 아니다. 즉 실제로는 유기체의 보존을 위해 기능하지 않는다. 이를 통해 그는 유기체론이 말하는 것처럼 유기체의 보존을 위해 작용함이 규범성이 될 수 없다고 주장한다. 말하자면 규범의 기준이 유기체에게 있다면, 유기체가 특정한 행위를 자신의 보존에 기여한다고 착각하고, 실제로는 자신의 보존에 방해가 되는 행위를 할 수 있다는 것이다. 하지만 유기체가 자기보존을 위해 **행위**하는 것과 **자기보존**의 실재가 다를 수 있기 때문에, 유기체의 자기보존 **행위**가 규범이 될 수 없다. 그렇다면 **유기체**가 규범의 준거가 될 수 없고, 규범은 다른 것에 준거해야 한다. 엄밀히 말하면 가슨이 말하는 잘못된 믿음은 정신의 간섭이다. 유기체가 순전히 자연적 본능에만 따른다면, 정신의 잘못된 믿음이 개입될 여지가 없다. 그렇더라도 우리는 자연적 본능에 따르는 동물에게 잘못된 믿음과 같은 특정한 조건을 설정하여, 그 동물이 자기보존의 실재와 다른 해로운 행위를 하게 할 수 있는 상황을 가정할 수 있다. 실제로 우리가 알지 못하는 동물에게 이런 상황이 일어날 수도 있고, 실제와 무관하게 그러한 괴리는 원리적으로 가능하다.

　　헤겔에 따르면 개념이 관통하는 모든 실재성에서, 규범성은 실재성의 종류에 따라 달리 표현되지만, 그러한 규범성들은 모두 **개념**에 기초한다. 이같이 헤겔은 규범성을 **개념**이라는 **논리**적인 것에서 찾기 때문에, 가슨이 제기하는 유기체의 사실적 행위와 규범적 자기보존 사이의 괴리 가능성에 대한 문제로부터 자유롭다. 나아가 **논리**로서의 규범성은 유기체에 이롭거나 가치 있다는 소위 비자연주의적 규범성에 대한 비판을 벗어난다. 유기체론이 말하는 **자기보존**도 엄밀히 말하면 유기체라는 **자연 사물**이 아니라 그것을 지배하는 **객관적 질서**를 의미하는 것으로 이해해야 한다. 그렇다면 유기체론은 사실을 초월한 논리에 규범성을 근거 짓는 헤겔과 함께 잘못된 믿음에 의한 행위는 객관적 질서 혹은 논리라는 규범에 어긋나는 오기능이라고 판정할 수 있다.

그럼에도 불구하고 헤겔의 논리적 규범은 유기체론의 규범보다 더 포괄적인 의미를 지니고 있기 때문에, 유기체론처럼 규범을 유기체의 자기보존에 제한하지 않는다. 앞서 언급했듯이 유기체는 "양분 속에서 절대적 동일성"을 유지해야 하는 모순적인 것이다(LB, 222: 33 / 187). 개념의 논리를 규범으로 하는 주체성은, 자기 구별하는 개념처럼, **형상**에서뿐만 아니라 **동화**와 **유적 과정**에서도 반드시 자신을 양분하여 타자와 관계하여야 한다. 이러한 관계는 단지 만족일 뿐인 것이 아니라 분명 고통이기도 하다. 헤겔(Enz II, § 362, 292)에 따르면, 유기체는 환경을 동화함으로써 자신의 욕구를 충족해야 하지만, 욕구 충족 행위는 개별 유기체가 개별적으로만 수행하는 행위이기 때문에, 보편적인 차원에서 완성될 수 없다. 따라서 개별 유기체의 유한한 욕구 충족 행위는 만족으로부터 끊임없이 욕구 상태로 되돌아간다. 그래서 유기체는 환경의 "외면성을 극복하려는 끊임없는 투쟁"을 해야 한다. 헤겔은 환경을 유기체가 자신을 특수화한 계기로서, 다시 말해서 유기체의 보편적 목적 활동의 특수한 계기로서 목적론적으로 해석한다. 하지만 발생적으로 보면, 환경은 유기체에게 **낯선 것**이어서, 유기체를 병, 굶주림, 죽음으로 내몰 수도 있는 **부정적인 것**이기도 하다. 유기체의 삶의 구조는 반드시 유기체에게 좋은 것, 긍정적이기만 한 것이 아니라 고통스러운 것, 부정적인 것이기도 하다. 헤겔 목적론에서는 규범성이 유기체의 보존에 기여하는 기능에만 놓여 있는 것이 아니라, 낯선 것, 때로는 생명을 위협하고 오기능을 유발하는 것과의 관계도 포함한다. 마크 알츠나우어는 **결핍**과 **고통**을 포함하는 이러한 생명체의 고유한 질서, 즉 본질적 자연이 생명체의 개념으로서 **규범성**이며, 이것은 기형과 같은 비규범성과는 구별되어야 한다는 사실을 타당하게 지적한다(Alznauer 2016, 204).

헤겔에 따르면 동물 유기체는 환경의 위협으로부터 자신을 보존할 수 있는 능력이 약하기 때문에, 개체의 형성에 있어서 외면적 우연성에 내맡겨져서, 특히 인간과 같이 발달된 동물은 기형에 방치되어 있다(Enz II, § 368, 338f.). 여기서 우리는 기형이라는 현상에서, 규범이 사실적 차원에서 확립될 수 없음을 확인할 수 있다. 헤겔(Enz II, § 250 A, 73)은 어떤 형성물을 결함 있는 것, 열등한 것, 기형으로 간주하기 위해서는 고정된 **전형**이 전제되지만, 이러한 전형은 경험을 근거로 해서 만들어질 수는 없다고 강조한다. 왜냐하면 기형이나 기형성, 잡종 등을 제공한 것이 바로 경험이기 때문이다. 전형은 경험으로부터 유래하지 않는 **개념**의 자립성과 **자율성**을 전제한다.[11] 헤겔은 이렇게 목적론의 구성 요소인 환경이 개체의 **형성**에서 부정적 영향을 끼친다는 사실을 서술한 후에, 환경이 **동화**의 차원에서도 불안정한 동물에게 끊임없이 폭력을 행사하고 위협한다는 사실을 지적한다. 헤겔(Enz II, § 371, 372)에 따르면, 유기체의 기관이 환경에 자극되어 특수에 고착됨으로써 유기적 보편성을 상실할 때, **질병**이 발생한다. 말하자면 유기체가 개념의 보편적 원리에 합당하게 합목적적으로 활동하지 못할 때, 유기체는 규범을 벗어난 것이며

---

11   로버트 피핀(Pippin 2003, 226)은 규범성을, 근거 혹은 정당화로서 경험적 내용에 전적으로 의존하지 않는 방식이라고 규정한다. 그는 헤겔의 개념을 규범적인 것으로 간주하면서, 규범적 자율성은 경험적 주장으로부터 도출될 수 없다고 주장한다.

병들거나 오기능을 갖는 것이다. 헤겔은 유기체의 삶을 건강과 질병의 교체로서 규정한다. 나아가 번식에서도 유기체는 자신과 유사한 타자를 생산하여 종을 보존하면서 죽음에 이른다. 번식과 동시에 죽든 나중에 죽든, 헤겔에게 번식의 철학적 의미는 새로운 유기체의 생성에 의해 기존의 유기체가 지양되는 것이다. 헤겔에 따르면 번식에 있어서 **유기체**는 보편적 유로서의 종이 자신을 보존하기 위해 생산하고 지양하는 **수단**에 불과한 것이다. 이렇게 볼 때 내적 목적론의 규범성이 개별 **유기체의 자기보존**이라고 할 수 없을 것 같다. 그렇다고 해서 규범성이 개별 유기체 자신의 보존이 아니라 **종의 보존**이라고만 할 수도 없다. **생리학**에 기초한 관점은 개별 유기체의 자기보존을 넘어 종의 보존으로 나아가지 못하는 반면, 번식을 통한 종의 보존에 주목하는 **진화론**적 관점은 유기체의 형상과 동화의 측면을 설명하는 데 어려움을 갖는다. 헤겔에게 목적론은 유기체를 위한 것, 유기체를 중심으로 해석되는 것이 아니라, 유기체가 놓인 **객관적 자연의 질서**이다. 그것을 규율하는 규범성은 유기체와 그것의 환경과의 상호작용을 넘어서 유적 과정으로서의 종의 보존까지, 생명과 관련한 전 과정을 포괄하는 **개념의 논리**이다. 그것은 유기체가 처해 있고, 유기체의 삶을 지배하는 보다 큰 세계 구조를 개방한다.

이같이 헤겔에게는 규범성이 개념에 놓임으로써, 규범성은 가치중립적 객관적 관계로 된다. 헤겔은 "개념에 적합한 객체성"을 "본성상 좋다"고 단 한 번 말하는데(LB, 222: 28 / 187), 이것은 아마도 플라톤의 선의 이데아로부터 만물이 선하다는 중세철학에 이르는 전통을 염두에 두고 사용한 표현일 것이다. 이러한 전통에서 선이 존재론적 규범을 말하는 것이지 주관적인 평가를 의미하는 것이 아닌 것처럼, 헤겔이 "좋다"
고 말하는 것도 상태에 대한 주관적인 평가를 말하는 것이 아니라, 개념
에 적합한 유기체의 상태를 긍정하는 것이다. 이 장의 서론에서 말했듯
이, 헤겔에게서 본래적인 진리는 객관적인 진리로서, "사태의 실재성이
그것의 개념에 적합"(Enz II, § 246 Z, 46)한 것 혹은 "개념과 실재성의 참
된 일치"(Enz I, § 24, Z2, 86)를 의미한다. 여기서 "좋다"는 것도 사태의 실
재성이 **개념**이라는 **규범**에 적합한 것을 의미한다. 개념은 유기체의 구조
와 행위가 따라야 할 규범이고, 유기체가 규범에 적합할 때 그것은 진리
이고, 그런 의미에서 좋은 상태에 있는 것이다.

　　알츠나우어(Alznauer 2016, 198f.)도 헤겔 목적론의 규범성을 설명
하기 위해 헤겔의 이러한 진리관에 주목한다. 그에 따르면 헤겔의 목적
론적 규범성은 어떤 종의 **사례**들이 그 사례가 **종**의 **구성원**이라는 **자격**으
로부터 직접적으로 갖게 되는 평가적 기준에 필연적으로 종속해야 한다
는 것을 말한다. 여기서 **사례**는 **실재**를 말하고 **종**이나 **구성원 자격**은 **개
념**을 말한다. 따라서 헤겔의 목적론적 규범성은 그의 진리관에서 실재
가 개념에 일치하듯이, 사례가 종이나 구성원 자격에 속해야 한다는 것
을 말한다. 알츠나우어는 헤겔의 규범성을 쉽고 명료하게 집합론적으로
설명하고 있지만, 여기서 종이나 구성원 자격이 사례들의 집합으로 간주
될 뿐, 그것이 갖는 목적론적 구조가 상세히 부연되지 않는다면, 그가 말
하는 집합은 전칭성(Allness)과 다름없고, 기계적 상호작용의 경험적 규
칙성, 즉 기계적인 요소들의 집합과 구별될 수 없다. 우리는 이미 이 장
의 1절 형상(Gestalt)에 관한 논의에서 "개념이 객체에 내재하면" 그러한

객체는 내적 합목적성을 갖는 "생명체"라는 헤겔의 언급을 살펴보았다 (LB 218: 4-5 / 184). 이같이 개념은 내적 목적인 생명 유기체의 구조를 규정함으로써, 객체를 살아 있는 것으로 만든다. 또한 헤겔은 개념을 유기체의 **영혼**이라고 부르면서, 플라톤과 아리스토텔레스의 영혼에 대한 규정을 받아들여 개념을 "시작하는, 자기 자신을 움직이는 원리"라고 표현한다는 사실도 확인했다(LB, 217: 17-19 / 183). 따라서 개념은 객체에 생명을 불어넣고 운동하게 하는 영혼이므로, 영혼으로서 개념의 **보편성**이 자신의 원리에 따른 구별을 통해 **특수성**인 신체를 조직하는 방식이 설명되어야지, 단순히 보편과 특수가 집합과 원소로서 제시되기만 해서는 안된다.

영혼 개념과 더불어, 우리는 자연스럽게 생명 혹은 목적론적 규범성의 형이상학적 근거에 관한 논의로 이행할 수 있다. 근대 자연과학의 인식론적 특권에 기초하는 자연주의의 철학적 입장은 형이상학을 배제하고자 하지만, 그 역시 자연과 그것의 구성 요소인 **사물**에 대한 **물리주의**라는 하나의 형이상학을 표방하고 있다고 할 수 있다. 하지만 목적론은 이와는 전혀 다른 형이상학에 기초한다. 앞서 말했듯이 목적론의 규범성은 기계론으로 환원될 수 없는 자율성을 지녀야 하고, 그러기 위해서는 기계론과 다른 목적론의 규범성 혹은 생명성을 형이상학적으로 근거 지어야 한다. 이것은 좁은 자연주의, 물리주의를 넘어서고자 하는 넓은 자연주의, 생물학주의의 타당성을 주장하기 위해서 해결해야 할 과제이다. 헤겔은 생명을 영혼과 신체로 구분하고, 양자를 통일하는 것이 개념의 질서라고 주장한다. 신체를 구성하는 성분은 기계론적 원소이니,

그것을 관통하는 영혼이 개념을 특징짓는 성격이라고 할 수 있다. 헤겔에 따르면 영혼은 **정신**에 속하는 것이고, 정신철학의 첫 번째 대상이다. 하지만 영혼은 자연에도 내재하는데, 자연에서는 개별 유기체 안에 **무의식적 본능**으로 존재한다. 헤겔은 예나 시절에 셸링의 동일철학을 공유하는데, 이후에도 그는 무기물에서 식물, 동물로 발전하는 자연의 과정이 자연에 내재하는 정신이 스스로를 자각하는 과정이라는 동일철학의 관점을 폐기하지 않는다. 하지만 그는 자연철학의 앞에 『논리의 학』을 뒤에는 정신철학을 위치시키면서, 자연철학의 위상을 제한한다. 그럼에도 불구하고 헤겔은 자연철학의 마지막 절에 대한 강의 내용에서(Enz II, § 376 Z, 408), 자연의 목적은 정신으로 등장하는 것이라고 하면서도, "정신이 자연의 앞에도 뒤에도 있다"고 말한다. 또한 "자연의 목적으로서 정신은 자연 앞에 있으며, 자연은 정신으로부터 나타났지만, 경험적으로가 아니라, 정신이 자신이 전제한 자연 속에 항상 이미 포함되어 있다는 의미에서 그렇다"고 언급한다. 헤겔철학에서 전제란 행위자와 무관하게 이미 앞서 놓여 있는 것이 아니라, 행위자 자신이 산출한 것을 의미한다. 따라서 이러한 헤겔의 언급은 정신이 자연을 산출하고, 산출된 자연 안에 항상 이미 존재한다는 것을 의미한다.

이에 근거해서 세바스찬 가드너는 목적론적 규범성의 근거인 개념의 형이상학적 특성을 **정신**으로 규정한다. 그에 따르면 "규범의 참된 특성은 자율성"이며, "정신, 즉 자기 자신을 자각하는 규범성은 스스로 수립된, 자연으로부터의 자유"(a self-instituted liberation from nature)라는 사실이 헤겔의 통찰이다(Gardner 2007, 37). 또한 그는 "헤겔은 자연 자체가 목적, 즉 정신을 갖는다고 단언한다"고 주장한다(38). 감바로토와 일레테라티는 가드너를 초자연주의자로 분류한다(Gambarotto, Illetterati 2020, 363). 가드너가 규범성을 자연으로부터 **독립된** 초자연적 현실로서 실재하는 정신에서 찾는 것으로 보아서, 그들의 평가는 타당하다. 나는 가드너와는 달리 자연의 규범성은 아직 현실적 정신이 되어서는 안 된다고 생각한다. 왜냐하면 정신은 자연 뒤에 오는 것이며, 자연에 포함되어 있는 정신이라고 헤겔이 표현하는 것은 아직 **자각적인 정신**이 아니라 논리적 이념이기 때문이다. 앞의 인용문에서 자연 앞에 있는 정신은 경험적으로, 즉 **발생적**으로 자연에 선행하는 것이 아니라 정향적 목표로서 그러한 것이다. 말하자면 정신은 자연이 진행하여 도달해야 하는 목표이므로, 자연의 진행에 앞서 정신이라는 목표가 설정되어야 한다는 것이다. 가드너의 주장이 근거하고 있는 이러한 언급들은 헤겔이 강의에서 말한 것들인데, 헤겔은 서술의 엄밀성보다는 수강생들의 이해를 위해 쉽고 단순하게 말했을 수 있다. 본문에는 정신이 자연에 선행한다는 언급은 등장하지 않는다. 헤겔은 어느 곳에서도 과정 밖의 목표를 과정의 원인으로 설명하지 않는다. 헤겔에 따르면 학문은 개념이 자기 자신으로부터 자신의 실재성을 마련할 것을, 즉 **자기 자신으로부터** 자신을 실현할 것을 요구한다(LB, 17: 24-28 / 20f.). 헤겔철학의 체계상 『논리의 학』에서 완성된 절대적 이념은 자연에로 방면되어 자연의 근저에 놓이고, 자연의 과정을 거쳐 자연으로부터 정신이 출현한다. 따라서 자연에 내재하는 것은 아직 정신이 아니라, **절대이념**, 즉 자연의 **실재성**을 관통하는 **개념**이다.

　　자연을 관통하는 **개념**은 규범성으로서 물질과 다른 형이상학적

성질을 지니고 있음이 틀림없고, **정신적**인 것이라고 할 수 있다. 왜냐하면 우리가 물활론을 받아들이지 않는다면, 죽어 있는 물질 밖에서 운동의 원리를 찾아야 하는데, **정신의 본질은 활동성**이기 때문이다. 개념은 타자에 의해 움직여지는, 즉 죽어 있는 기계론적 과정을 **규정**하며, 영혼으로서 기계론적 객체를 관통하면서, 그것을 **유기화**하여 살아 있는 것으로 만든다. 따라서 **개념**은 일종의 **정신**이어야 한다. 하지만 개념은 **실재하는** 정신이 아니라 **논리적**인 것이다. 헤겔은 『논리의 학』의 내용을 자연과 정신이 창조되기 이전의 신의 머릿속에 있는 세계의 설계도라고 비유적으로 말한다. 신의 사유도 정신적인 것이기 때문에, 우리의 정신을 통해 인식될 수 있다. 하지만 헤겔(Enz III, § 381 Z, 22)에 따르면, 자연 속에 방면된 논리적 이념은 **우리의 사유에 의해 인식되는 개념**이지, 자기 자신을 인식하는 정신은 아니다. 행성은 이성적 법칙에 의해 운행되지만, 자신의 이성성을 자각하지 못하고, 유기체도 합목적적 활동을 하지만, 그것을 단지 본능적으로 수행할 뿐, 자신의 활동의 이성성을 자각하지 못한다. 헤겔은 자연의 단계들이 개념에 의해 근거 지어져 있지만, 개념이 물질적 자연 속에서 감각과 결부되어 있는 한, 개념은 자유롭지 못하다고 말한다(Enz II, § 376 Z, 408). 반면 정신은 **자기 자신에 대해서 현존하는 인식**이다. 그것은 자신이 이성적이라는 것, 자신이 정신이라는 것을 자각하는 현실적 정신이다. 반면 자연 속에 있는 개념은 아직 실재하는 정신이 아니라, 단지 그것의 가능성일 뿐이다.

　이러한 체계상의 구분에 충실하는 것은 매우 중요하다. 왜냐하면 그것은 헤겔의 목적이 지니는 형이상학적 요소를 그것이 **초자연적**인 것이라는 오해와 그에 근거한 과도한 비난으로부터 옹호할 수 있기 때문이다. 헤겔은 생명체의 내적 목적을 고찰할 때, 그것을 "무의식적 방식으로 작용하는 목적 활동"으로서 고찰해야 한다고 말한다(Enz II, § 360 A, 473). 그는 또한 생명체는 물론 자연에서 개념이 실존하는 최고의 방식이지만, 여기서도 역시 개념은 단지 잠재적(an sich), 즉 무의식적으로 있을 뿐이라는 점을 강조한다(Enz II, § 376 Z). 자연철학의 도달점인 정신철학의 관점을 통해서 보아도, 자연철학에서의 목적은 아직 자기의식적 정신이 아니라는 사실이 분명히 드러난다. 정신철학의 첫 번째 대상으로서 최초의 정신의 형태인 **영혼**은 **자연적 정신**, 즉 아직 자연성에 묶여 있는 본능적인 정신이다. 그것은 주체 속에 **의식적**으로 내재하는 것이 아니다. 자연적 정신으로서 영혼은 인간 주체에 내재하더라도, 외부의 자연에 의해 규정되는 **무의식적** 정신 상태를 말한다. 가령 행성의 운동에 의해 사시사철과 하루의 시간이 형성되어 그에 따라 느껴지는 기분이나, 지리적, 기후적 상이성에 의해 지배되는 인종적, 민족적 기질과 같은 것을 말한다(Enz III, §§ 392, 393, 394). 이같이 정신의 가장 낮은 단계가 아직 자기의식적 정신으로 출현하지 못하고 여전히 자연적인 성격에 지배되는 무의식적 본능이라면, 그 이전의 자연에서는 의식적 정신이 존재하지 않는다는 사실이 유추될 수 있다. 따라서 감바로토와 일레테라티가 주장하듯이 헤겔이 자연과 자유의 관계를 현상계와 예지계의 칸트적 이분법을 넘어서 생각했더라도, 우리는 그가 자연과 자기의식적 정신 사이의 구별을 제거했다고 생각해서는 안 된다. 자연에는 자기의식적 정신이 존재하지 않는다. 동물적 영혼도 물질적 자연인 신체와 이미 항상 결합되어 있지, 그것으로부터 독립할 수 없다. 자연의 실재성을 규율하는 개념적 규범성은 아직 자연으로부터 해방되지 못하고, 자연 속에 잠겨 있는 정신이다. 따라서 이러한 모종의 정신은 자연에 내재하기 때문에 **초자연적**인 것이 아니다.

헤겔에게 **개념**은 자연과 정신의 **실재성**으로부터 **자율적**일 뿐만 아니라, 실재성을 규율하는 **규범성**이다. 맹목적인 인과적 과정과는 달리 특정한 **자연법칙**은 다른 질서와 구별되는 고유한 자율적 질서를 형성한다는 점에서 **규범적**이다. 이 자연법칙을 규범적이게 하는 것은 개념이다. 왜냐하면 개념은 자연을 관통하면서 자연을 구조화하고 자연의 근본 질서를 규율하기 때문이다. 자연법칙은 이러한 개념 논리가 형성하는 근본 질서의 추상적 측면이다(Neuser 2004, 30). 법칙으로 파악할 수 없는 유기체의 영역에서는 **합목적성**이 규범이며, 이때 목적은 실존하는 개념에 다름 아니다. 정신에서는 목적이 의식적 형태로 현상하지만, 거기서도 목적의 본질은 **개념**이다. 헤겔철학 체계의 제3부를 형성하는 정신철학은 자연철학과 마찬가지로 거기서 논리적 이념이 실현되는 **실재철학**이다. 정신은 **실재적**인 것이며, 정신의 실재성도 **개념**에 의해 규율된다. 따라서 이러한 정신은 자연의 규범이 될 수 없다. 의식적 정신은 자의적 선택을 통해 규범을 어길 수 있지만, 자연에는 의식적 정신의 자의적 의도가 개입될 여지 없이 철저히 필연성이 관철된다. 하지만 이 필연성은 기계론의 맹목적 필연성이 아니라, 궁극적으로 개념에 의해 통제되는 목적론적 질서에 의해 지배된다. 가드너가 말하는 자연의 근저에 놓인 정신이 객관적이고 필연적인 것이라고 할 지라도, 자연의 필연성에서와는 달리 정신에서는 자의에 의한 규범의 저촉 가능성이 원리적으로 열려 있다. 물론 자연도 개념의 규범을 벗어나는 일이 있지만, 그것은 자연의 능동적 위반이 아니라, 자연의 타자성에서 말미암는 "자연의 무기력"(Ohnmacht der Natur) 때문이다. 헤겔은 개념이 장악할 수 없는 물질의 특수한 측면이 있다는 것을 인정한다. 하지만 자연의 **규범**으로서 **개념**은 자연의 **실재성**에 전방위적으로 폭넓게 작용한다.

우리는 헤겔이 **정신**의 자연 내재성을 주장했다고 생각해서는 안 되며, 그런 주장과 함께 그를 초자연주의자로 분류해서도 안 된다. 초자연주의라는 명칭은 유물론을 근본 입장으로 하는 자연주의자들과 대립된 입장을 지칭한다. 자연주의자들은 초자연주의자들이 자연 초월적인 (supernatural) 요소를 자연 속에서 주장한다고 비난한다. 하지만 헤겔은 유물론적 자연주의에 반대하지만, 목적을 초자연적인 것으로 간주하지는 않는다. 그는 목적론의 서두에서, 현대 자연주의들의 비판을 예견이나 했듯이 이 문제를 다루고 있다(LB 183: 26-30 / 155). 헤겔에 따르면 자연주의자들의 비판은 **외적** 목적론에서나 타당하며, 그것도 목적에 외적인 객체가 목적에 "외적이고 우연적인 것"(ein Äußerliches, Zufälliges)을 내용으로 가질 때만 타당하다(LB 185: 20 / 156). 하지만 목적이 객체에 내재하는 **내적** 목적론에서는 자연주의의 비판이 타당하지 않다. 오히려 헤겔은 자연주의가 고수하는 기계론이 불충분하기 때문에, 유의미한 자연 해석을 위해 목적론이 필요하다는 사실을 논증한다.

목적론에 대한 오해만큼이나 목적론의 규범성에 대한 오해는 불식되지 않고 있다. 오해는 자연의 규범성으로서의 정신을 **의식적**인 것으로 간주하는 데에서 기인한다. 우리는 지금까지 헤겔철학 체계상의 구분을 통해 자연의 규범이 모종의 **정신적**인 것이지만, **의식적** 정신은 아니라는 점을 분명히 하였다. 가드너의 정신이 자의적인 심리 상태나 작용을 말하는 것이 아니라고 하더라도, 의식적 정신은 자연을 규정하고 조직화하는 원리가 될 수 없다. 하지만 통상적인 용어 사용에 따르면 정신은 의식적인 것으로 간주되므로, 오해를 피하기 위해 우리는 자연의 규범성을 '**논리**'로 칭하면서 '정신'과 구별할 필요가 있다. 물론 여기서 논리는 한갓된 주관적 사고의 규칙이 아니라 **존재 규정**이면서 모종의 **정신**으로 이해되어야 한다. 이러한 내용을 함축하는 '논리'는 초자연적인 것이 아니라 자연 내재적인 것으로 간주됨으로써, 자연의 규범성으로서의 체계적인 위상에 대한 적절한 이해를 제공할 수 있을 것이다.

자연주의자들은 자연에는 물리적 인과만 있고 그에 독립적인 정신적(mental), 생기적 원인은 없다고 주장한다. 하지만 그들도 **논리**는 자연화될 수 없는 **자율적**인 것임을 인정한다(Papineau 2021, Section 1.8). 헤겔의 목적론에서 개념 논리는 물질의 기계적 인과성으로 환원될 수 없는 **자율성**을 지니며 오히려 그것을 규율하는 **규범성**을 형성한다. 그것은 주관적인 것, 심리적인 것이 아니며, 생기론적 실체도 아니다. 논리는 자연과 정신, 주관과 객관의 구분에 선행하는 것이며, 그것을 관통하는 절대적인 보편성이다. 논리적 규범성이 지니는 자율성의 형이상학적 특징은 정신적인 것이라고 할 수 있다. 하지만 그것은 규범으로부터의 자의적 이탈이 가능한 실재적 정신이 아니라, 물질을 초월해서 그것을 규율하는 모종의 정신이다. 자연을 관통하는 개념이 지니는 형이상학적 성격은 칸트의 범주와 유비적으로 이해될 수 있다. 범주가 인식의 조건이자 규범이듯이, 개념은 존재의 구조다. 범주가 직관을 결합하는 방식이듯이, 개념은 실재성을 구조화하는 방식이다. 범주와 같이, 혹은 그 이상으로 헤겔의 개념은 객관을 구조화하는 형이상학적 의미를 지닌다. 하지만 그것은 범주와 마찬가지로 내재적 형이상학이다.

　　이같이 목적론의 규범성이 존재를 구조화하는 논리로서 간주될 때, 목적론에 제기되는 많은 문제들이 해결된다. 논리적 규범성은 유기체의 생리학적 구조와 번식의 과정에 공시적이며 통시적으로 두루 적용되면서, 양자 중 한 측면에만 치중하는 관점보다 탁월한 설명력을 제공하며, 규범성에 주관적 가치가 개입된다는 비난으로부터도 자유롭다. 또한 번식에서 개별 유기체의 자기희생을 통한 종의 보존과 같은 문제에서 나타나는, 개체와 종의 보존 간의 충돌을 보편과 특수의 위계를 구별함으로써 모순 없이 설명할 수 있고, 사실을 초월하는 논리를 통해 사실과 규범을 구별하지 못하는 문제를 회피할 수 있다. 이같이 헤겔의 논리적 규범성은 물질적 제한을 벗어나 광범위한 타당성을 지니면서도, 물질을 구조화하는 **구성적** 힘을 지닌다. 헤겔은 칸트가 『순수이성비판』에서 경험의 가능 조건에 부여한 구성적 힘을 유기체의 합목적성에 부여한다. 칸트주의자 한나 긴스보르그(Ginsborg 2006, 463-467)는 목적론적 **규범성**의 **구속력**이 이것을 가능케 한다는 사실을 논증한다. 그녀는 경험적 인식에서 경험 조건이 **규범성**으로 작용하듯이, **유기체**에서도 질료(특히 형성력을 가진 유기적 질료)와 그것의 근거 사이에 **규범적** 관계가 존립할 수 있다고 주장한다. 그녀는 이같이 "유기체를 자연적 규범성을 현시하는 것으로 개념화"함으로써, 목적에 의식적 설계를 부여함이 없이, 칸트가 말하는 기계론과 목적론의 결합을 구성적으로 설명할 수 있는 가능성을 제시한다. 칸트의 문제를 해결하기 위한 그녀의 시도는 목적을 수단의 결합의 규범적 근거로 만듦으로써, 결국 목적 개념과 기계론적 분지들 사이의 **규제적** 결합이 아니라 **구성적** 결합을 논증하는 것이다. 하지만 이것은 이미 칸트철학의 지평을 넘어서는 헤겔적인 해석이다. 이같이 칸트주의자들조차도 목적론에 대한 규제적 해석, 목적론의 발견법적 위상의 불충분성을 느끼면서, 객관적인 구속력을 갖는 목적론을 희망하고 있다(최준호 1998, 241-244). 나아가 유기체가 우리로 하여금 목적 개념을 생각할 수 밖에 없도록 만든다는 점에서, 칸트의 목적 개념을 우리의 주관적 해석 원리를 넘어서 사물 자체에 귀속하는 것으로 해석하려는 시도도 있다(박찬국 2004, 317 주 19). 이러한 희망과 시도는 칸트의 문제에 대한 헤겔적 해결을 지시하고 있다. 헤겔의 해결책의 핵심은 목적 개념을 자신을 특수로 분화하는 보편 개념으로서 논리적으로 방법론화한 것이다. 헤겔은 합목적성을 개념 논리적으로 구조화함으로써, 목적론을 자연의 **객관적 질서** 내지 **규범**으로서 논증한다. 나아가 그는 기계론과 목적론을 차별적 방식으로 규정하여 기계론을 목적론에 종속시킴으로써, 생물학이 물리화학으로 환원될 수 없는, 자신의 고유한 질서를 갖는 **자연과학**임을 증명한다.

3장

목적론의 쟁점들

생물학자에게 목적론은 첩실과도 같은 것이다. 그는 그녀 없이는 살 수 없다. 하지만 그는 그녀와 함께 공공연한 장소에서 눈에 띄기를 꺼린다.

― J. B. S. Haldane

전통 목적론이 현대의 자연과학적 설명에서도 현재성을 지닌다
는 사실을 인정하는 학자들은 목적론을 자연과학이 표방하는 자연주의
와 합치시키려고 한다. 오늘날 전통 목적론을 현대 자연과학과 조화시키
려는 노력은 목적론을 자연화하려는 시도로 나타난다. 여기에는 한편으
로 노골적 자연주의와 같이 규범성을 제거하고 목적론을 자연화하려는
시도가 있는가 하면, 다른 한편으로 넓은 자연주의와 같이 그러한 좁은
의미의 자연화는 목적론적 자연의 규범성을 설명할 수 없기 때문에, 자
연화의 의미가 보다 확대되어야 한다는 주장도 있다. 이러한 논쟁은 자
연을 어떤 것으로 보느냐의 물음과 관련된다. 그것은 한편으로 목적론을
자연화하려고 시도하는 자연주의의 성격과 종류를 해명하는 문제이고,
다른 한편으로 규범이 어떻게 자연에 관계하며, 어떤 의미에서 자연적이

라고 할 수 있는지, 혹은 그런 의미에서 자연화될 수 있다고 할 수 있는지를 해명하는 문제다. 나는 앞 절에서 헤겔이 주장하는 개념의 내재적 형이상학을 통해서 이 문제들에 대한 포괄적인 답변을 제시했다고 생각한다. 헤겔의 논리적 규범성은 넓은 자연주의가 고민하는 생명의 특성을 목적론적 고찰 속에 포함시킬 수 있었다. 이 장에서는 이러한 세부적 고찰을 기초로 하여, 오늘날 목적론을 자연화하는 시도의 대표적인 사례로서, 생물학자들의 텔레오노미와 생물철학자들의 유기체적 기능이론이 안고 있는 문제를 탐구할 것이다. 이를 통해 오늘날 목적론의 자연화 시도들이 칸트와 헤겔의 목적론을 축소시키고, 그것이 드러내는 생명현상의 풍부함을 감소시킨다는 사실이 적시될 것이다. 다윈의 진화론은 목적론의 자연화를 표방하기보다는 반목적론을 주장하는 이론이지만, 텔레오노미의 사상적 토대를 형성하고 그것과 유사한 문제를 안고 있기 때문에, 텔레오노미와 함께 논의될 것이다.

기계론적 자연과학이 목적론을 비과학적 형이상학으로 간주하여 몰아내 버렸지만, 기계론은 생명현상을 설명하기에 부족한 이론이었다. 생명현상을 설명하기 위해 목적론은 불가피한 것으로 느껴졌지만, 목적론을 학문적 논의에 끌어들이는 것은 생물학자들에게는 부담이었다. 그래서 생물학은 목적론이 주장하는 **목적**을 형이상학적 요소로 간주하여 제거하고, 생명현상의 설명을 위하여 **합목적성**만을 인정하는 방식으로, 목적론을 자연과학에 부합하게 재형성하려고 시도하였다. 이러한 **목적 없는 합목적성**을 위해 텔레오노미라는 용어가 도입된다. 하지만 텔레오노미는 합목적성의 근원으로서 목적 대신 유전 프로그램을 제시하는데,

이와 더불어 합목적성이 유전 프로그램 같은 기계론으로 온전히 환원될 수 있는가 하는 문제가 제기된다. 결국 텔레오노미는 기계론과 목적론적 현상 간의 결합을 설명하는 데 있어서 문제를 드러낸다.

　다른 한편으로 철학에서는 20세기 중반 논리실증주의가 목적론의 자연화를 시도한 이래, 목적론을 자연주의적으로 재구성하려는 시도가 지속되고 있다. 이러한 시도는 생물학적 **기능**을 둘러싼 논쟁을 통해 진행된다. 생물학적 형질의 기능을 진화론에 기초하여 기원론적으로 설명하려는 시도와 생리학에 기초하여 성향론적으로 설명하려는 시도가 대립을 이루고, 최근에 양자의 종합을 자처하는 **유기체론**이 대두되었다. 유기체론은 칸트의 입장을 계승하고 있다고 주장하지만, 내 생각에 유기체론은 칸트의 입장과 함께 성향론에 귀속되어야 한다. 양자의 종합은 오히려 헤겔의 입장에서 찾아져야 하지만, 생물철학자 대부분에게 헤겔의 입장은 알려져 있지 않다.

　생물학자들은 생명현상의 고유성을 주장하기 때문에, 기계론으로 온전히 환원되지 않는 생명현상을 긍정하는 **생물학적** 자연주의의 관점을 취한다. 하지만 대부분 **생물철학자**는 목적론을 **기계론**적 과정으로 설명하는 것을 자연주의적 해석이라고 생각하는 경향이 있다. 이들은 칸트가 조심스럽게, 그리고 헤겔이 야심 차게 제시한 생명에 대한 목적론적 설명의 풍부함을 기계론적으로 형해화하고는, 자연과학에 적합한 목적론을 제시했다고 자부한다. 앞서 언급했듯이 마이어는 칸트의 철학이 근본적으로 기계론적 입장에 서 있다는 점을 비판했다. 기원론과 성향론을 종합하는 유기체론은 칸트의 목적론에서 목적론적 측면이 주장하는 목적 개념을 무시하고, **기계론**적 측면의 결합만을 주제화한다. 나는 유기체론에 대한 비판적 고찰을 통해, 현대의 생물학 철학이 칸트와 헤겔의 목적론이 제시하는 목적론을 기계론으로 환원함으로써, 생명현상의 풍부함을 얼마나 감소시켰는지를 보여 줄 것이다.

1. 목적 없는 합목적성으로서 다윈 진화론과 텔레오노미

엘리엇 소버는 다윈이 목적론적 개념들을 추방하는 대신, 그것들이 어떻게 자연주의적 틀 안에서 이해될 수 있는지를 보여줌으로써, 과학적 유물론의 원칙을 개진하였다고 주장한다(소버 1993, 166). 하지만 나는 앞 장의 3절 3항 유적 과정에 관한 서술에서 자연주의를 소개할 때, 자연주의는 자연의 구성 요소가 물질뿐이라는 점에서 유물론이지만, 유물론으로서의 자연주의 안에서 **물리주의적** 자연주의와 **생물학적** 자연주의가 구별되어야 함을 언급했다. 생물학자들은 물리 화학적 과정으로 환원될 수 없는 생명의 고유성을 주장하기 때문에, 그들이 다루는 생명현상이 자연의 한 부분으로서 물질적인 것이긴 하지만, 물리학이 다루는 물질적인 것은 아니라는 점을 강조한다. 그들은 생물학이 물리학으로 환원될 수 없는 고유성을 가지고 있다고 주장한다. 이 책의 서론에서 서술하였듯이 생물학자들은 기계론과 생기론을 모두 거부하고 유기체주의를 주장한다. 마이어에 따르면 **물리주의**는 다윈의 연구가 철저히 거부한 **본질주의** 철학에 기초하고 있다(마이어 1991, 71). 마이어(마이어 2004,

51)는 물리학에서는 자연법칙이 핵심적인 내용을 형성하지만, 생물학의 이론 형성에서는 법칙이 중요성을 덜 갖는다고 주장한다. 그 이유는 생물학 안에서는 우연과 무작위성이 더 큰 역할을 하며, 생물계에서 일어나는 현상들이 역사적이고 매우 독특하기 때문이다. 다윈은 그의 저서 『종의 기원』의 "종의 기원에 대한 학설 진보의 역사적 개요"라는 서문에서 아리스토텔레스가 보고하는 엠페도클레스의 기계론적 주장, 즉 음식물을 자르는 데 쓰이는 앞니는 뾰족하게, 음식물을 갈기에 적합한 어금니는 넓적하게 생겨나는 것은 **우연성**에서 그렇게 만들어지고 보존된다는 주장을 아리스토텔레스의 것으로 오인하면서, 그것이 자신의 **자연선택**의 원리를 어렴풋이 예견하고 있는 것이라고 주장한다(다윈 1859, 20 주 1). 다윈은 생명현상의 다양한 사례들을 통해 논증하면서 자연의 많은 사건들이 **우연성**에 지배된다는 점을 강조한다. 이로써 그는 생명현상을 추상적 자연법칙으로 단순화하지 않고 그것의 풍부한 내용을 포착했다고 주장한다.

　　이러한 주장과 함께 다윈주의 진화론은 목적론을 반대한다. 다윈 당시 과학의 지배적 모델은 물리학이었고, 생물학이 자연과학이 되기 위해서 물리학과 같이 생명현상을 물질적인 것으로 설명해야 했다(마이어 2001, 156). 다윈은 **목적**을 **의도**로 간주하였고, 생명현상에 대한 설명에서 몰아내야 한다고 생각했다. 다윈주의는 **정신적인 것**으로 이해된 **목적론**을 자연에 대한 설명으로부터 축출하기 위해, 기계론과 연합 전선을 펼친다. 다윈은 정밀과학으로서 물리(학)주의가 지니는 환원과 필연적 법칙 같은 요소를 거부하지만, 유기체를 그것 **외부의 원인**과 **우연성**

에 의해 유기적 통일성을 상실한 **기계**로 생각하는 모종의 **기계론**을 주장하고 있다고 볼 수 있다. 진화론적 목적론 같은 현대의 생물학 철학의 모델에서도 나타나는 경향이지만, 진화론은 통시적 구조 속에서 형질의 자연선택을 설명하기 때문에, 공시적 구조 속에서 진행되는 기관들의 상호작용과 같은 유기적 조직의 특성을 설명하는 데 부족함이 있다. 다윈의 진화론의 **반목적론적** 성격은 칸트와 헤겔이 주장하는, 목적 개념으로부터 기관들의 **생리학적 분화**와 그것에 기초해 유기체가 환경과의 상호작용을 통해 적응과 진화에 있어서 수행하는 **능동적 역할**을 설명하지 못한다. 목적론을 제거한 진화론은 목적론에 의해 묘사되는 생명현상의 **합목적성**을 상실하기 때문에, 형상과 동화, 번식에 있어서 유기체의 능동적 역할을 통한 **유기적 통합**을 해체시키는 것으로 보인다. 다윈으로부터 출발해서 20세기 중반에 완성된 종합진화론은 기계론을 거부하지만, 에른스트 헤켈(E. Haeckel)은 다윈을 지지하면서, 자연에서 일어나는 모든 현상의 원인은 단순히 **기계적인** 원인에 의해 일어나는 것이지, 목적 원인에 의해서 일어나는 것은 아니라고 주장한다(마이어 1991, 85). 다윈이 엠페도클레스의 **기계론**을 자신의 **자연선택** 원리와 유사한 것이라고 평가한 것도 그의 진화론이 **반목적론적** 성격을 지니는 데서 기인한다. 다윈은 기계론의 환원주의와 결정론을 반대하지만, 반목적론과 함께 그의 설명은 생명에 고유한 유기적 합목적성을 상실하고, 모종의 **기계론**으로 전락한다고 할 수 있다.

자연선택에서는 유기체가 자신의 보존을 위해 수행하는 목적 활동적 측면은 고려되지 않는다. 다윈 진화론에서 유기체는 **변이**라는 내적 환경과 기후, 포식자 등의 외부 **환경**의 결합이 일어나는 장소로서의 의미를 지닌다. 다윈은 **변이**를 통해 유기체를 산출하는 유기체의 내적 과정과 유기체의 적응을 결정하는 **환경**이라는 외적 과정을 엄격히 구별한다. 다윈의 진화론에서 유기체의 변이는 유기체의 특정한 형질을 선택하는 환경에 따라 발생하는 것이 아니라, 변이가 선택에 선행하여 발생한다. 마이어에 따르면 자연선택은 한 개체군 안에서 외부 환경의 변화에 잘 적응할 수 있는 변이를 가진 개체들이 살아남고, 그렇지 않은 개체들은 도태되는 방식이 반복됨으로써, 매우 완만한 종의 변화가 일어나는 과정을 말한다(마이어 2001, 243). 자연선택에서 유기체의 생애주기 동안 표현형의 생존 선택이나 성 선택 같은 비임의적 요소들이 역할을 하기는 하지만(마이어 2001, 241), 주로 임의적으로 형성되는 변이 중 유기체의 생존에 적합한 변이를 **자연**(환경)이 임의적으로 **선택**한다. 따라서 유기체의 **내적 과정**은 전혀 특정한 성질을 선택하는 외적인 **환경에 응답**하여, 즉 환경 변화에 능동적으로 대처한 결과로서 형성되는 것이 아니다. 그렇다면 자연선택의 기계적 과정은 그야말로 **눈먼 필연성**에 의해 진행되는 반목적론적인 과정이라고 할 수 있다. 앤드루 아리우(Ariew 2007, 180)는 다윈 이론의 반목적론이 지닌 **기계론적** 성격을 비판한다. 그에 따르면 다윈 이론이 한편으로 개체의 성장 조건과 다른 한편으로 형질을 선택하는 외적 조건을 절대적으로 구별한다면, 그것은 개체의 성장을 결정하는 조건에 대해서는 침묵할 수밖에 없다. 또한 **눈먼 필연성**이 유일한 추동력이라면, 발전, 적응과 같은 생물학의 근본 물음은 이해 불가능한 것으로 남겨질 것이며, 기계론적 과정들을 결합하는 설명은 **과**

정을 특수한 **목적**과 결합하는 근본 원리를 결여하게 될 것이다. 왜냐하면 기계론자들은 한 기계론적 과정을 다른 과정으로부터 구별하는 원리를 가지고 있지 못하기 때문이다. 기계론만으로는 살아 있는 신생아로 귀결되는 과정과 그것에 실패하는 과정도 구별하지 못할 것이다. 우리는 이러한 기계론의 한계를 이미 앞에서 프실로스가 목적론이 기계론을 규정하는 원리라는 헤겔의 주장을 긍정할 때 확인하였다.

　　　다원주의가 이해하는 목적론은 진화가 미래의 목표를 향하여 진행된다는 정향진화설과 같은 것이다. 다원주의는 목적론이 진화를 이같이 목표를 향해 가는 일종의 **법칙**으로 간주한다고 생각한다. 그래서 다원주의는 그렇게 생각된 목적론에 반대하여, 우연적인 변이와 자연선택에 의해 종변화가 일어나며, 진화의 시작과 끝은 **우연**일 뿐이라고 주장한다. 다원주의는 유기체와 환경 세계 사이의 관계가 우연적 요소에 의해 단절될 수 있고, 그 관계를 **필연적 법칙**에 따라 규정할 수 없다는 사실을 강조함으로써, 법칙으로서의 목적론을 무력화하고자 한다. 하지만 우리는 다원주의가 이해하는 목적론이 칸트와 헤겔의 목적론과는 전혀 무관하다는 사실을 쉽게 알아챌 수 있다. 칸트와 헤겔은 모두 유기체 내에서의 목적, 즉 **내적 목적론**을 주장했지, 유기체 밖에 어떤 의도에 의해 설정된 목표를 상정하지 않는다. 이것은 아리스토텔레스의 목적론을 포함하여 어떤 진정한 철학적 목적론도 주장하지 않는 내용이다. 그래서 제임스 레녹스는 목적론을 올바로 이해한다면, 그것은 다윈 진화론과 합치한다고 주장하면서, 다윈이 목적론자였다는 사실을 논증한다(Lennox 1993). 실제로 유기체 밖에 설정된 목적을 제거해 버리면, 다윈의 진화론

속에서 목적론적 요소를 발견할 수 있다. 프란시스코 아얄라는 진화의 전체 과정은 그것이 특정한 유전자를 생산하는 방향을 지향한다는 의미에서 목적론적인 것이라고 할 수는 없지만, 한 개체군의 진화가 환경에 대한 적응도를 향상시키는 유전자를 산출하는 것을 목적적으로 지향한다는 의미에서 목적론적인 것이라고 할 수 있다고 주장한다(Ayala 1970, 11). 아리우(Ariew 2007, 179)는 다윈주의가 더 이상 전통 목적론의 용어를 사용하지는 않지만, 목적론적 내용은 그대로 포함하고 있다고 주장하면서, 다윈 진화론을 현대 과학철학적으로 변형한 진화론적 목적론을 통해 그러한 사실을 논증한다. 말하자면 목적론에서 오기능의 형질은 **목적**을 성취하지 못한 것이지만, 진화론적 목적론이 표방하는 다윈주의는 오기능의 형질을, 그 형질을 과거에 선택하게끔 했던 기능을 그 형질이 현재 수행하지 못하는 것이라고 설명한다. 여기서는 **목적**이라는 형이상학적 개념이 제거되고, **생존에 기여함**이라는 진화론적 사실만으로 형질의 고유 기능이 설명된다. 이같이 다윈의 진화론에 대한 목적론적 해석은 끊임없이 제기되어 왔다.

다윈은 목적론을 자연에 의도를 도입하려는 시도로 이해하여 반목적론적 태도를 취하고자 했지만, 그의 이론이 사용하는 용어는 많은 목적론적 표현들을 포함하고 있다. 그는 자연선택을 유기체의 보존을 위해 **유익한** 변이를 보존하는 것이라고 정의하는데(다윈 1859, 96), 이것은 앞 장의 3절 3항에서 살펴보았듯이 목적론을 넘어서 **규범성**에 대한 주장을 포함하는 것이다. 하지만 기셀린은 다윈의 진화론적 설명은 적응, 기능, 유용성 등과 같은 목적론의 어휘와 목적론적 설명을 포함하고 있지만, 그것은 외관일 뿐 다윈이 본래 말하고자 한 것은 반목적론적인 것이라고 주장한다(Ghiseln 1994). 실제로 생명현상을 설명하려는 다윈 진화론의 설명방식은 **기계론**적인 것이고, 다윈의 진화론에 대한 목적론적 해석들이 지시하고 있는 것은 다윈 자신이 기계론으로 환원함으로써 그것의 풍부함을 감소시켜버린 생명의 **원사태**인지도 모른다. 다시 말해서 다윈 진화론의 목적론적 해석들은 다윈 진화론의 기계론적 설명이 대상으로 삼는 생명현상의 **본래 모습**을 지시하면서 목적론적이라고 주장하고 있는 것이라고 할 수 있다. 마이어는 자연선택의 대상이 궁극적으로 **유전자형**과 **환경**의 상호작용의 결과물인 **표현형**이라고 하면서, 어떤 종들은 표현형이 환경에 맞추어 자신을 조정하는 **가소성**(plasticity)이 매우 높다는 사실을 지적한다(마이어 2001, 258). 이러한 지적은 이미 앞 장의 3절 2항에서 웨스트-에버하드의 새로운 적응 이론을 통해 제시된 적이 있는, 적응에 있어서 유기체의 능동적인 역할을 시사하는 내용이라고 할 수 있다. 하지만 다윈주의는 자연선택에서 내적 과정의 반응 능력을 적극적으로 고려하지 못하고, 주로 유기체 **외부의 원인**을 유기체 변화의 근본 원인으로 설명한다. 기계론에 대한 헤겔의 서술이 보여 주었듯이, 변화의 원인을 외부에 갖는 것은 기계론적 과정이다. 전통적으로 목적론은 생명이 자기 자신 안에 자신의 운동의 원리를 갖고 있는 것으로 파악한다. 이런 점에서 다윈 진화론은 일종의 **기계론**이라고 할 수 있다.

이상에서 살펴본 것처럼 다윈에게 진화는 순전히 **반목적론적**인 선택 원리에 따라 **우연적**인 발생의 우연적인 결과로서 일어나는 종 변화이다. 다윈의 서술은 실로 여기저기서 적응, 기능, 유용성 등 목적론적인 어휘들을 사용하고 있지만, 이러한 현상들은 다윈에게 있어서는 언제나 목적이 동반되지 않는 선택 과정의 결과로서 등장한다. 이 과정은 목적에 의해 이끌리는 것이 아니라, 생존을 위해 유용하지 않은 것이 자연적으로 도태되는 아무 (목적론적인) 의미 없는 과정일 뿐이다. 특정한 형질들이 생존을 위해 합목적적이고 생존이 특정한 형질의 목적인 것처럼 보이는 것은 언제나 **나중에** 그렇게 보이는 것이다. 다윈의 자연선택에서는 유기체의 특정한 행위 방식이나 형질이 자연과의 상호작용을 자기 방식으로 조절하는 것이 아니다. 거기서는 임의적인 **자연환경**이 자신에 적합한, 임의적으로 형성된 **변이**를 선택한 결과, 양자의 상호작용의 결과로서 유기체가 생존하고, 그럼으로써 유기체 속에 있는, 그 변이에 상응하는 형질이 선택된다. 다윈은 자연선택이 비유적인 표현이라고 말하지만(다윈 1859, 97), 자연선택에서는 유기체가 자연환경을 자신의 방식에 따라 조절함으로써 선택하는 것이 아니라, **자연환경**이 자신에 적합한 형질을 지닌 유기체를 생존케 함으로써 형질을 **선택**한다. 거기서 변화의 궁극 원인은 유기체의 목적 활동이 아니라, 변이와 환경 변화라는 기계론적 요소이다. 따라서 유기체는 이 과정의 결과일 뿐이며, 과정이 **종료된 후에나** 과정은 유기체를 **위한** 과정처럼 보인다. 마이어(마이어 2004, 95)는 자연선택이 최적화 과정이지만 명확한 목적을 가지고 있지 않으며, 많은 우연성의 개입 때문에 목적론적이라고 할 수 없다고 주장한다. 또한 적응에서의 어떠한 개선도 목적론적일 수 없는데, 그 이유는 특정한 변화가 적응에 기여하는 자격을 갖추고 있는지는 진화가 일어난 **후에나** 결정되기 때문이다. 최적화와 적응 같은 합목적적 현상을 목적 없이 설명하려는 다윈주의의 이러한 특징을 슈패만과 뢰브는 『판단력비판』의 표현을 빌려 **목적 없는 합목적성**이라고 표현한다(Spaemann, Löw 2005, 181f.).

하지만 목적 없는 합목적성은 미학적인 설명과 같은 것과는 대조를 이루고 싶어 하는 생명에 대한 과학적 설명을 위해서는 불충분하다. 생명체가 생물학적 프로그램에 의해 조정되고 그에 따라 목적을 지향하는 것은 실체를 갖지 않는 단순한 가상이 아니다. 또한 이미 도달된 것이 전적으로 보다 합목적적인 것에 의해 대체되는 최적화 과정은 목적론적인 것이라고 할 수 있다. 게다가 특정한 형질이 나중에야 적응에 기여한 것으로 판명난다고 하더라도, 본래 그러한 사태가 합목적적으로 발생한 것이고, 나중에 비로소 인식된 것이라고 할 수 있다. 다윈주의가 적응에의 기여를 언제나 나중에 판명되는 것이라고 강조하는 이유는 다윈주의가 목적론을 미래 시점에 목표가 존재한다고 상정하는 정향진화론과 같은 것으로 간주하기 때문이다. 말하자면 적응은 미래 시점의 목표에 적합한 형질이 선택되는 것이 아니라는 것이다. 하지만 이러한 주장은 목적론에 대한 잘못된 이해에 기인한다. 이러한 반론들에 대하여 마이어는 더 이상 부정적으로 대응하지 않는다. 왜냐하면 그는 목적론적 현상의 원인, 즉 유전 프로그램을 끌어들이기 때문이다. 마이어는 목적 개념을 유전 프로그램으로 대치하면서, 자연과학적으로 재구성된 목적론인 텔레오노미(teleonomy)를 제시한다. 텔레오노미와 함께 유전 프로그램이라는 생물학적 실체를 목적 개념으로 갖는다면, 합목적적 현상을 가상이라고 할 필요가 없고, 최적화 과정과 형질의 적응도 목적론적이라고 긍정할 수 있다. 이에 대해 자세히 탐구하기 전에 이 용어의 도입 배경을 먼저 살펴볼 필요가 있다.

다윈이 당대에 느꼈던 것과 마찬가지로 20세기의 생물학자들도 목적론을 자연을 의인화하는 것이라고 생각했기 때문에, 목적론을 금지하고 기계론적으로만 생명현상을 설명하도록 강요받았다. 그래서 사람들은 바다거북이 알을 낳기 **위해서** 해변으로 온다고 목적론적으로 표현해서는 안 되고, 바다거북이 해변으로 **오고** 알을 낳는다고 말해야만 했다. 그럼에도 불구하고 목적론 없이 생명현상이 설명될 수 없기 때문에, 생물학자들은 생명현상에 대한 목적론적 설명이 불가피하다는 사실을 인정해야만 했다. 하지만 그들은 비과학적이라고 낙인찍힌 단어 "목적론"을 그래도 사용할 수는 없었다. 1958년에 콜린 피텐드라이(C. Pittendrigh)는 "텔레오노미"라는 새로운 용어를 고안함으로써 목적론이라는 개념이 지닌 형이상학적 부담으로부터 벗어나고자 했고, 마이어가 상세하게 정의하면서 텔레오노미는 한때 목적론을 대체하는 용어로 보편적으로 사용되었다. 이로써 생물학자들은 합목적적 생명현상을 목적론적으로가 아니라 텔레오노믹하게 설명할 수 있다고 생각하게 되었고, 이제 **텔레오노믹**한 의미에서 바다거북이 알을 낳기 **위해** 해변으로 온다고 말할 수 있게 되었다. 이제 그들에게 텔레오노미는 전통 목적론의 '애니미즘적이고 마술적인 사유'로부터 해방된 자연화된 목적론으로 간주되었다.

마이어는 텔레오노믹한 과정을 "그것의 목적지향성이 프로그램의 작용에 기인하는 과정이나 태도"라고 정의하였다(마이어 1979, 207).

이 정의는 두 가지 특징적인 구성 요소로 이루어져 있다. 한편으로 텔레오노믹한 과정에서 "목적지향성"이 있다는 것이고, 다른 한편으로 그것이 "프로그램"에 의해 조종된다는 것이다. 하지만 마이어는 목적지향성이라는 요소는 현실적인 것이 아니라 단지 그렇게 보이는 것일 뿐이라고 말한다. 말하자면 텔레오노믹한 과정은 **외관상**으로만 목적지향적, 즉 목적론적이다. 하지만 사실상 이러한 외관은 유전자 정보의 **기계론**으로 환원될 수 있다. 이같이 마이어는 목적론적 현상을 근본적으로 유전 프로그램으로 환원시킴으로써, 전통적 목적론이 지닌 형이상학적 부담을 피하고자 한다. 그는 어떤 과정이 텔레오노믹한 것이 되기 위해서는 프로그램에 기초하기만 하면 된다고 주장한다(Mayr 1979, 207). 말하자면 프로그램 같은 기계론적 원인 외에 목적 같은 의도적 원인은 불필요하다는 것이다. 그렇다면 자동제어장치와 시계같이 목적지향적 운동을 하도록 프로그래밍된 모든 기계가 텔레오노미의 사례가 된다(Mayr 1979, 213). 따라서 통상적으로 텔레오노미는 외관상 합목적적이지만, 합목적성을 목적이나 의도 같은 외적 요인에 의해서가 아니라, 자신의 내적 구조로부터 설명할 수 있는 과정을 위한 설명 방식으로 이해되었다.

이제 학자들은 텔레오노미라는 용어를 사용하면서, 자신의 설명이 형이상학의 부담으로부터 벗어난, 자연과학적으로 재구성된 목적론을 말하고 있다고 믿는다. 노벨상 수상자인 만프레드 아이겐(Eigen 1971, XIIff.)은 생명이 발생할 때, 대분자의 최초의 프로그램에서 유전자 프로그램으로 형태변환하는 것이 순수하게 기계적으로만 설명될 수 없는, 텔레오노믹한 과정이라는 사실을 논증한다. 그는 목적론이라는 용어 대신에 텔레오노미라는 용어를 사용하지만, 그의 설명은 목적론적 설명과 구별되지 않는다. 아이겐은 단백질과 핵산의 결합 과정에서 나타나는 텔레오노믹한 요소를 지적한다. 생명의 최초 상태는 특정한 물리적 및 화학적 조건에 따라 점점 더 높은 유기적 형태로 발전하는데, 이 과정은 유기적인 단백질-핵산 체계들의 텔레오노믹한 능력에 의존한다. 다른 한편으로 재생산의 요소적 과정은 거의 불변적이지만, 모종의 불확실성이 생김으로써 실수 내지 변이가 발생한다. 우연적인 변이는 자연선택의 과정에 종속되는데, 이 과정에서 **평가 원리**가 작동한다. 아이겐에 따르면 자연선택의 평가 원리는 **최적화 원리**이며, 자연선택은 결코 순수한 자의가 아니다. 따라서 그는 핵산의 물리 화학적 과정뿐만 아니라 발생한 변이를 조절하는 자연선택 과정까지 텔레오노미에 의해 지배된다고 주장한다. 하센슈타인(Hassenstein 1981, 65ff)은 아이겐이 설명한 생명의 발생 다음 단계인 분자생물학의 수준에서도, 텔레오노미가 작용한다는 사실을 지적한다. 그에 따르면 어떤 임의의 유전자 부분 궤도에, 그것과 결합할 수 있는 수많은 가능성이 있지만 실제로 그 궤도에 상보적인 하나의 순서만이 적합한데, 이러한 사실이 말해 주는 것은 이 순서가 다른 것보다 분자 형태를 해체되지 않도록 잘 보호해 주기 때문이다. 하센슈타인은 유전자 궤도의 특정한 속성이 특정한 유전자 궤도의 실존과 다양화를 가능케 하며, 경쟁자에 대한 자기 관철 능력 등을 촉진하는 것을 텔레오노믹한 것이라고 기술한다.

칸트주의 철학자 클라우스 뒤징(Düsing 1990, 142)조차도 칸트의 반성적 판단력의 목적론적 원리가 "텔레오노미"라는 현대의 개념과 유사하다고 주장한다. 그에 따르면 우리의 목적 인과성을 통해 유기체의 작용 방식을 이해시키려는 반성적 판단력의 시도는 어떠한 **존재론적** 타당성 요구나 적합성 요구도 제기하지 않는다. 뒤징(156)은 칸트의 목적론이 유기체를 고찰하기 위한 반성적 판단력의 단순한 **준칙**으로서 간주될 뿐이기 때문에, 과학 이론적 개념으로서 부정할 수 없는 **텔레오노미**의 관점에, 헤겔의 사변 형이상학적으로 근거 지어진 자연 목적론보다 더 근접해 있다고 주장한다. 뒤징에 따르면 칸트는 자연 목적 개념에 대해 어떤 존재론적 함축도 주장하지 않으면서, 단지 유기체를 기계론적으로 설명하지 않고 생물학적으로 이해하려고 할 때 요구되는 **개념적** 파악 모델을 제공한다. 이미 앞에서 살펴보았듯이 마이어는 기계론적 세계관에 제약되어 생물학을 판단력의 한갓된 **주관적 준칙**으로 간주하는 칸트 목적론의 한계를 비판적으로 평가하였다. 하지만 뒤징은 거꾸로 칸트 목적론이 존재론적 함의를 갖지 않는다는 이유에서 그것을 텔레오노미라는 **과학적 목적론**과 같은 것으로 주장한다. 목적이라는 형이상학적 개념의 부담으로부터 벗어나기 위한 공통의 관심사는 칸트와 마이어가 일치하기 때문에, 그들은 **목적 없는 합목적성**이라는 이념을 공유한다. 하지만 생물학을 학문으로 인정하지 않는 칸트와 생물학자 마이어가 정말로 동일한 이념을 공유할 수 있을까? 뒤징은 칸트와 마이어가 일치하는 지점, 즉 형이상학적 목적 개념을 제거하고 합목적성을 주장한다는 점에서만 양자의 공통점을 본다. 하지만 마이어는 생물학이 **객관적 자연과학**이기를 원하기 때문에, 칸트와 같이 한갓 **발견법**에 그치는 개념적 파악에 만족할 수 없다. 그래서 그는 **목적**을 **유전 프로그램**이라는 생물학적 실체로 대체하고, **합목적적 현상**을 프로그램의 **기계적 과정**을 통해 설명하고자 한다.

하지만 마이어(Mayr 1979, 222)는 목적론적 언표들을 순수하게 인과적인 언어로 번역하는 것은 무의미하다고 생각한다. 왜냐하면 그럼으로써 목적론적 계기들이 사라져 버리기 때문이다. 그는 목적론적인 것들을 유전 프로그램을 거쳐 기계적인 것으로 번역하는 것이 어떠한 손실 없이 가능한 것은 아니라고 생각한다. 그럼에도 불구하고 마이어는 목적지향성이 프로그램의 표현일 뿐이라고 주장한다. 그것은 사실상 유전 프로그램을 통해 기계론으로 번역될 수 있기 때문에, 단지 **외관상**으로만 목적 지향적일 뿐이라는 것이다. 마이어는 유전 프로그램이 진화 과정에서의 자연선택에 의해 결정되며, 외관상 목적 지향적인 현상들을 야기한다고 주장한다. 하지만 유기적 과정의 기능들과 목적론적 태도의 특징들은 **표현형**의 국면에서만 나타난다. 그렇다면 우리는 마이어에게 다음과 같은 질문을 제기할 수 있다. 유전 프로그램은 정확히 표현형의 국면에서 실현되고, 표현형에서의 기능은 유전 프로그램으로 환원되어 번역될 수 있는 것일 뿐인가? 아니면 거꾸로 표현형에서의 적응을 위한 유기체의 합목적적 활동이 유전형의 변화와 형성에 영향을 미치지는 않는가? 두 번째 질문에 대해서 우리는 이미 웨스트-에버하드의 긍정적인 답변을 살펴보았다. 마이어 역시 프로그램이 온전히 미리 형성된 형상을 전개시키는 것이 아니라, 오히려 복잡한 과정에서 내적 및 외적 장애가 작용한다는 점을 인정한다(Mayr 1979, 208).

텔레오노미 개념이 갖는 애매성의 문제는 그 개념의 정의가 포함하고 있는 **목적성**과 **기계성**이라는 이원적인 구조 속에 놓여 있다. 마이어는 유전 프로그램을 유기체의 목적론적 현상을 가능케 하는 독특한 **물질적인 것**이라고 간주하며(마이어 2004, 83), 유전학에서 유전 프로그램은 물리 화학적 과정으로 설명된다. 따라서 텔레오노미는 유전 프로그램의 기계적 과정으로 온전히 환원되던가(그렇다면 여기서 목적론은 사라져 버리고 텔레오노미도 목적론적 특성을 상실할 것이다), 그렇지 않으려면 유전 프로그램으로 설명할 수 없는 목적론적인 고유한 요소를 인정하여야 한다(그렇다면 유전 프로그램을 포괄하는 유기체 전체의 국면에서의 목적론이 긍정된다). 마이어는 그의 최근의 저작에서 텔레오노미를 **목적론**의 한 가지 경우로 간주한다(마이어 2004, 83). 많은 학자들이 텔레오노미를 이해하고 사용하였던 것과 달리, 마이어는 자신이 목적론이라는 용어를 대체하기 위해 텔레오노미라는 용어를 도입한 것은 아니라고 말한다(82). 마이어(77-91)는 자신의 목적론의 체계를 크게 (1) 텔레오마틱(teleomatic), (2) 텔레오노믹(teleonomic), (3) 목적론적 과정으로 나눈다. 텔레오마틱한 과정은 목표(telos)를 향한 운동이 자동적(automatic)으로 이루어지는 과정으로서, 아리스토텔레스가 돌이 땅으로 떨어지려고 한다는 예를 통해 설명했던 넓은 의미의 목적론을 의미한다. 마이어는 텔레오마틱한 과정에 속하는 것으로 낙하 운동 외에도, 가열된 철 조각이 식을 때처럼 열역학 제2법칙에 지배되는 과정을 꼽는다. 텔레오노미는 유전 프로그램의 암호화된 정보와 같은 법칙적 규범(nomos)에 의해 목적(telos)으로 이끌리고 통제되는 과정을 말한다. 텔레오노믹한 과정을 지배하는 프로그램도 DNA의 닫힌 프로그램뿐만 아니라, 학습과 경험을 통해 추가될 수 있는 열린 프로그램[12], DNA가 아니라 중앙 신경계에 의해 통제되는 신체 프로그램(somatic programm)[13], 대상이 위협할 때 눈꺼풀이 닫히는 반사작용 등을 포함하는 다양한 종류의 프로그램으로 설명된다. 마지막으로 **목적론**(teleology)이라는 용어 아래 마이어는 인간의 **의도적** 활동과 유사한 동물들의 활동을 지시한다. 그에 따르면 어치들이 가을에 도토리를 묻어 두었다가, 겨울에 양식이 고갈될 무렵 숨겨 둔 장소에 돌아와 양식을 찾아가는 행위나, 암사자들이 두 그룹으로 나뉘어 사냥감을 앞뒤에서 협공하는 사냥 전략과 같은 행동들은 합목적적인 것이다.

하지만 마이어는 철학 이론들이 적응 형질을 목적론적인 것으로 간주하는 것은 잘못된 것이라고 지적하는데, 그 이유는 적응 형질이 목적을 추구하는 것이 아니라, 자연선택에 의한 생존 결과 사후적으로 목적론적인 것으로서 판정되기 때문이라는 것이다. 이것은 다윈주의 진화론이 목적론을 배격하기 위해 사용했던 "사후" 논증이다. 하지만 그것은 이미 앞에서 진화론에서 텔레오노미로 이행할 때 서술했던 것처럼, 마이어가 생명체의 목적 지향적 활동이나 최적화가 목적론적이라는 사실을 유전 프로그램의 도입과 함께 승인함으로써, 불필요한 논증이 되어 버렸다. 목적론의 한 형태인 텔레오노미의 프로그램이 열린 프로그램, 신체

---

12   새끼 거위의 반응의 경우에 열린 프로그램은 "따라가는 반응"을 규정하지만, 추구되는 특정 대상(부모)은 경험에 의해 추가된다.

13   칠면조 수컷이 암컷에게 과시하는 행동은 유전 프로그램의 지령의 통제 아래 행위하는 동안 심어진 뉴런의 프로그램이다.

프로그램, 반사작용까지 확장되고 어치와 암사자의 합목적적 활동도 인정하면서, 적응 형질이 합목적적이지 않다고 주장하는 것은 수미일관하지 못한 생각이다. 현대의 진화론적 목적론은 유기체의 생존에 기여하는 형질의 생물학적 기능을 대표적인 목적론적 현상으로서 간주한다. 하지만 다른 한편으로 마이어는 아리스토텔레스의 목적론도 수용 가능한 것으로 인정한다. 왜냐하면 그는 목적을 프로그램과 같은 자연적인 것으로 해석할 수 있다고 생각하기 때문이다. 실로 그가 어치와 암사자의 행동을 합목적적인 것으로 승인한다면, 바다거북이 알을 낳기 위해 육지로 올라오거나 새가 계절이 바뀌면 새로운 서식지로 이동하는 행동 등 생명체의 모든 활동을 목적론적인 것이라고 인정해야 한다.

나는 앞의 2장 1절에서 헤겔의 보편 개념을 사과의 씨앗에 담겨 있는 유전 프로그램과 같은 것으로 설명하였지만, 그것은 특히 동물 유기체의 경우를 고려하면, 마이어가 말한 대로 유전 및 비유전 프로그램을 총괄하는 것으로 확장되어야 한다. 이제 폭넓게 목적론을 수용하는 마이어에게도 목적론은 더 이상 목적 없는 합목적성을 말해서는 안 되며, 헤겔의 보편 개념처럼 기관의 분화, 적응을 위한 형질, 생존을 위한 합목적적 행위 등을 규율하는 규범이 되어야 한다. 왜냐하면 마이어가 대체하고자 했던 목적은 실은 어떤 자연 외적인 **의도**가 아니라 헤겔이 말하는 보편 **개념**과 같은 것이기 때문이다. 이로써 헤겔이 말하는 존재론적 타당성을 요구하는 목적 개념은 생물학적 내용을 얻게 되고, 마이어의 유전 및 비유전 프로그램은 **목적**으로서 개념적으로 정당화된다. 자연과학으로서 생물학은 유전 및 비유전 프로그램과 합목적적 활동의 목적 같은 **생물학적 실체** 속에서 유기체의 합목적적 활동의 궁극 원인을 찾아야 한다. 텔레오노미가 이러한 **객관적 목적 원인**을 갖는다면, 텔레오노미는 더 이상 목적 없는 합목적성에만 머물러 있을 필요가 없다. 마찬가지로 목적이 더 이상 의도나 초자연적 형이상학적 실체로 오해되지 않는다면, 텔레오노미는 더 이상 목적론이라는 명칭을 거부할 필요가 없다. 아이겐과 하센슈타인의 탁월한 목적론적 설명은 어떤 철학적 목적론적 설명과도 다르지 않다. 따라서 그것을 위해 텔레오노미라는 구별된 용어를 사용할 필요는 없다. 헤겔의 **보편 개념**이 분지와 기관으로 분화되고, 그렇게 형성된 개체로서 환경과 상호작용하면서 종의 보존에 기여하듯이, 마이어의 **프로그램**은 유기체의 신체를 구조화하고, 종의 보존을 위해 행위를 조절하는 정보이다. 텔레오노미는 앞서 지적했던 딜레마, 즉 목적론을 버리고 **기계론**으로 전락하든가 유전 및 비유전 프로그램을 포괄하는 유기체 전체의 국면에서의 **목적론**이 되든가의 기로에서, 두 번째 선택지를 취할 수밖에 없다. 왜냐하면 그것은 **목적론적 현상**을 설명하기 위해 고안된 용어이기 때문이다. 슈패만과 뢰브도 텔레오노미가 목적론적 연관을 지시하는 것이고, 목적론적 연관에서만 자신의 의미를 얻을 수 있다고 주장한다(Spaemann, Löw 2005, 181f.). 사람들은 텔레오노미의 이러한 문제점을 인식한 이후로, 더 이상 텔레오노미라는 용어를 사용하지 않고, 주저 없이 **목적론**이라는 용어를 사용하고 있다.

2. 목적 없는 합목적성으로서 유기체적 기능론

(1) 생물학적 기능 논쟁에서 두 전통: 기원론과 성향론

철학 분야에서도 헤겔 사후 형이상학이 급격하게 몰락했으며, 기계론에 기초한 자연과학의 발달과 다윈 진화론의 등장 이후, 존재자의 궁극 원인을 탐구하는 목적론은 형이상학과 같이 학문성이 의심스러운 것으로 간주되어 배척되었다. 하지만 생명현상에 대한 목적론적 설명이 불가피했기 때문에, 생물학에 대한 철학에서 목적론을 **자연화**하려는 시도, 즉 형이상학을 제거하고 자연과학이 수용 가능한 방식으로 재구성하려는 시도가 지속적으로 수행되었다. 20세기 중반에 논리실증주의는 목적론의 자연화를 **기능**에 대한 고찰에서 찾을 수 있다고 생각하였고, 기능에 관한 논쟁은 이후 영어권 생물학 철학에서 하나의 뚜렷한 흐름을 형성하였다. 기능에는 어떤 목적도 없기 때문에, 기능은 목적론적인 것이 아니라는 주장이 있다. 하지만 피터 맥로플린(McLaughlin 2005, 19)에 의하면 기능은 목적과 관련한 수단의 특정한 작용 방식이며, 어떤 것이 목적을 위한 수단이 아니라면, 그것에는 어떤 기능도 부여될 수 없다. 목적 없이는 어떤 기능도 없으며, 따라서 기능은 의심의 여지 없이 목적론적인 현상이다. 논리실증주의로부터 오늘날에 이르는 생물학적 기능에 관한 논쟁의 계보는 다음과 같이 정리될 수 있다. 칼 헴펠(Hempel 1965)의 최초의 제안을 따르면서 한편으로 래리 라이트(Wright 1973, 1976)는 **기원론**(etiological view)을 위한 체계적 초석을 놓았고(McLaughlin 2005,

24), 여기에 루스 밀리칸(Millikan 1984)과 카렌 니앤더(Neander 1991)가 진화론적 선택을 가미하여 기능에 관한 역사적 설명의 흐름을 형성하였다. 다른 한편으로 어니스트 네이글(Nagel 1961)이 제시한 단서에 따라 로버트 커민스(Cummins 1975)가 **성향론**적(dispositional)이고 인과역할론적인(causal role) 견해(view)를 제시한 후, 존 비걸로우와 로버트 파게터(Bigelow, Pargetter 1987)가 거기에 진화론적 특성을 가미한 성향론(propensity view)을 주장하면서, 또 다른 흐름을 형성하였다. 최근에 유기체론(organizational view)이 이 두 가지 흐름을 통합하는 입장을 자처하면서 등장하였다. 앞의 두 전통만으로도 이미 복잡한 논의를 포함하지만, 나는 칸트 목적론을 계승한다고 주장하는 유기체론의 의미와 한계를 검토하고자 하기 때문에, 두 전통의 논의는 유기체론이 다루는 범위 내에서만 다룰 것이다. 또한 유기체론의 호칭 방식에 따라 두 전통을 기원론과 성향론으로 칭한다.

라이트에 따르면 체계의 한 부분이 체계 안에 **존재**하는 이유는 그 부분이 체계를 위해 특정한 **기능**을 수행했기 때문이다. **기능**은 그 부분이 체계 안에 **존재**하는 **이유**를 설명한다. 가령 심장이 유기체 안에 존재하는 이유는 심장이 피를 순환시키기 때문이지, 소리를 내기 때문은 아니다(Wright 1973, 31f.). 이같이 기원론은 체계 안에서 부분의 존재와 그것의 고유한 기능을 설명한다. 니앤더에 따르면 유기체(O) 안에 있는 형질(X)의 (고유) **기능**이란 과거에 X 유형의 형질들이 O의 조상의 생존에 기여했고, 그로 인해 진화에 의해 **선택**되어 현재 O 안에 X로 **존재**하게 된 일을 하는 것이다(Neander 1991, 174). 가령 유기체가 갖고 있는 심장의 기능은 피를 순환시키는 것(pumping blood)이다. 왜냐하면 과거에 심장이 피를 순환시킴(pumping blood)을 통해 유기체의 조상의 생존에 기여하였고, 그로 인해 심장이 선택되어 현재 유기체 안에 존재하는 것이기 때문이다. 이같이 선택적 기원론은 과거에 유기체의 생존에 기여했던 형질의 진화론적 선택을 통해, 현재의 그러한 형질의 **존재**와 **기능**을 설명한다. 기원론의 강점은 한편으로 고유 기능과 오기능, 다른 한편으로 고유 기능(function of)과 우연적 혹은 이차적 기능(function as) 사이의 구별을 확실히 할 수 있다는 것이다. 그럼으로써 기원론은 고유 기능을 통해 기능의 **규범성**을 근거 지을 수 있다는 것이다. 고유 기능이 그것을 선택하게끔 한 일을 수행하는 것이라면, 오기능은 그것을 수행하지 못하는 것이다(Mossio et al. 2009, 820f). 심장의 피를 순환시킴이 자연선택에 의해 선택된 고유 기능이라면, 심장의 소리는 소리를 내는 기능 때문에 선택된 것이 아니라, 단지 고유 기능에 부수적으로 동반되어 존재하게 된 이차적 기능이다. 하지만 기원론은 오직 형질의 **선택**의 **역사**만을 지적하기 때문에, 형질이 현재의 유기적 체계 내에서 수행하는 기능을 **과거**의 기여를 근거로 설명할 뿐이다. 그것은 성향론과 달리 특정한 형질이 갖는 기능이 어떻게 다른 기능들과 상호작용하면서 전체의 보존에 기여하는지를 설명하지 못한다. 그것이 현재의 상태의 보존에 긍정적으로 기여하는지 그렇지 않은지는 미래의 시점에나 알 수 있다. 따라서 기원론이 형질에 기능을 부여하는 방식은 형질이 체계를 위해 **현재** 수행하는 기여에 관계하지 않는다는 약점을 지닌다(Mossio et al. 2009, 821). 기원론은 형질이 과거에 수행했던 기능을 통해 그 형질의 현재의 기원과 고유 기능을 설명할 뿐이지, 형질이 현재 체계의 다른 형질들과 맺는 관계와 그 것을 통한 현재 체계에의 기여 방식에 대해서는 설명하지 못한다.

　　기원론이 유기체의 유적 과정으로서의 재생산과 번식에 기초 하여 기능에 대한 **통시적** 설명을 제시한다면, 성향론은 유기체의 형 상이 나타내는 생리학적 질서에 기초하여 기능에 대한 **공시적** 설명을 제공한다. 성향론자인 커민스는 기원론이 "기능적 등가물"(functional equivalent), 즉 '기능을 갖는 어떤 것과 동일한 행위를 하는 것'을 고려 하지 못한다고 비판한다(Cummins 1975, 61). 그에 따르면, 우리는 순 환이라는 기능으로부터 심장을 추론할 수 없고, 기껏해야 순환 장치 (circulator)를 추론할 수 있을 뿐이다. 왜냐하면 인공심장이라는 기능적 등가물도 피를 순환시키는 역할을 할 수 있기 때문이다. 말하자면 순환 이라는 기능을 충족시켜 주는 것은 반드시 심장이 아니라 인공심장일 수 도 있다는 것이다. 커민스는 심장이나 인공심장 같은 대상의 존재가 아 니라, 그것들이 하는 역할에 주목할 것을 건의한다. 기능이란 그것을 갖 는 담지자(그것이 심장이든 인공심장이든)의 "행위"(피를 순환시킴) 자체, 즉 그것이 현재 체계 안에서 수행하는 **역할**이다(Cummins 1975, 64). 따 라서 커민스에게서 기능이란 담지자의 **존재**와 무관한 **성향**일 뿐이다. 맥 로플린(McLaughlin 2005, 24)에 따르면 성향적 해석은 기능을 **성향**, 즉 특정한 결과를 갖거나 체계 속에서 특정한 역할을 할 수 있는 **가능성**으 로서 이해한다. 이러한 이해에 따르면 기능은 체계의 한 부분이 기능의 담지자로서, 체계가 산출하는 성과에 기여할 때, 그 부분에 귀속되는 것 이다. 나아가 커민스는 기능적 분석을 위해 생리학적 위계에 따라 유기체를 다수의 체계(순환계, 소화계, 신경계 등)로 분석하고, 이것들을 다시 구성 기관 및 구조들로 분석한다(Cummins 1975, 75). 여기서 체계나 기관이 수행하는 기능은 체계나 기관이 유기체와 관련하여 수행하는 행위, 즉 전체 유기체에 기여하는 **인과적 역할**이기도 하다. 따라서 기능은 기관이나 체계가 상호 인과를 통해 상위의 체계 혹은 유기체 전체에 기여하는 역할을 의미하므로, 성향론은 **인과적 역할론**(causal role view)이라고도 불린다. 이러한 기능 개념은 이미 칸트에게서 발견되는 생리학적인 기능 개념이다. 왜냐하면 칸트의 자기조직론이 말하는 자기 자신을 조직하는 존재는 유기체의 부분들이 서로를 야기하는 **인과적 상호작용**을 통해서만 생각될 수 있기 때문이다. 또한 기능을 담지자의 존재와는 무관한 **성향**으로 이해하는 성향론은 **존재론적 함축**을 갖지 않는 칸트의 목적론과도 합치한다.

성향론에서 부분들은 그것들 각각이 수행하는 현재의 기여를 통해, 생리학적으로 체계와 결부되어 있고, 기능적으로 규정된다. 이러한 방식으로 유기체의 부분에 기능을 부여하고 형질의 기능을 설명하는 성향적 해석은 기능에 대한 역사적 해석에 반대한다. 왜냐하면 커민스의 주장대로 기능에 대한 분석(functional analysis)이 진화론을 고려하지 않고도 생리학적으로 올바로 수행될 수 있기 때문이다(Cummins 1975, 71). 하나의 기능은 그저 어떤 것을 할 수 있는 능력 내지 성향이다. 생물학적 기능에 대한 성향론적 해석에 따르면, 기관의 기능을 분석할 때 문제가 되는 것은 유기체의 **성과**에 기관이 기여하는 것을 해명하는 것일 뿐이지, 기관의 **발생**은 아니다. 성향론에서 분석의 대상은 단지 무엇이 기능의 담지자인가이지, 왜 그것이 현존하는가는 아니다. 성향론적 견해는 유기체의 **생리학적** 질서가 현시하는 현재의 목적-수단 관계에 주목한다 (Mossio et al. 2009, 819). 한 대상의 기능이 자연선택 과정에서 진화론적으로 생성되었다는 기원론적 해석을 비판하기 위해, 성향론은 '늪으로부터 생긴 인간'에 대한 사유 실험을 제기한다(Boorse 1976; Toepfer 2005, 43f.). 자연선택의 과정을 거치지 않고 어느 날 갑자기 자발적인 방식으로 비유기적인 것이 결합되어 늪으로부터 인간이 발생하였는데, 이 인간은 현존하는 인간과 세부까지 동일하다고 상상해 보자. 성향론자들은 이 '늪지 인간'이 자연적 인간과 성향 면에서 볼 때 전혀 서로 구별될 수 없기 때문에, 서로 동일한 것으로서 간주해야 한다고 주장한다. 그들이 볼 때, 기원론적 해석은 진화론적으로 앞선 역사를 갖고 있지 않은 이 '늪지 인간'을 설명할 수 없다.

하지만 기원론자들도 이 사유 실험을 자신들의 논증을 강화하기 위해 이용할 수 있다. 성향론은 '늪지 인간'과 자연인이 동일한 내적인 인과적 성향들을 가졌고, 동일한 공간적 환경 속에서 실존하기 때문에 같은 것이라고 주장한다. 하지만 기원론은 양자가 그러한 내적 성향들과 외적 공간들을 공유할 뿐만 아니라, 시간적 차원에서 역사적인 사실도 공유할 때에만 동일한 것이라고 간주할 수 있다고 반박한다. 피를 순환시키는 심장처럼 인공심장도 피를 순환시키는 동일한 기능을 갖는다. 기원론은 성향론이 동일한 기능을 갖는 인공심장과 자연적인 심장 사이의 차이를 설명할 수 있는지를 묻는다(Millikan 1984, 85, 92). 기원론에 따르면 한 부분(형질, 기관)이 특정한 생물학적 집합의 구성원임을 증명해 주는 것은 단지 성향 내지 능력만이 아니다. 오히려 결정적인 것은 그 부분이 수행하는 '고유한 기능'인데, 고유 기능은 그것을 담지하고 있는 기관의 자연선택의 역사에 의존한다는 것이다. 성향론의 기능 개념이 공시적인 것이라면, 기원론의 고유 기능은 통시적인 개념이다. 고유 기능을 갖고 있는 하나의 기관은 그 기관이 실현해야 하는 목적을 갖는다. **고유 기능**은 기관이 수행해야 하는 **목적**이다. 기원론에 따르면 목적은 그것이 거쳐 온 자연선택의 **역사**를 통해서만 의미를 획득할 수 있다. 따라서 기원론은 역사적 해석이며 진화론적 **목적론**이다.

　　이 표현과 관련하여 여기서 잠시 기능에 관한 영어권의 논쟁에서 통상적 의미와 다른 방식의 용어 사용에 대해 비판적으로 지적하고 넘어갈 필요가 있다. 커민스는 형질의 **존재**를 논증하는 작업을 **목적론**적이라고 칭하는 기원론을 비판하면서, 자신의 이론은 존재를 문제 삼지 않기 때문에, 목적론이 아니라고 말한다. 하지만 커민스가 의존하는 생리학적 질서는 칸트에 의해 이미 존재론적 함축 없이도 **목적론**적 질서로서 규정되었고, 전통적으로 목적론은 생명현상의 일반적 구조와 질서를 표현하는 용어로 사용되어 왔다. 따라서 기원론에 대한 비판으로부터 말미암는 커민스의 고유한 입장에 기초하여 목적론이라는 용어를 진화론적 목적론에만 귀속시키는 것은 잘못이며, 생리학에 기초한 목적론이 반드시 칸트나 커민스의 존재론적 함축을 갖지 않는 성향론에 머무를 필요도 없다. 실제로 유기체론은 생리학에 기초하면서도 존재론적 함축을 갖는 목적론을 주장한다. 하지만 유기체론도 커민스의 용어 사용을 수정 없이 계승하여 사용하는데, 이러한 용어 사용은 목적론과 규범성에 대한 전통의 용어 사용법뿐만 아니라 통상적 이해에서도 벗어나고 있다. 임대 수익을 목적으로 집을 사는 경우처럼 타당한 외적 목적론도 성립하기 때문에, 목적론이라는 용어를 영어권의 기능 논쟁에서 사용하는 협소하고 왜곡된 의미에서 해방시킬 필요가 있다.

　　기원론은 성향론과 달리 해당 형질(trait)의 기능이 어떻게 다른 기능들과 상호작용하면서 전체의 보존에 기여하는지를 설명하지 못한다. 그것이 현재의 상태의 보존에 긍정적으로 기여하는지 그렇지 않은지는 미래 시점에나 알 수 있다. 하지만 생물학적 구조들에 대한 기능 부여는 —성향론이 포착하는 것처럼— 생물학적 구조들이 무엇을 **하는가**에 관계하지, 그들의 현재 **존재**에만 관계하는 것은 아닌 것처럼 보인다 (Mossio 2009, 821). 월쉬(Walsh 1996, 558)에 따르면, **해부학**에서 해부학적 형식과 기능 사이의 관계를 규정할 때, 해부학자들은 형질의 현재와 과거 모두의 생물학적 역할을 고려한다. **생리학**자들도 어떤 형질에 기능을 부여하면서 역사에 대한 어떤 함축도 주장하지 않는다. 따라서 생물학에서의 기능 부여가 반드시 역사적이지는 않다. 게오르크 퇴퍼는 생리학에 기초하여 칸트의 목적론을 지지하는데, 그도 자연선택론이 보편화되기 이전에 이미 생물학에서 목적론적 탐구가 광범위하게 전개되었고, 유기체의 기능을 탐구하는 것은 진화론적 관점 없이도 **생리학**에서 이루어질 수 있다고 주장한다(Toepfer 2005, 43). 기원론의 문제점은 형질의 **존재**가 아니라 **작용**을 연구하는 생물학 연구의 경향을 반영하지 못한다는 데 있다. 기원론은 진화론을 선택하는 대신 생리학을 희생시킨다. 또한 표현형에서의 기능을 단지 유전자의 선택에 수반되는 것으로만 간주하는 부수현상설(epiphenomenalism)을 주장함으로써, 유기체의 능동성을 인정하지 않으며, 생명현상의 다양성을 감소시킨다. 유전자만이 유기체의 재생산에 책임이 있다는 유전자적 접근 방식은 개별 유기체와 그것의 조직화의 차원을 무시하며, 유기체를 통합적 통일로 만드는 모든 과정을 무시한다(Mossio, Bich 2017, 1097). 따라서 그것은 생리학적 복잡성을 설명할 수 없다. 반면 성향론은 어떤 형질이 왜 거기 있으며 그러한 기능을 하게 되었는지를 설명하지 못한다. 그것은 한편으로 기원론이 하지 못하는 체계를 위한 형질의 **현재적** 기여를 설명할 수 있다는 강점을 갖지만, 다른 한편으로 고유 기능과 이차적 기능의 차이를 명확히 논증할 수 없다는 약점을 갖는다. 성향론은 생리학을 선택하는 대신 진화론과 같은 재생산의 관점을 희생시킨다. 기원론이 개념의 엄밀성을 가지고 고유 기능을 논증하지만 생명의 풍부함을 희생시켰다면, 성향론은 생리학적 질서를 통해 기원론보다 생명의 풍부함을 더 많이 보여 줄 수 있지만, 기능을 **객관적** 생물학적 관계가 아니라 단지 **성향**으로 간주하는 발견법(heuristic)에 머문다. 양자는 서로 장, 단점을 나눠 갖고 있는 서로에 대한 대안적인 견해들이다. 달리 말하면 양자의 입장은 일면적이어서, 서로에 의해 보충되어 통합되어야 한다. 유기체론은 한편으로 기원론처럼 기관의 **실존**을 설명하고, 다른 한편 그것을 성향론처럼 **현재**의 기능의 결과로 설명한다. 유기체론은 이러한 방식으로 기관의 **고유 기능**을 설명함으로써, 역사적 설명과 성향론을 종합한다고 주장하면서, 양자의 대안으로 등장한다(Mossio et al. 2009, 828).

⑵ 생물학적 기능에 관한 유기체론: 기원론과 성향론의 종합

유기체론은 유기체를 닫혀 있고 분화하는 자기유지 체계로서 간주하며, 그것의 환경과 상호작용, 번식을 고찰한다. 그럼으로써 칸트와 헤겔이 공유했고, 특히 헤겔이 상론했던 형상, 동화, 번식이라는 생명의 필수적인 세 가지 관점을 총망라한다. 유기체론은 자신의 목적론적 사유가 칸트에게서 영감을 받았고(Mossio et al. 2017, 1097), 칸트의 노선을 따른다고 주장한다(Moreno, Mossio 2015, xxiiiff.). 실제로 유기체론의 고찰은 칸트처럼 생명의 첫 번째 측면인 형상, 즉 유기체 내부의 목적론적 질서에 중점을 둔다. 하지만 유기체론은 마테오 모시오가 여러 사람들과의 공동 작업을 통해 그때그때 발표한 논문들과 책을 통해 형성된 입장이기 때문에, 논지에서 일관성이 상대적으로 부족하며, 중요한 입장의 변화를 보이기도 한다. 유기체론의 초기 입장은 생물학적 유기 조직(biological organization)을 형성하는 두 가지 방법적 근본 원리로서 **유기적 폐쇄**(organizational closure)와 **유기적 분화**(organizational differentiation)를 제시한다(Mossio et al. 2009, 822). 유기적 폐쇄란 자기유지에 기여하는 낮은 레벨과 높은 레벨에서의 구조나 패턴들 사이의 **순환적 인과관계**를 말한다(824). 유기적 분화란 **체계 자체가** 상이한 방식으로 자기유지에 기여하는 구별된 구조들을 **생성**(generate)함을 의미한다(826). 이 체계의 분화는 칸트의 목적론에서 첫 번째 목적론적 측면, 즉 목적 개념으로부터 부분들의 분화라는 측면을 형성한다. 이 유기적 분화의 원리는 유기체론이 영감받고 노선을 공유한다고 자처하는 칸트

목적론의 핵심적인 요소이다. 하지만 유기체론은 이후에 이 원리를 그저 지나가는 말로서 언급하다가(Mossio, Bich 2017, 1110), 책으로 쓰인 체계적인 서술에서는 더 이상 방법론적 원리로서 언급하지 않는다(Moreno, Mossio 2015). 대신에 유기적 폐쇄가 방법적으로 더 구체화되면서, 생물학적 유기 조직에서 부분들의 결합을 통해서 전체를 설명하는 유일한 방법으로 제시된다. 따라서 궁극에는 유기적 폐쇄라는 표현이 유기체론의 핵심적인 방법론적 개념으로 된다. 하지만 유기적 분화가 수행하는 방법적 기능이 별도로 명시적으로 다루어지지 않고 유기적 폐쇄의 방법적 원리 속에 통합되어 제대로 다루어지지 못한 것은 목적론을 표방하는 유기체론의 커다란 결함이다.

　　유기체론은 생물학적 유기 조직을 **자기유지적 체계**(self-maintaining system), 더 나아가 **자기규정적 체계**(self-determining system)라고 규정한다. 생물학적 유기 조직이 자신을 규정(determine)한다는 것은 자신을 **제약**(constrain)한다는 것을 의미한다. 이 **자기 제약**(self-constraints), 즉 생물학적 유기 조직이 생성한 제약들은 생물학적 유기 조직 자신의 활동성에 작용하여 생물학적 유기 조직이 발생할 수 있는 **조건**들을 규정한다(Mossio, Bich 2017, 1110). 이 제약들은 형질(trait), 기관(organ), 체계(system) 등으로 지칭되는 **기능 담지자**(functionbearer)에 다름 아니다. 생물학적 유기 조직이 폐쇄되어 있기 때문에, 제약들은 서로 의존하면서 상보적인 인과적 효과를 산출한다(Moreno, Mossio 2015, 72). 제약들은 생물학적 유기 조직의 구성 성분이며, 그것들의 작동은 그것들의 생산과 유지를 위해 서로 의존한다. 더욱이 제약들은 생물학적 유기 조직 자체가 존재할 수 있는 조건들을 규정하는 데 집합적으로 기여한다. 유기체론에 따르면 유기 조직은 폐쇄되어 있기 때문에, 유기 조직의 구성 성분인 제약들도 폐쇄되어 있고, 제약들의 폐쇄는 유기 조직을 **원환적 인과 체계**(circular causal regime)로 만든다. 유기체론은 유기 조직을 원환적 인과 체계로 이해하기 때문에, 전통적으로 목적론에 대해 제기되어 왔던 인과 역진의 문제, 즉 원인과 결과의 시간적 관계의 전도라는 문제로부터 자유롭다고 주장한다. 이로써 유기체론은 폐쇄라는 원리를 통해 **자연주의**의 요구를 준수하게 되었다고 자랑스럽게 이야기한다(Mossio, Bich 2017, 1110).

이같이 유기체론은 자기유지적 체계의 인과적 체계가 **목적론**의 **자연화**된 근거를 제공한다고 주장한다. 유기체론에 있어서 생물학적 체계란 '체계가 행하는 것'에 다름 아니다(Moreno, Mossio 2015, 1). 체계 S의 활동성은 **자기 제약**에 의해서 자신의 고유한 **실존 조건**의 유지에 기여한다. 그렇기 때문에 유기체론은 왜 S가 존재하는가라는 질문에 대해 정당하게 그것이 Y를 하기 때문이라고 답변할 수 있다(70). 유기체론에서 유기체의 부분들은 유기체의 실존 조건들이기 때문에, 성향론에서처럼 한갓된 성향이 아니며, 자연선택에 의존할 필요 없이, 현재 기능의 결과로서 **실존**하는 것으로 설명된다. 이로써 유기체론은 라이트와 같이 **기능**을 통해 **존재 이유**를 설명하며, 기능 담지자는 그것이 해당하는 기능을 하기 때문에 거기에 있다고 말한다. 칸트의 목적론을 계승하는 유기체론은 생리학에 기초하기 때문에, 기원론보다 성향론 혹은 인과역할론에 가깝다. 하지만 유기체론은 성향론과 같이 형질을 단지 성향으로 보지 않고, **존재론적 함축**을 갖는 인과적 역할의 수행자로 봄으로써, 형질의 **존재**를 진화론에 의존할 필요 없이, 현재의 생리학적 작용(결과)을 통해 설명한다. 이로써 유기체론은 칸트의 발견법을 넘어서 유기 조직을 객관적 자연 질서로 파악하는 헤겔의 입장에 다가선다. 이런 이유에서 유기체론은 자신의 입장이 칸트와 가깝다고 생각하지만, 감바로토와 일레테라티(Gambarotto, Illetterati 2020)나 쿠퍼(Cooper 2020)와 같은 헤겔 목적론 연구자들은 유기체론이 오히려 헤겔의 입장과 유사하다고 주장한다. 물론 그것은 유기체의 형상과 동화에 관한 고찰에 있어서의 유사성을 말할 뿐, 유기체론은 헤겔과 같이 번식에 관한 개념적 설명을 적극적으로 제시하지 못한다.

유기체론은 형질의 존재를 설명할 수 있을 뿐만 아니라, 자기유지적 체계의 인과 체계를 통해 목적론의 **규범성**도 근거 짓는다. 왜냐하면 체계의 실존은 제약들에 의존하는데, **제약**들은 체계의 **실존 조건**으로서 체계가 따라야 할 **규범**이 무엇인지를 규정하는 자연화된 기준을 발생시키기 때문이다. 말하자면 체계는 특정한 방식으로 행위**해야 한다**. 그렇지 않으면 그것은 **실존**하기를 멈춘다. 따라서 체계의 **실존 조건**이 체계의 활동성 자체의 내재적이고 **자연화된 규범**이다(Moreno, Mossio 2015, 70f.). 달리 말하면 체계의 **내적 연관**이 다름 아닌 체계의 **규범성**이다. 이로써 유기체론은 성향론과는 달리 규범성을 설명할 수 있을 뿐만 아니라, 제1 기능을 제2 혹은 우연적 기능으로부터 구별함으로써 고유 기능을 설명할 수 있다. 가령 심장은 피를 순환시키는 작용을 통해 다른 기능들과 상호작용하면서, 유기체의 생존에 기여하고, 유기체의 실존 조건을 형성하기 때문에, 피의 순환이 심장의 제1 기능 혹은 고유 기능이며, 심장의 소리는 제2 혹은 우연적 기능일 뿐이다. 이같이 유기체론은 커민스의 입장에 존재론적 함축을 가미함으로써 생리학에 기초한 목적론으로 형성된다.

유기체론은 유기체와 외부 **환경**의 관계에 대한 고찰에 있어서 기원론과 성향론보다 탁월한 설명을 제시한다. 성향론에서 외부 환경은 개념적으로 주제화되지 않고, 역사적 설명에서는 일방적으로 특정한 형질을 선택하는 종 변화의 원인으로 다루어질 뿐이다. 하지만 유기체론은 유기체와 환경의 상호작용을 유기체의 자기유지를 위해 필수적인 요소로 간주할 뿐만 아니라, 환경에 대한 유기체의 관계를 유기체의 **능동적**인 관계로 고찰한다. 환경과 관계하는 유기체는 그 자신 자율적(autonomous)인 것이기도 한데, 이때 자율성이 독립과 혼동되어서는 안 된다. 자율적 체계로서 유기체는 자신의 유기 조직을 유지하기 위해 자신의 환경과 상호작용 해야 한다. 유기체는 두 가지 자율성으로 구성되는데, 그중 하나는 체계 내부로 향하여 닫혀 있는, 체계의 정체성을 규정하는 **구성적 자율성**이며, 다른 하나는 **상호적 자율성**, 즉 체계 외부로 열려 있고, 유기체가 자신을 유지하기 위해 외부 환경과 맺어야 하는 내재적 기능적 상호 관계이다(Moreno, Mossio 2015, xxviii.). 환경은 유기체의 자기유지를 위해 필수적인 요소일 뿐만 아니라, 유기체 내부에 국한된 폐쇄보다 더 큰 단위의 폐쇄의 구성 요소가 된다. 행위 기능은 환경과의 상호작용을 통해 그것이 속한 폐쇄된 유기체를 유지하는 데 기여함으로써, 자신의 실존 조건을 유지하는 데 기여한다. 따라서 유기체론에 따르면 유기체의 **유지**는 행위 기능의 자연화된 **목적**으로서 간주될 수 있으며, 그것의 **실존 조건**은 행위 기능을 이끄는 **규범**이다(93). 따라서 형상에 대한 고찰에서 기능 담지자로서의 제약이 체계의 실존 조건이면서 동시에 행위의 규범이 되는 것처럼, 이제 환경과의 상호작용 속에서 특정한 형질은 체계의 **실존 조건**으로서 행위가 환경과 관계하는 방식을 **규율**한다. 이때 유기체와 환경의 관계는 비대칭적이다. 왜냐하면 유기체는 자신을 유지하기 위해 환경에 행위를 가하지만, 환경에 의해 생산되어 체계에 가해지는 변화는 유기체 자신의 요구와 일치하도록 조절되기 때문이다(90f.). 하지만 유의할 것은 유기체론에게 **자기규정**은 유기 **체계 내부**의 형성에만 국한되기 때문에, **내부**에서 형성된 체계의 실존 **조건**이 환경을 규율하는 **규범**이 될 뿐이며, 거꾸로 외부 환경이 체계 내부의 제약을 형성하는 데 영향을 미치지는 않는다는 것이다. 유기체론에 따르면 외부 환경의 요소들은 유기체의 자기유지에 기여하는 유용한 것이지만, 그것들은 비유기적인 것이기 때문에 기능을 갖지 않으며, 목적론적인 것이 아니다(Mossio 2009, 832). 또한 외부 환경은 내부를 위협하는 동요(perturbation)라는 부정적 의미를 지닌다. 유기체는 외부의 변화를 내적인 변양에 의해서 상쇄함으로써 외부의 동요에도 불구하고 내부의 **자기유지**와 **항상성**(consistency) 혹은 **안정성**(stability)을 유지한다. 이같이 유기체론은 **생리학**에 초점을 맞춤으로써 외적 영향보다는 생명체의 **내적 차원**을 더 강조한다(Mossio, Bich 2017, 1095, 1097, 1098). 유기체론의 이러한 생각은 클로드 베르나르(C. Bernard)의 항상성(homeostasis)에 기초하는데, 베르나르의 생각은 사이버네틱스의 원리가 된다(Mossio, Bich

2017, 1095f.).

생리학에 기초하여 현재 유기적 체계의 인과 역할을 설명하는 유기체론은 형상과 동화를 설명하는 데 있어서 강점을 갖지만, 번식에 있어서는 약점을 갖는다. 가령 번식의 경우에 있어서 정자(sperm)와 같은 재생산적 형질(reproductive trait)은 현재의 인과 체계에서 다른 형질과 상호작용 하지 않는다. 그것은 오히려 다음 세대의 개체에 관계하고, 궁극적으로 종의 보존에 기여한다. 그래서 유기체론의 초기 입장은 번식을 설명하기 위해, 개별자들이 지속적으로 세대를 거듭하여 재생산되는 높은 질서의 역사적 체계를 가정한다. 재생산적 형질들은 보다 상위 질서의 자기유지적 체계에 기여하는 기능을 갖는다(Mossio et al. 2009, 835). 하지만 유기체론은 **생리학**적 고찰 방식을 통해, 유기체의 부분들이 **공시적** 측면에서 수행하는 인과 역할은 확인하고 논증할 수 있지만, 다음 세대와의 관계에서 형성되는 **통시적** 인과관계는 설명할 수 없다. 그래서 유기체론의 초기 입장은 이러한 주장이 아직 적절한 정당화를 결여한 것이라고 고백하고, 후기 입장은 번식을 설명하는 데 있어서 유기체론 자신의 독자적인 설명을 제공하는 대신에, 진화론과 상호보완적인 관점을 견지하고자 한다. 왜냐하면 생물학적 유기 조직의 자율적 체계는 자연선택이 일어나는 역사적 군집적 영역과 독립적으로 생산될 수 없기 때문이다(Moreno, Mossio 2015, 138). 유기체론의 주장에 따르면, 우리는 개별 유기체들이 무엇인가를 특징짓기 위해 역사를 필요로 하지 않지만, 변화와 변이가 보존되고 축적되면서 복잡성의 점진적 증가를 가능케 하는 진화 과정의 결과로서, 그것들이 어디로부터 왔는지를 이해하기 위해서는 역사를 필요로 한다(139).

지금까지 형상, 동화, 번식의 관점들을 두루 거치면서 유기체론의
윤곽을 개괄하였으니, 이제 이에 기초하여 이 절의 첫 번째 단락에서 제
기했던 비판을 자세히 고찰해 보자. 칸트는 자연 목적으로서의 유기체를
'개념 혹은 이념으로부터 부분들의 조직화를 가능케 하는 측면'(전체로부
터 부분으로의 진행)과 '부분들이 서로 원인이자 결과가 됨으로써, 각 부
분들이 결합하여 전체로 통일되어야 하는 측면'(부분으로부터 전체로의
진행)이라는 두 가지 측면에서 고찰하였다(KU, B290f. / V373). 나는 전
자를 위에서 아래로의 측면, 후자를 아래에서 위로의 측면이라고 부르겠
다. 칸트의 전통을 이으면서 생물학 체계의 조직화의 특수성을 이해하는
것을 목표로 하는 유기체론은 칸트와 같이 유기 조직을 '유기적 분화'와
'유기적 폐쇄'라는 두 가지 측면에서 고찰한다. '유기적 분화'는 칸트의 위
에서 아래로의 측면에, '유기적 폐쇄'는 아래에서 위로의 측면에 상응한
다. 칸트는 유기체를 고찰하는 데 있어서, 부분들이 상호적으로 서로를
산출하는 아래에서 위로의 측면만을 사유하는 것은 동력인의 연결만을
기계론적으로 고찰하는 데 머무는 것이기 때문에, 온전한 목적론적 고찰
을 위해서는 위에서 아래로의 측면도 사유해야 한다고 주장한다. 하지만
칸트는 반성적 판단력에 의해 인공물에 대한 먼 유비에 따라서 마치 제
작자가 의도적 목적을 가지고 부분들을 그러그러하게 구조화한 것처럼
생각한다. 그럼에도 불구하고 목적의 전체성으로부터 부분들의 구성에
로의 진행이 칸트에게서 목적론을 형성하는 핵심적 요소다.

하지만 유기체론은 위에서 아래로의 측면에 상응하는 유기적 분

화를 개념적으로 주제화하지 못한다. 유기체론은 유기 조직의 "**체계 자체가** 상이한 방식으로 자기유지에 기여하는 구별된 구조들을 **생성한다**"거나(Mossio et al. 2009, 826), "체계가 자신의 활동에 작용하는 제약들을 생산"하며, "제약들이 그것들의 유기화가 발생할 수 있는 조건을 규정한다"라고 말한다(Moreno, Mossio 2015, 1110). 하지만 유기체론은 그것이 어떤 방식으로 가능한지를 구체화하지 못한다. 왜냐하면 유기체론이 말하는 체계는 칸트가 말하는 위에서 아래로의 측면에서처럼, 개념 혹은 이념이 말하는 목적으로서, 즉 부분을 조직하는 원리로서 개념화되고 있지 않기 때문이다. 오히려 그것은 기계적 인과관계들(mechanical causal relations)에 대한 기술로부터 도출된다. 다시 말해서 유기체론이 말하는 체계란 기계적 인과관계들로부터 추상된 그것들의 종합일 뿐이다. 하지만 디자이너로 비유되는 개념이 부재하면, 제약들이 왜 어떻게 조직되어 전체에 기여할 수 있는지의 기획을 말할 수 없다. 유기체 밖의 디자이너를 상정하는 것은 거부되더라도, **개념**에 의해 기획된 **통일적** 방식에 따라 부분들이 상호 의존하여, 특정한 내용의 유기적 통일을 이루는 **방식**은 개념화되어야 한다. 유기체론의 후기 입장은 유기적 분화를 유기적 폐쇄 속에 통합시키면서, 인과관계가 폐쇄되어 원환적 인과 과정이 형성되면, 부분들을 조직하는 통일적 원리에 대한 문제가 저절로 해결될 것이라고 생각하는 것 같다. 하지만 폐쇄와 원환만으로는 생명의 개념적 질서가 조직될 수 없다. 유기체론이 **폐쇄** 개념의 근본 특징으로 제시하는 **상호 의존**과 **상호작용**은 칸트가 말하는 아래에서 위로의 논증을 보여줄 뿐이다. 그것은 칸트가 지적한 대로, 목적론의 측면을 결여한 채 동력인의 연결만을 기계론적으로 고찰하는 데 머무는 것이다. 그럼에도 불구하고 유기체론은 자신들의 작업이 목적 개념을 인과관계로 설명함으로써 목적론을 자연화한 것이라고 평가한다. 하지만 이렇게 개념을 결여한 자연화된 목적론은 현대의 탈형이상학적 경향과 함께 **목적 없는 합목적성**을 재현하고 있다. 진화론적 목적론이 개별 형질의 파편화된 자연선택만을 재구성하듯이, 유기체론의 개별 제약은 활동이 추구해야 할 목적으로 간주되지만, 전체의 통일적 원리로부터 산출되고 그 아래 내적으로 통합되어 있지 못한다.

유기체론이 주장하는 폐쇄 안에서의 부분들의 상호 인과관계, 즉 원환적 인과 과정만으로는 전체의 **통일**을 논증할 수 없다. 왜냐하면 인과 과정은 그것이 직선적이든 원환적이든 유기적 통일을 이루지 않은 채 무한히 진행될 수 있기 때문이다. 상호 의존과 순환적 인과관계 자체는 무규정적이라서, 그것들만으로는 제약들이 어떤 방식으로 서로 결합되어 체계화되어야 하는지가 규정되지 않는다. 인과적 과정은 무한히 가능하기 때문에, 어떤 특정한 내용의 통일적 체계를 형성하기 위해서는 **개념**이 필요하다. 하지만 기계론적으로 파악된 원환적 인과 체계는 개념을 결여하기 때문에, 보편적인 목적 개념으로부터 특수한 분지들의 분화를 설명할 수 없다. 그것은 이미 **현존하는** 분지들의 상호 의존과 순환적 인과관계를 서술할 뿐이지, 개념에 따라 한 부분에서 다른 부분이 **생산되는** 형태변환(metamorphose)을 설명할 수 없다. 유기체론은 싹에서 씨앗이 돋아나는 것처럼 새로운 부분의 생성을 설명하지 못한다. 그것은 현재 공존하는 체계의 부분들이 기계적으로 상호 의존하면서, 상호 인과관계 속에서 작용하고 있는 상태를 기술할 뿐이다. 전체로서의 체계가 제약을 **산출**한다고 하지만, 체계는 개념을 결여하고 있기 때문에, 사실상 기계론적 인과 체계의 부분들은 **발견된 것**이고, 부분들의 집합으로서 체계는 부분들로부터 추상된 전체일 뿐이다. **개념**이 결여된 체계는 분지들을 생산하는 **생명**이 아니라 **기계 부품**들의 집합이다. 따라서 유기체론은 형태변환이라는 유기적 생명의 비밀을 설명하지 못하고, 오히려 목적론을 자연화한다면서 목적론을 기계론으로 환원한다.

유기적 체계를 폐쇄를 통해 원환적 인과 체계로서 설명하는 유기체론은 살아 있는 통일성의 실현을 **자기유지**로만 보지, 자기 분화를 통한 **자기규정**으로 보지 못한다. 자기유지나 자기보존, 그리고 환경과의 관계에서 확보되는 사이버네틱스의 안정성, 항상성과 같은 상태들은 유기적 형상의 **발생**으로서 **형상화**(Gestaltung)의 의미를 포함하지 않는다. 인과 역할론으로서의 유기체론처럼 유기체의 목적론을 부분들의 상호작용으로만 볼 경우, 심장에 대한 직장(rectum)이나 정자(sperm)의 관계처럼, 상호적이지 않고 일방적이거나, 직접적으로 인과관계가 성립하지 않는 기능들 사이의 관계를 설명하는 데 어려움을 갖는다. 개념을 결여한 상호 인과적 인과 역할론은 이렇게 기관이나 형질들 사이의 인과관계가 직접적이지 않거나 확인할 수 없는 경우를 설명할 수 없다. 왜냐하면 거기서는 전체 체계의 **개념**으로부터 상호 인과적인 부분들의 **역할**과 그것들의 **관계**가 지정되어 있지 않기 때문이다. 반면 헤겔 목적론에서처럼 보편 개념이 특수의 체계의 구성 원리가 된다면, 분지, 기관, 형질은 직접적으로 상호 생산적일 필요가 없이, 전체 체계가 지정하는 역할만 수행하면 되고, 그 역할은 전체의 체계적 분화에 의해 규정된다.

유기체론에서는 부분들을 조직화하는 전체의 원리로서의 개념에 대한 고려가 없기 때문에, 유기체론은 물리 화학적 과정과 유기 조직의 차이를 양적으로만 본다. 유기체론에 따르면 자기를 유지하고 자기 규정하는 **유기적 체계**는 자연계에 존재하는 원환적 체계인 **산일적 체계**(dissipative system)의 일종이다(Mossio, Bich 2017, 1104). 물리 화학적 산일 구조로서 촛불은 연소하는 동안 온도를 유지하고 왁스를 증발시키고 대류를 유발하여 산소를 끌어당기고 연소된 것들을 제거한다. 이것은 유기적 체계(organizational system)와 마찬가지로 원환적 인과 과정을 통해 **폐쇄**를 실현하는 **자기유지 체계**이다. 유기체론은 물리 화학적 산일 체계(physico-chemical dissipative system)도 유기적 체계와 마찬가지로 **목적론적**이고 규범적이라고 주장한다. 이로써 유기체론이 주장하는 기계론적 목적론은 주전자 안에서 끓어오른 물이 다시 내려오면서 원환적 순환을 이루는 경우나 토네이도, 그리고 베다우가 말하는 수정의 증식도 모두 목적론적인 현상으로 간주한다. 유기체론에 따르면 **물리 화학적** 산일 체계와 **유기적** 산일 체계의 차이는 전자의 경우 구성 요소들이 체계의 보존에 기여하는 방식이 **단순**하고 후자의 경우 **다양**하다는 것이다. 가령 불꽃에서 상이한 화학적 구성 요소는 모두 단일한 거시적 유형(불꽃)을 산출하는 데로 모아진다. 반면 유기체의 경우, 체계 자체가 구별된 구조를 산출하며, 이 구조는 여러 가지 방식으로 자기유지에 기여한다. 이처럼 유기체론은 유기체가 다른 자연적 산일 구조와 질적으로 다르지 않다고 주장하지만, 단순함과 복잡함은 양적인 구별이고 다른 산일 구조가 기계론적이라는 사실이 확실하므로, 유기체론은 결국 유기체에 대한 자신의 해명도 기계론에 머물고 있다고 고백하는 것에 다름 아니다.

　　물리 화학적 산일 체계와 유기적 산일 체계를 구별하는 기준인 단순함과 복잡함도 질료적 측면에서 그럴 수도 있고 유형적 측면에서 그럴 수도 있다. 이같이 단순, 복잡의 구별 기준이 애매하기 때문에, 유기체론은 물리 화학적 산일 체계와 유기적 산일 체계를 구별하는 새로운 기준으로서 **유기 조직**이라는 구별 기준을 도입한다. 이제 물리 화학적 체계와는 달리 유기적 산일 구조(organizational dissipative system)는 다양한 구성 요소들이 자기유지에 다양하게 기여해야 할 뿐만 아니라, 조직의 **유기화**에 의해 생산되고 보존되어야 한다는 사실이 요구된다(Moreno, Mossio 2015, 72f.). 유기체론에 따르면 이렇게 유기 조직의 성격을 띤 폐쇄인 **유기적** 산일 체계만이 **기능**을 갖는다. 유기적 산일 체계는 살아 있는 것이고, 살아 있는 것만이 기능을 갖는다. 영어권 기능 논쟁에서는 기능을 생물학적 기능과 동일시하고 살아 있는 것만이 기능을 갖는다고 간주하는데, 유기체론은 이러한 통념을 따르고 있는 것이다. 하지만 촛불의 화학적 반응도 촛불의 유지를 위한 기능을 수행한다. 기능은 생명보다 넓은 의미를 가지고 있음에 틀림없다. 창문과 같은 비유기적 사물도 기능을 가지므로, 전통적이고 일상적인 맥락에서 보면, 기능이 물리 화학적 산일 구조와 유기적 산일 구조를 구별하는 기준이라는 것은 이상하게 들린다. 유기체론은 다른 곳에서(Mossio, Bich 2017, 1099) 생물학적 체계와 여타의 자연적 및 인공적 체계를 구별하는 기준으로 **내적 목적론**을 제시한다. 이때 내적 목적론을 가능케 하는 **폐쇄**가 생물학적 체계에 의해 실현되는 **자기규정**의 형식을 보여 준다. 하지만 유기체론은 자기 제약을 특징으로 하는 생명체와 물리 화학적 산일 체계를 똑같이 목적론적인 것이라고 보기 때문에, 목적론은 양자를 구별하는 기준이 될 수 없다. 또한 유기체론은 불꽃, 허리케인과 같은 **비유기적** 자연적 산일 구조들을 **자기 조직적** 산일 체계라고 칭하면서(1108), 그것을 **생물학적 자기규정**(biological self-determination)과 구별하여야 한다고 주장한다. 유기체론에 따르면(1104 note 18), 이제 **자기조직화**(self-organization)라는 표현은 **물리적** 자동 현상, 즉 저절로 일어나는 현상을 의미한다. 반면 폐쇄를 근본 특징으로 하는 **유기적** 체계(organizational systems)의 **생물학적** 자기규정은 자기조직화(self-organization)나 자기 생성이 아니라 **자기유지**의 형식일 뿐이다. 하지만 우리는 칸트의 자기 조직화론과 함께 생물학적 유기 체계의 부분들이 자기 조직적이라고 보기 때문에, 이러한 유기체론의 용어 사용은 혼동을 불러일으키지 않을 수 없다.

　　이같이 생명을 가진 유기적 산일 체계와 생명을 결여한 물리 화학적 산일 체계를 구별하기 위한 유기체론의 다양한 시도는 성공하지 못하고 용어 사용의 혼동을 유발할 뿐이다. 유기화, 기능, 내적 목적론의 기준을 제시하거나, 자기조직화와 자기유지 혹은 자기규정의 구별을 제안함으로써 생물과 무생물을 구별하려는 시도는 성공하지 못한다. 생명의 특징으로서 유기화와 기능은 그것의 의미가 설명되어야 할 피설명항(explanandum)이며, 내적 목적론 역시 그것의 의미가 해명되지 않고 있다. 유기체론이 내적 목적론이라는 용어를 칸트로부터 차용한다면, 그 의미는 칸트의 목적론적 측면을 포함해야 하지만, 유기체론은 목적 개념을 결여하고 있다. 유기적 산일 체계와 물리 화학적 산일 체계를 자기유지 혹은 자기규정과 자기조직화로 구별하려는 시도 역시 양자에게서 관찰되는 구별적 특징 중 하나를 포착한 것일 뿐, 그것을 가능케 하는 구별원리를 간과하고 있다. 유기체론은 합목적성으로 특징지어지는 생명성과 원환적 인과 체계 사이의 차이를 알지 못한다. 그렇기 때문에 그것은 양자를 동일한 것으로 간주한다. 하지만 칸트와 헤겔은 합목적성의 특징을 보편 개념으로부터 특수가 분화되어 나오는 **내적인** 관계로서 고찰한다. 이것은 원환적 인과 체계에서는 구성될 수 없다. 헤겔은 생명체를 개념이 내재한 것으로, 무기물을 개념을 결여한 것으로 간주하는데, 이것의 의미는 생명이 **개념적**으로 **구조화**되어 있다는 것이다. 말하자면 유기체는 전체의 통일적 개념으로부터 부분들이 내재적으로 도출되는 구조를 지닌다. 하지만 물리 화학적 산일 체계는 생명이 없는 것이기 때문에, **부분들의 상호 인과를 통해 전체가 형성된다**. 이것은 분명히 위로부터 아래로의 구조가 아니라, 칸트가 기계론적이라고 특징지었던, **아래로부터 위로의 구조**를 형성한다. 허리케인은 외부로부터 전달된 에너지가 특정한 조건 아래 원환적 인과 과정을 형성하면서, 부분들을 이 체계 안에서 유지한다. 여기서 부분들은 체계로부터 생겨나지 않으며, 최초의 에너지를 체계로부터 얻지도 않는다(위로부터 아래로의 구조). 거꾸로 **부분들**이 **외부로부터** 받은 에너지를 통해 집합적으로 원환적 인과 체계로서의 **전체를 형성**한다(아래로부터 위로의 구조). 양자의 차이는 저절로 일어나는 자발적 발생(자기조직화)이냐 이미 규정된 구조의 산출(자기유지와 자기규정)이냐가 아니라, 보편 혹은 통일적 전체로부터 특수한 부분들의 내재적 산출 구조를 갖고 있는가, 그렇지 않은가이다. 자발적 (spontaneous) 발생 여부는 생물과 무생물을 구별하는 극히 사소한 경험적 내용일 뿐이며, 달리 해석될 수 있는 애매한 기준이다. 유기체론은 양자를 구별하는 원리를 알지 못하기 때문에, **기계론**적 체계인 **원환적 인과 체계**를 목적론의 원리인 합목적성으로 간주한다. 물리 화학적 산일 체계가 개념을 결여하기 때문에 죽어 있는 것이듯이, 개념적으로 구조지어지지 않는 원환적 인과 체계는 생명의 질서를 현시할 수 없다. 이같이 유기체론은 목적 없는 합목적성을 추구하는 현대 생물학과 생물철학의 탈형이상학적 경향과 함께, 칸트와 헤겔 목적론의 핵심적인 유산을 회피하면서, 기계론으로 전락하고 있다.

유기체론은 유기체의 형상의 측면에서 보면, 기능 논쟁의 두 번째 전통으로부터 성향적이라는 관점을 지워 버리고 인과 역할(causal role)이라는 관점을 받아들인 것이라고 할 수 있다. 그것은 유기 조직의 부분들과 그것들의 기능을 한갓된 성향이 아니라 **존재론적 함축**을 갖는 것으로 간주하는 **인과역할론**(causal role view)으로서 고찰된 두 번째 전통이라고 할 수 있다. 하지만 외부 환경과의 상호 관계에 대한 고찰은 다른 전통들과 구별되는 유기체론의 차별성을 보여 주는 것임에 틀림없다. 유기체론이 유기체의 자율성을 외부 환경과의 상호 관계에까지 확장함으로써, 외부 환경을 유기체의 자기유지를 위한 필수적인 요소로 간주한다는 점에서, 외부 환경은 유기체론에 있어서 적극적으로 고려된다고 할 수 있다. 실로 유기체론은 유기 조직을 **자기유지**와 **자기규정**으로서 간주한다는 점에서 헤겔의 유기체 규정과 매우 유사하며, 외부 환경과의 상호작용을 적극적으로 고려한다는 점에서도 헤겔 목적론과 유사하다. 하지만 유기체론에 있어서 외부 환경적 요소는 유기체에게 이로운 것일지라도 헤겔과는 달리 목적론적이지 않은 것으로 간주되기 때문에, 목적 관계 속에서 목적이 실현된 수단으로서의 환경의 의미가 파악되지 못한다.

반면 헤겔에게서는 유기체와 외적 환경의 관계가 (타당한) 외적 목적론으로 간주된다. 외적 목적론에서 수단은 그 안에서 목적이 실현되는 목적의 상관자로서 역시 목적론적인 것이다. 가령 집을 짓겠다는 나의 목적은 물리적 인과 과정 속에 있는 재료들을 행위를 통해 특정한 방식으로 결합한다. 그렇게 지어진 집을 수단으로 하여 나의 목적은 실현된다. 따라서 수단은 실현된 목적이며, 합목적적인 것이다. 헤겔에 따르면 마찬가지로 나의 목적에 의해 매개된 환경도 목적론적인 것이다. 앞서 살펴본 것처럼 헤겔은 환경을 유기체가 자신을 **특수화**한 **계기**로서, 다시 말해서 유기체의 보편적 목적 활동의 특수한 계기로서 목적론적으로 해석한다. 거꾸로 환경은 보편적 종이 어떻게 특수화될지를 결정하는 외적 조건이다(Scholz 2020, 381). 따라서 환경은 종의 특수화를 가능케 하는 조건으로서, 목적 실현의 불가결한 계기이다. 헤겔에게서는 유기체가 환경을 매개로 자신을 특수화하고 그럼으로써 자기를 규정하기 때문에, 유기체의 **자기규정**은 유기체 내부에서 **형상**(Gestalt)의 형성 과정에만 그치는 것이 아니라, **생명 과정**(Lebensprozess), 즉 환경과의 상호 관계에까지 확장된다. 이같이 헤겔은 유기체의 내적 목적론을 유기체와 환경 사이의 외적 목적론으로 전개할 뿐만 아니라, 비생명적 유기체인 지구의 생태 목적론에까지 확장한다. 반면에 유기체론은 환경을 죽어 있는 것으로 간주하여 목적론적으로 고찰하지 못하기 때문에, 환경이 갖는 생태학적 함축도 고려하지 못한다. 유기체론에게 환경은 유기체의 **자기유지**를 위해 불가결한 것이지만, 유기체의 **자기규정**은 유기체 내부의 형성 과정에만 국한되지, 외부 환경과의 관계로까지 확장되지는 않는다. 유기체론은 외부 환경 요소를 주로 유기체의 자기보존을 위해 상쇄 (compensate)되어야 할 이질적 요소로서 간주하기 때문에, 환경과 유기체의 상호작용은 사이버네틱스의 항상성(homeostasis)을 구현하는 기계적 상호작용으로만 취급될 뿐이다. 따라서 유기체론이 기원론과 성향론에 비해 환경을 **적극적으로 고려**함에도 불구하고, 유기체론은 유기체를 단지 목표 상태를 유지하는 사이버네틱스 체계로 간주함으로써, 유기체와 환경과의 관계를 유기체의 내적 환경의 보존과 안정성의 유지라는 **소극적 의미**로만 파악한다. 이러한 이유에서 내 생각에는, 감바로토, 일레테라티, 쿠퍼와 같은 헤겔 연구자들이 유기체론을 헤겔 목적론과 유사한 것으로 간주하여 변증법적 생물철학과 확장된 진화론의 지지자로 평가하는 것과는 달리, 유기체론은 헤겔처럼 환경에 대한 표현형적 가소성이 유기체가 특정한 유전자를 능동적으로 선택하는 데 영향을 미친다는 새로운 적응이론을 이론적으로 지원할 수 없다.

종합적으로 볼 때, 유기체론에서 유기체는 칸트와 헤겔의 목적론에서처럼 유기적 생명으로서가 아니라 기계와 같은 것으로 다루어진다. 유기체론이 기원론과 성향론보다 유기체를 포괄적으로 다루기는 했지만, 유기체론 역시 기계론을 근간으로 하는 과학주의 요구에 따라 생명현상을 기계론으로 환원하면서 생명의 풍부함을 감소시켰다. 비록 칸트가 반성적 판단력을 통해 규제적으로 사고했지만, 칸트와 헤겔은 생명현상의 풍부함을 유기적 합목적성을 통해 포착하였다. 하지만 현대 기능 논쟁의 전반적인 입장은 형이상학에 대한 공포로부터 과학주의의 기계론으로 도피하면서, 보편으로부터 특수한 분지들로 분화되는 생명의 **고유성**을 희생시키고, 유기적 생명을 파편화된 기계로 환원하였다. 칸트를 계승한다고 공언한 유기체론조차도 칸트 목적론의 핵심적 요소는 간과한 채, 기계론적 측면만을 유기적 폐쇄를 통해 재현하였다. 따라서 유기체론이 제시하는 목적론은 칸트의 목적론적 측면의 제약으로부터 풀려나서, 칸트의 기계론적 측면을 순수 기계론적 장치로 만들어 버렸다. 결국 기원론과 성향론의 종합을 자처한 유기체론은 칸트 목적론과 함께 인과역할론에 머물렀고, 그것도 칸트의 목적론적 측면을 결여한 기계론으로 떨어졌다. 그렇다면 칸트의 목적론을 구성적으로 발전시킨 헤겔의 목적론이 진정한 의미에서 번식의 측면을 고려한 기원론과 형상과 동화의 측면을 고려한 성향론을 종합하면서, 유기체와 환경의 관계뿐만 아니라 환경 자체에 대한 풍부한 생태학적 관점을 포괄하는 목적론이라고 할 수 있다. 이 점에서 칸트 목적론에서 헤겔 목적론으로의 전개는 현대 생물학 철학의 기능 논쟁이 기계론에 떨어지지 않고 진정한 자연화된 목적론에 도달하기 위한 전략적 시사점을 던져 줄 것이다.

　　자연은 수학적으로 쓰인 책이 아니다. 수학은 자연을 설명하는 한 가지 방식이며, 더욱이 그것의 타당성이 죽어 있는 기계적 자연에 국한된 방식이다. 살아 있는 유기체의 질서는 수학적으로 설명할 수 없다. 존재의 범형을 유기체로 보는 생물학 철학자 헤겔은 수학의 외적 고찰 방식이 개념을 표현하지 못하고, 그럼으로써 개념적 질서를 갖는 내적 관계론을 표현하지 못한다는 사실을 지적한다(LB, 50: 37 – 52: 2 / 47, 특히 51: 20-30). 수학은 기계론적 질서를 재현하는 수단이다. 하지만 자연에는 기계론적 사고방식으로는 재구성할 수 없는 목적론적 질서가 있다. 생명의 질서를 기계론으로 환원하려는 물리주의에 대항하여, 생물학자들은 물리학으로 환원될 수 없는 생물학의 고유성을 주장한다. 칸트는 비판철학의 제한 때문에 준칙으로서 주장하지만, 헤겔과 함께 기계론으로 환원될 수 없는 목적론의 고유성과 나아가 기계론에 대한 목적론의 우위를 주장한다. 칸트는 유기체가 목적론적 측면과 기계론적 측면 모두를 가지고 있지만, 유기체를 유기적 생명으로 만들어 주는 것은 목적론적 측면임을 강조한다. 그는 전체로부터 부분, 보편으로부터 특수가 분화되어 나오는 목적론적 측면의 구조가 기계론적 질서와 구별되는 생명의 고유한 특징임을 논증한다. 다만 칸트에 따르면 인간의 인식은 기계론적으로 부분에서 전체로, 특수에서 보편으로 진행할 수 있기 때문에, 반성적 판단력에 의해 직관적 오성이라는 이념에 따라, 반대 방향의 진행을 통한 생명의 구조화를 사고하여야 한다. 헤겔은 인간이 보편에서 특수로 진행하는 생명의 구조화를 사고할 수 있다고 주장하면서, 그것을 가능케 하는 개념 논리를 방법론으로 개발한다. 이로써 칸트가 **규제적** 이념으로만 생각했던 생명의 논리는 유기체의 **객관적**인 구조로 되고, 생물학은 기계론적 자연과학을 위한 **발견법**에서 **자연과학**이 된다.

칸트가 생명의 질서를 객관적 사실이 아닌 우리의 주관적 사유 방식으로 생각하고, 생명에 대한 탐구를 기계론적 탐구를 위한 잠정적인 발견법으로만 간주한 이유는 기계론적 세계관에 기초한 그의 인식 비판 때문이다. 그는 인식 비판을 통해 감성적 직관과 개념이 결합된, 기계론적 세계의 최소 단위인 자연 사물을 정초하였다. 칸트는 **기계론적 사물**을 규정하는 **개념**을 **분석적 보편**으로 간주한다. 분석적 보편은 특수한 개별자들을 **추상**하여 얻어진다. 그렇기 때문에 거꾸로 특수한 개별자들은 보편에 온전히 **포섭**된다. 하지만 미감적 현상, 유기체의 합목적성, 특수한 경험 법칙 등은 보편으로 추상할 수 없는 특수이다. 따라서 칸트는 이 특수로부터 보편으로 거슬러 올라가면서, 경험적 원리들 간의 체계적인 종속 관계를 가능케 하는 선험적인 **통일 원리**를 찾아내고자 한다. 이 통일 원리는 특수로부터 추상될 수 없는 것이며, 따라서 특수를 온전히 포섭할 수도 없는 것이기 때문에, 기계론적 세계의 자연 사물처럼 객관적인 실재가 아니다. 그것은 단지 우리의 주관적인 탐구 방법으로 제시된 **이성 개념**일 뿐이다. 칸트가 미감적 현상, 유기체의 합목적성, 특수한 경험 법칙의 통일적 근거를 객관적 실재가 아닌 주관적 개념 장치로 간주할 수밖에 없던 것은 **사실적 인식**은 특수한 개별자들로부터 그것의 **보편**으로 진행해야 한다는, 그의 기계론적 사고방식에 기인한다. 이와 반대로 저 특수한 대상들에 대한 탐구는 그런 방식으로 진행하여, 그것들을 **포섭**할 수 있는 객관적 실재로서의 **보편**을 찾을 수 없기 때문에, **반성적 판단력**에 의해 **이성 개념**을 도입하는 것이다.

하지만 헤겔에게 이성 개념은 특수로부터 찾아져야 할 **목표**나 주관적으로 설정되어야 할 **대체물**이 아니라, **특수에 앞서 이미 존재**하는 것이다. 헤겔의 유기체적 사고는 보편이 특수를 가능케 한다. 보편적 개념은 아직 개념적으로 규정되지 않은 감성적 직관을 관통하면서, 그것을 보편에 의해 구조화된 특수로 만든다. 헤겔(Enz II, 353 Z, 220)에 따르면 우리는 **개념으로부터 출발**해야 한다. 그리고 비록 개념이 혹시라도 아직 자연의 "풍부한 다양성"을 철저히 규명하지 못하고, 설령 수많은 특수한 것이 아직 설명되지 않았다 하더라도, 우리는 개념을 신뢰해야 한다. 헤겔은 **수많은 특수한 것들을 설명하라고 하는 것은 전적으로 막연한 요구**이며, 이 요구가 이루어지지 않았다고 해도 개념이 손상되는 것은 아니라고 주장한다. 반면에 헤겔에 따르면 이와 정반대로 경험 물리학자의 이론은 모든 것을 설명해야 한다. 왜냐하면 그들의 확증은 오직 개별적 경우에만 근거를 두기 때문이다. 하지만 철학적 탐구에 있어서는 우선 개념만으로 그 자체 타당하며, 특수한 개별자는 그다음에 주어지는 것이다. 따라서 철학이 감성적인 것 안에 있는 개념을 인식한다는 것은 개념을 가지고 감성적 직관에 내재한 개념적인 것을 선명한 구조로 드러내는 것이다. 칸트와 경험 물리학의 기계론적 사고는 감성적 직관의 **특수한 개별자로부터 출발**하여 그것들을 포섭하는 보편 원리를 찾는다. 그것을 찾지 못했을 때는, 칸트처럼 잠정적 사고물을 통해 보편 원리를 대신한 다. 이들에게는 **감성적 직관**이 **실재성**의 기준이다. 하지만 헤겔의 유기 체적 사고에서 보편 개념은 감성적 소재를 관통하여 그것을 특수한 개별 자로 존재하게 한다. **개념**이 잡다한 **실재성**의 존재 근거이고, 개념을 통 해 감성적 직관은 특수한 개별자로 된다. 따라서 감성적 특수성은 개념 을 통해 구조화되기도 하고, 그것을 벗어나 개념으로부터 떨어져 나가기 도 하는, 개념에 **붙어 있는** 소재이다. 개념으로부터 떨어져 나가는 특수 를 헤겔은 자연의 무기력 혹은 자연이 기절해 있는 상태(Ohnmacht der Natur)라고 표현한다.

자연에는 개념으로 온전히 해명될 수 없는 특수가 있다. 다윈도 종과 종 사이의 특수한 변이가 너무나 다양하여 양자를 구별하는 구획을 명백히 할 수 없기 때문에, 종 개념을 실재적인 것이 아닌 유명론적인 것 으로 설정하였다. 그럼에도 불구하고 헤겔과 다윈은 자연을 관통하는 **객 관적** 구조가 실재한다고 생각하지, 생명을 해명하기 위해 칸트처럼 **주관 적** 사고물에 의존하지는 않는다. 헤겔은 미적 합목적성을 칸트처럼 미적 쾌감으로 간주하지 않고 예술미의 본질을 이념으로 보기 때문에, 그에게 미적 합목적성은 칸트에게서처럼 객관적 인식과 **질적으로** 차별화된 인 식의 대상이 아니다. 유기체의 합목적성과 경험적 자연법칙을 위해서도, 헤겔은 칸트처럼 자연 사물의 경우와 **질적으로** 다른 인식 방식을 요구하지 않는다. 그는 보편으로부터 특수를 구조화하는 개념을 가지고 모든 사태를 통일적으로 인식한다. 기계론적 사태, 분석적 보편으로서의 **일상적 개념**도 구체적 보편으로서의 개념이 갖는 세 가지 계기 중 특수와 개별을 누락하고 보편만을 제시하는 **추상적 사고**로 간주된다. 헤겔에 있어서 인간 인식의 본래적 출발점은 칸트처럼 분석적 보편이 아니라 **종합적 보편**이며, 기계론적 사태는 개념의 총체성 중 **일면**을 나타내는 것으로서 개념에 포함된다. 이것을 존재론적 측면에서 보면, 헤겔은 본래적인 존재를 살아 있는 통일성, 즉 생명으로 보고, 기계론적 인과 과정을 생명에 의해 **규율**되는 생명의 **구성 요소**로 간주한다. 그는 죽어 있는 지구도 일종의 유기체로 간주하여 생명과의 연관 속에서 생태학적으로 고찰하며, 생명을 벗어난 기계론적 인과 과정도 인간의 의도적 목적에 수단으로 종사할 수 있는, **잠재적으로 개념적인 것**으로 간주한다.

칸트가 기계론적 자연 사물로부터 출발하여 생명 유기체에 맞닥뜨려 인식의 한계를 고백했다면, 헤겔은 칸트의 주관적 사고의 고안물을 객관적 방법으로 발전시켜, 생명의 논리를 통해 모든 존재를 해명한다. 상이한 양상으로 전개된 칸트와 헤겔의 생명의 논리는 **보편이 자신의 원리에 따라 자신을 특수로 분화하고, 특수의 상호 산출과 작용으로 인해 자신을 보존하는 이성 개념**의 논리를 핵심으로 한다. 칸트와 헤겔의 목적론이 기초하는 이러한 목적 개념은 칸트가 규제적으로, 헤겔이 구성적으로, 아리스토텔레스에게 존재하는 내재적 목적론의 단초를 발전시킨 것이다. 아리스토텔레스로부터 헤겔로 이어지는 전통적 목적론은 칸트가 목적론적 측면으로서 기술한 **보편으로부터 특수로의 구조화**

가 생명의 비밀이라는 통찰을 공유한다. 하지만 칸트와 헤겔 이후의 생물학과 생물철학은 정밀과학의 위력에 압도되어, 이러한 목적론의 핵심적 측면을 형이상학적인 것으로 치부하고 폐기한다. 하지만 생물학은 생명현상에 직면하여 기계론적 해석의 한계를 절감하고, 물리화학으로 환원되지 않는 생물학의 **고유성**을 주장하기 위하여 **목적론**을 다시 도입한다. 자연과학적으로 재구성된 목적론인 텔레오노미는 목적 개념을 유전 프로그램으로 대체하여, 생명현상을 형이상학적 목적 개념이 없는 합목적성으로 설명한다. 하지만 유전 프로그램의 기계론과 합목적적 생명현상의 통일로 정의된 텔레오노미는 태생부터 기계론으로 환원되느냐 목적론임을 고백하느냐의 기로에 서게 된다. 경험적 생명현상은 텔레오노미가 말하는 프로그램을 열린 프로그램, 신체 프로그램과 합목적적 활동에로까지 확장할 것을 요구한다. 이로써 목적 개념을 대체한 **프로그램**은 단순히 기계론적인 것이 아니며, 그것을 개념적으로 지칭하기 위해 우리는 **목적 개념**을 다시 도입할 수밖에 없다. 결국 텔레오노미는 기계론으로 환원될 수 없는 목적론이며, 우리는 목적론과 구별되는 텔레오노미라는 용어를 사용할 필요가 없다.

철학은 프로그램의 다양한 내용을 통일적으로 지칭하기 위하여 목적 개념을 제공하듯이, 생물학을 위하여 생명 **개념**을 제공한다. 경험과학으로서 생물학은 생명에 대해 탐구하면서도, 생명체가 지니는 현상적 특성만을 수집하고 기술할 뿐, 생명 자체에 대해 정의하지 못한다. 그것은 "생명이란 무엇인가?"라는 질문에 대해, "진화된 프로그램, 화학적 속성, 제어 메커니즘, 조직, 목적론적 체계, 제한된 규모, 생활사, 열린 체계" 등 생명체에 속하는 **속성**이나 "진화의 능력, 자기 복제, 성장 및 분화, 대사, 항상성, 반응력, 유전자형과 표현형에서의 변화" 등 생명체가 갖는 **능력**을 열거한다(마이어 1997, 45ff.). 이러한 경험적 정의는 가변적이며 항상 미완으로 남아 있다. 게다가 이 각각의 경험적 현상이 생명적인 것인지 아닌지를 판단하는 기준은 다른 경험적 현상이 아니라, 그것을 넘어서는 생명 **개념**에 놓여 있다. 칸트와 헤겔의 목적론은 **자신의 원리에 따라 자신을 특수로 분화하고 특수의 상호 산출과 작용을 통해 자신을 보존하는 통일적 전체**로서 생명 개념을 제시한다. 이러한 개념으로부터 "분지들의 통일, 특정한 과정의 불가역성, 자기보존 및 유의 보존, 자기 규정, 정보를 가진 프로그램, 재생산과 목표지향성" 등 생명의 특성으로 간주되는 규정들이 연역될 수 있다. 생명 개념은 이러한 특성들의 체계적인 연관을 제시하면서 생명에 대한 통일적이고 총체적인 설명을 제공한다. 이같이 철학은 경험에 머물지 않고 경험의 **본질**, 즉 **개념**을 도출하여 개념으로부터 경험을 파악한다.

생명현상에 대한 생물학의 경험적 관찰은 목적 개념을 핵심으로 하는 목적론적 생명 개념의 타당성을 뒷받침한다. 실로 생물학자들은 생물철학자들보다 전통적 목적론에 대해 친화적이다. 그것은 전통적 목적론의 형이상학적 목적 개념이 경험적 관찰에 의해 확증되고 있다는 사실을 말해 준다. 하지만 생물철학자들은 논리와 기계론적 과학에 경도된 태도 때문에, 생명을 기계론적 과정으로 환원하면서, 그것의 풍부함을 감소시킨다. 기원론과 성향론의 생물철학은 유기체의 세 가지 구분, 즉 형상, 동화, 번식 중에서 각기 번식과 형상이라는 한 가지 측면만을 대변한다. 이러한 일면성에 불만족하여 양자를 종합하는 대안으로서 등장한 유기체론도 마찬가지로 생리학을 중심 원리로 삼으면서, 성향론에 존재론적 함축을 가미한 인과역할론에 머물러 있다. 유기체론은 다른 생물철학적 경향들과 마찬가지로 유기체를 기계론적으로 고찰하기 때문에, 부분으로부터 출발하여 부분들의 상호 인과의 체계를 도출한다. 하지만 유기체론은 칸트가 목적론의 핵심이라고 얘기한 '위로부터 아래로의 구조화'를 결여하기 때문에, 통일적 원리로부터 특수의 **산출**뿐만 아니라, 특수한 기관들의 상호작용을 넘어서는 상호 **산출**을 설명하지 못한다. 또한 통일적 원리에 따라, 하나의 형태로부터 다른 형태가 **산출**되는 **형태변환**도 설명하지 못한다. 이러한 유기성을 결여한 부분들의 상호작용은 기계적인 전체를 결과로서 도출할 수 있을 뿐이다.

생리학에 기초하는 유기체론이 유기체의 공시적인 구조에 제한된 반면, 헤겔의 목적론은 공시적이면서 통시적으로 자신을 전개하는 목적 개념을 제시한다. 공시적 차원에서 인간 실천에 관한 철학, 즉 사회철학이 통시적 차원의 역사철학으로 지속되듯이, 유기체도 형상의 구조를 번식을 통해 지속하는 일종의 역사를 갖는다. 다만 이러한 전개는 **목표**를 향해 발전해 나가는 **역사**가 아니다. 헤겔은 자연에는 진정한 의미의 역사가 없고 단지 **반복**만이 있을 뿐이라고 주장하기 때문에, 자연에서 정향진화론과 같은 것을 주장하지는 않는다. 따라서 헤겔의 목적론은 다윈 진화론의 비판으로부터도 자유롭다. 통상적으로 다윈 진화론은 목적론적 사유에 대한 강한 위협으로 간주되지만, 다윈은 목적론을 이해하지 못했다. 그는 목적론을 정향진화론과 같이 유기체 밖에 있는 목표를 향해 가는 과정으로 이해하지만, 전통적인 내재적 목적론 중 어떤 것도 이러한 내용을 포함하지 않는다. 나아가 다윈 진화론은 목적론만큼 생명현상의 풍부함을 포착하지 못했다. 다윈 진화론은 번식의 측면에 주목하여 생리학적 질서의 구체성을 드러내지 못했고, 진화 과정도 자연선택의 기계론적 과정으로 이해됨으로써, 진화 과정에서의 유기체의 능동적 역할을 고려하지 못했다.

　　실로 생명을 둘러싼 기계론과 목적론의 싸움은 거인의 싸움처럼 전개되었다. 생명을 기계로서 설명하려는 시도가 목적론에 대항하여 큰 세력을 형성하였고, 한때 목적론을 몰아내기까지 했다는 것은 기이한 현상이다. 왜냐하면 문제가 되는 것은 기계가 아닌 생명이기 때문이다. 그럼에도 불구하고 기이한 현상이 지속되었고 여전히 지속되고 있는 이유는, 기계론과 정밀과학의 경향이 자연과학에서 가장 큰 영향력을 행사하고 있기 때문이다. 다윈 이후 생물학조차 목적론으로부터 벗어나려고 했고, 그렇게 하는 것이 생물학의 과학적 위상을 높이는 것이라고 생각했다(박은진 1996, 268). 이러한 경향은 기계론적 자연과학의 위력에의 굴복과 목적론적 형이상학에 대한 무지와 편견에 기인한다. 하지만 그동안 슈패만(Spaemann, Löw 2005)과 같은 철학자의 노력에 의해 목적론이 어느 정도 복권되었고, 마이어와 같은 생물학자에 의해 아리스토텔레스의 형이상학적 주장이 긍정되는 실정에까지 이르렀다(Mayr 1979, 223-225). 내재적 목적론의 **형이상학**은 다양한 생명현상을 규율하는 **본질**에 관한 통찰이지 경험 초월적 **개념의 유희**가 아니다. 영어권의 논의에서, 기계론으로 정향된 기능 논쟁은 형이상학에 대한 편견 때문에 전통 목적론의 내용에는 관심을 기울이지 않고, 논쟁의 고유한 맥락에 빠진 채 과학이론들로부터 자신의 입장을 보강하려고 한다. 하지만 그 밖에 진화론을 목적론적으로 해석하려는 시도나 전통 목적론을 자연화하려는 시도는 오히려 보다 풍부한 목적론에 대한 이해를 포함하고 있다. 아직도 기계론적 자연과학과 전통적 목적론의 영향 아래서 다양한 스펙트럼의 이론들이 생명의 비밀을 해명하기 위해 암중모색하고 있다. 칸트와 헤겔의 목적론적 통찰은 분명 이 가운데 한 줄기 빛을 던져 줄 수 있다. 그것은 단지 기계론적으로 잘못 정향된 생물철학에 올바른 방향을 제시할 뿐만 아니라, 자연과학으로서의 생물학에 탐구의 실마리를 **객관적**으로 제공할 수 있다. 생명의 유기성은 기계론으로 환원될 수 없고, 수학에 기초한 정밀과학의 방법으로 해명될 수 없다. 이제 철학은 목적론적 사고방식을 통해 생물학의 탐구 방법론을 뒷받침하고, 목적론적 형이상학을 통해 생명 탐구를 위한 개념적 틀을 제공할 수 있다. 지금까지 철학은 객관적 자연의 해명에서 기계론적 자연과학에 밀려 주관적 정신 세계로 떠밀려 들었다. 칸트 역시 이러한 흐름 속에서 자신의 탁월한 목적론적 통찰을 단지 주관적 사고물로만 간주하였다. 하지만 칸트의 통찰을 객관화한 헤겔의 목적론과 함께, 철학은 생명에 관한 사실적 주장을 제기한다. 이제 생명에 관한 목적론적 주장과 함께, 철학은 단지 인간적 삶을 위한 **주관적 지혜**가 아니라 생명에 관한 **객관적 지식**으로서 자신을 천명한다. 이로써 생명의 영역에서는 목적론적 생명관이 기계론적 자연과학을 압도하고 생물학의 탐구를 지원하는 자연철학의 의미와 현재성(actuality)을 확인시켜 줄 수 있다.

Enz I: G. W. F. Hegel (1830), *Enzyklopädie der philosophischen Wissenschaften I*, Werke in zwanzig Bänden, Theorie Werkausgabe, Frankfurt am Main: Suhrkamp, 1969ff., Bd. 8.

Enz II: G. W. F. 헤겔, 『자연철학』 I, II, 박병기 역, 나남, 2008.

Enz III: G. W. F. 헤겔, 『정신철학』, 박병기, 박구용 역, 울산대학교 출판부, 2000.

KrV: I. Kant (1787), *Kritik der reinen Vernunft*, Hamburg: Felix Meiner, 1998.

KU: I. Kant (1793), *Kritik der Urteilskraft*, Gesammelte Schriften, Akademieausgabe, Berlin: De Gruyter, 1900ff., Bd. 5.

LB: G. W. F. Hegel (1816), *Wissenschaft der Logik. Die Lehre vom Begriff*, nach dem Text Gesammelte Werke 12, hrsg. v. H.-J. Gawoll, Hamburg: Felix Meiner, 1994. (/ 뒤는 Gesammelte Werke의 쪽수)

LS: G. W. F. Hegel (1832), *Wissenschaft der Logik. Die Lehre vom Sein (1832)*, nach dem Text Gesammelte Werke 21, hrsg. v. H.-J. Gawoll, Hamburg: Felix Meiner, 1990. (/ 뒤는 Gesammelte Werke의 쪽수)

Log: I. Kant (1800), *Logik*, Gesammelte Schriften, Akademieausgabe, Berlin: De Gruyter, 1900ff., Bd. 9.

MAN: I. 칸트, 『자연과학의 형이상학적 기초원리』, 김재호 역, 칸트전집 5, 한길사, 2018. (/ 뒤는 Akademieausgabe의 쪽수)

PhG: G. W. F. Hegel (1807), *Phänomenologie des Geistes*, Werke in zwanzig Bänden, Theorie Werkausgabe, Frankfurt am Main: Suhrkamp, 1969ff., Bd. 3. (/ 뒤는 Gesammelte Werke의 쪽수)

Rph: G. W. F. Hegel (1820), *Die Rechtsphilosophie von 1820, mit Hegels Vorlesungsnotizen 1821-1825*, hrsg. v. K.-H. Ilting, Stuttgart-Bad Cannstadt: Fromman Holzboog, 1974.

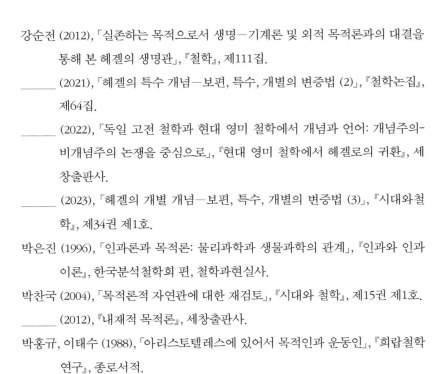

참고문헌

참고문헌

국내 발행 참고문헌

강순전 (2012), 「실존하는 목적으로서 생명―기계론 및 외적 목적론과의 대결을 통해 본 헤겔의 생명관」, 『철학』, 제111집.

_____ (2021), 「헤겔의 특수 개념―보편, 특수, 개별의 변증법 (2)」, 『철학논집』, 제64집.

_____ (2022), 「독일 고전 철학과 현대 영미 철학에서 개념과 언어: 개념주의-비개념주의 논쟁을 중심으로」, 『현대 영미 철학에서 헤겔로의 귀환』, 세창출판사.

_____ (2023), 「헤겔의 개별 개념―보편, 특수, 개별의 변증법 (3)」, 『시대와철학』, 제34권 제1호.

박은진 (1996), 「인과론과 목적론: 물리과학과 생물과학의 관계」, 『인과와 인과이론』, 한국분석철학회 편, 철학과현실사.

박찬국 (2004), 「목적론적 자연관에 대한 재검토」, 『시대와 철학』, 제15권 제1호.

_____ (2012), 『내재적 목적론』, 세창출판사.

박홍규, 이태수 (1988), 「아리스토텔레스에 있어서 목적인과 운동인」, 『희랍철학연구』, 종로서적.

유원기 (2009), 『자연은 헛된 일을 하지 않는다―아리스토텔레스의 자연철학』,

서광사.

최준호 (1998), 「칸트의 자연목적론, 그리고 형이상학」, 『철학연구』, 제43집.

다윈, C. R. (1859), 『종의 기원』, 송철용 역, 동서문화사, 2009. (*On the Origin of Species by Means of Natural Selection, or the Preservation of Favored Races in the Struggle for Life*, London: John Murray)

뒤징, K. (1983), 『헤겔과 철학사』, 서정혁 역, 동과서, 2003. (*Hegel und die Geschichte der Philosophie*, Darmstatt: Wissenschaftliche Buchgesellschaft)

마이어, E. (1991), 『진화론 논쟁』, 신현철 역, 사이언스북스, 1998. (*One Long Argument. Charles Darwin and the Genesis of Modern Evolutionary Thought*, Cambridge, MA: Harvard University Press)

_____ (1997), 『이것이 생물학이다』, 최재천 외 역, 바다출판사, 2016. (*This is Biology*, Cambridge, MA: Harvard University Press)

_____ (2001), 『진화란 무엇인가』, 임지원 역, 사이언스북스, 2008. (*What Evolution Is*, London: Phoenix)

_____ (2004), 『생물학의 고유성은 어디에 있는가』, 박정희 역, 철학과현실사, 2005. (*What Makes Biology Unique? Considerations on the Autonomy of a Scientific Discipline*, Cambridge: Cambridge University Press)

바이저, F. (2005), 『헤겔』, 이신철 역, 도서출판b, 2012. (*Hegel*, New York: Routledge)

소버, E. (1993), 『생물학의 철학』, 민찬홍 역, 철학과현실사, 2004. (*Philosophy of Biology*, Boulder: Westview Press)

칸트, I. (1786), 『자연과학의 형이상학적 기초원리』, 김재호 역, 칸트전집 5, 한길사, 2018. (*Metaphysische Anfangsgründe der Naturwissenschaft, Gesammelte Schriften*, Berlin: De Gruyter, 1900ff., Bd. 4)

헤겔, G. W. F. (1802),『믿음과 지식』, 황설중 역, 아카넷, 2003. (*Jenaer kritische Schriften, Glauben und Wissen*, Gesammelte Werke, Hamburg: Felix Meiner, 1968, Bd. 4)

_____ (1830b),『자연철학』 I, II, 박병기 역, 나남, 2008. (*Enzyklopädie der philosophischen Wissenschaften II*, Werke in zwanzig Bänden, Theorie Werkausgabe, Frankfurt am Main: Suhrkamp, 1969ff., Bd. 9)

_____ (1830c),『정신철학』, 박병기, 박구용 역, 울산대학교출판부, 2000. (Theorie Werkausgabe, Frankfurt am Main: Suhrkamp, 1969ff., Bd. 10)

해외 발행 참고문헌

Allison, H. E. (2012), Is the Critique of Judgment "Post-Critical"?, in: *Essays on Kant*, Oxford: Oxford University Press.

Alznauer, M. (2016), Hegel's Theory of Normativity, *Journal of the American Philosophical Association*, 2: 2.

Ariew, A. (2007), Teleology, in: *The Cambridge Companion to THE PHILOSOPHY OF BIOLOGY*, eds. by D. Hull, M. Ruse, Cambridge: Cambridge University Press.

Aristotle (1941), Physica, in: *The Basic Works of Aristotle*, trans. by R. P. Hardie, R. K. Gaye, New York: Random House.

Ayala, F. J. (1970), Teleological Explanations in Evolutionary Biology, *Philosophy of Science*, 37.

Baum, M. (1990), Kants Prinzip der Zweckmäßigkeit und Hegels Realisierung des Begriffs, in: *Hegel und die "Kritik der Urteilskraft"*, hrsg. v. H.-F.

Fulda, R.-P. Horstmann, Stuttgart: Klett-Cotta.

Bedau, M. (1991), Can Biological Teleology be Naturalized?, *The Journal of Philosophy*, 88: 11.

Bickhard, M. (2010), Is Normativity Natural?, in: *Beyond Description: Naturalism and Normativity*, eds. by M. Milkowski, K. Talmont-Kaminski, London: College Publications.

Biegelow, J., Pargetter, R. (1987), Functions, *Journal of Philosophy*, 84: 4.

Boorse, C. (1976), Wright on functions, *Philosophical Review*, 85.

Cooper, A. (2020), Do Functions Explain? Hegel and the Organizational View, *Hegel Bulletin*, 41.

Csikos, E. (2005), Der Organismusbegriff bei Hegel und Whitehead, in: *Hegel und das mechanistische Weltbild*, hrsg. v. R. Wahsner, Frankfurt am Main: Peter Lang.

Cummins, R. (1975), Functional Analysis, in: *Function, Selection and Design*, ed. by D. J. Buller, New York: SUNY Press, 1999. (Originally published in *The Journal of Philosophy*, 72)

Dijksterhuis, E. J. (2002), *Mechanisierung des Weltbildes*, Berlin: Springer.

Düsing, K. (1986), Die Idee des Lebens in Hegels Logik, in: *Hegels Philosophie der Natur*, hrsg. v. R.-P. Horstmann, Stuttgart: Klett-Cotta.

_____ (1990), Naturteleologie und Metaphysik bei Kant und Hegel, in: *Hegel und die Kritik der Urteilskraft*, Stuttgart: Klett-Cotta.

Eigen, M. (1971), Vorrede zur Deutschen Ausgabe, in: *Zufall und Notwendigkeit. Philosophische Fragen der modernen Biologie*, J. Monod, übers. v. F. Griese, München: Piper.

Förster, E. (2002), Die Bedeutung von §§ 76, 77 der Kritik der Urteilskraft für die Entwicklung der nachkantischen Philosophie, *Zeitschrift für philosophische Forschung*, 56.

Fulda, H.-F. (2003), Von der äußeren Teleologie zur inneren, in: *Der Begriff als die Wahrheit: Zum Anspruch der Hegelschen "subjektiven Logik"*, hrsg. v. A. Koch u. a., Paderborn: F. Schöningh.

Gambarotto, A., Illetterati, L. (2020), Hegel's Philosophy of Biology? A Programmatic Overview, *Hegel Bulletin*, 41.

Gardner, S. (2007), The Limits of Naturalism and the Metaphysics of German Idealism, in: *German Idealism: Contemporary Perspectives*, ed. by E. Hammer, London: Routledge.

Garson, J. (2017), Against Organizational Functions, *Philosophy of Science*, 84: 5.

Ghiseln, M. T. (1994), Darwin's Language may seem Teleological, But his Thinking is another Matter, *Biology and Philosophy*, 9: 4.

Ginsborg, H. (2006), Kant's Biological Teleology and its Philosophical Significance, in: *A Companion to Kant*, ed. by G. Bird, Malden, MA: Blackwell Publishing.

Gould, S. J., Lewontin, R. (1979), The Spandrels of San Marco and the Panglossian Paradigm: A Critique of the Adaptationist *Programme, Proceedings of the Royal Society of London. Series B: Biological Sciences*, 205.

Gram, M. (1982), Intellectual intuition: the continuity thesis, *Journal of the History of Ideas*, 42.

Hassenstein, B. (1981), Biologische Teleonomie, *Neue Hefte für Philosophie*, 20, Göttingen: Vandenhoeck & Ruprecht.

Hegel, G. W. F. (1807), *Phänomenologie des Geistes*, Werke in zwanzig Bänden, Theorie Werkausgabe, Frankfurt am Main: Suhrkamp, 1969ff., Bd. 3.

_____ (1816), *Wissenschaft der Logik. Die Lehre vom Begriff*, nach dem Text Gesammelte Werke 12, hrsg. v. H.-J. Gawoll, Hamburg: Felix Meiner, 1994. (PhB 377)

_____ (1817), *Vorlesungen über Logik und Metaphysik: Heidelberg 1817. Mitgeschrieben von F. A. Good*, hrsg. v. K. Gloy, G. W. F. Hegel Vorlesungen. Ausgewählte Nachschriften und Manuskripte, Hamburg: Felix Meiner, 1992, Bd. 11. (GW 23,1)

_____ (1820), *Die Rechtsphilosophie von 1820 mit Hegels Vorlesungsnotizen*, Vorlesungen über Rechtsphilosophie 1818-1831, Edition und Kommentar in sechs Bänden von K.-H. Ilting, Stuttgart-Bad Cannstadt: Fromman Holzboog, 1974, Bd. 2.

_____ (1822/23), *Philosophie des Rechts nach der Vorlesungsnachschrift H. G. Hothos 1822/23*, Vorlesungen über Rechtsphilosophie 1818-1831, Edition und Kommentar in sechs Bänden von K.-H. Ilting, Stuttgart-Bad Cannstadt: Fromman Holzboog, 1974, Bd. 3.

_____ (1824/25), *Philosophie des Rechts nach der Vorlesungsnachschrift K. G. v. Griesheims 1824/25*, Vorlesungen über Rechtsphilosophie 1818-1831, Edition und Kommentar in sechs Bänden von K.-H. Ilting, Stuttgart-Bad Cannstadt: Fromman Holzboog, 1974, Bd. 4.

_____ (1823-1830), *Vorlesungen über die Geschichte der Philosophie III*, Werke in zwanzig Bänden, Theorie Werkausgabe, Frankfurt am Main: Suhrkamp, 1969ff., Bd. 20.

_____ (1830a), *Enzyklopädie der philosophischen Wissenschaften I*, Werke in zwanzig Bänden, Theorie Werkausgabe, Frankfurt am Main: Suhrkamp, 1969ff., Bd. 8.

_____ (1831), *Vorlesungen über die Logik: Berlin 1831. Nachgeschrieben v. K. Hegel*, hrsg. v. U. Rameil, Vorlesungen. Ausgewählte Nachschriften und Manuskripte, Hamburg: Felix Meiner, 2001, Bd. 10. (GW 23,2)

_____ (1832), *Wissenschaft der Logik, Die Lehre vom Sein (1832)*, nach dem Text Gesammelte Werke 21, hrsg. v. H.-J. Gawoll, Hamburg: Felix Meiner, 1990. (PhB 385)

Heisenberg, W. (1969), *Der Teil und das Ganze. Gespräche im Umkreis der Atomphysik*, München: Piper.

Hempel, C. G. (1965), The logic of functional analysis, in: *Aspects of scientific Explanation*, New York: Free Press.

Illetterati, L. (2014), The concept of organism in Hegel's philosophy of organism in Hegel's Philosophy of Nature, *Verifiche*, 43.

Kant, I. (1787), *Kritik der reinen Vernunft*, Hamburg: Felix Meiner, 1998.

_____ (1793), *Kritik der Urteilskraft*, Gesammelte Schriften, Akademieausgabe, Berlin: De Gruyter, 1900ff., Bd. 5.

_____ (1800), *Logik*, Gesammelte Schriften, Akademieausgabe, Berlin: De Gruyter, 1900ff., Bd. 9.

Kingma, E. (2010), Paracetamol, Poison, and Polio. Why Boorse's Account of Function Fails to Distinguish Health and Disease, *British Journal of the Philosophy of Science*, 61: 2.

Kreines, J. (2007), Between the Bounds of Experience and Divine Intuition: Kant's Epistemic Limits and Hegel's Ambitions, *Inquiry*, 50: 3.

_____ (2008), The Logic of Life: Hegel's Philosophical Defense of Teleological Explanation of Living Being, in: *Cambridge Companion to Hegel and Nineteenth-Century Philosophy*, ed. by F. C. Beiser,

Cambridge: Cambridge University Press.

Lennox, J. G. (1993), Darwin was a Teleologist, in: *Biology and Philosophy*, 8.

_____, ed. (2001), *Aristotle's Philosophy of Biology*, Cambridge: Cambridge University Press.

Lenoir, T. (1982), *The Strategy of Life. Teleology and Mechanics in Nineteenth Century German Biology*, Dordrecht: Springer.

Levins, R., Lewontin R. (1985), *The Dialectical Biologist*, Cambridge, MA: Harvard University Press.

Maraguat, E. (2020), Hegel's Organizational Account of Biological Functions, *Hegel Bulletin*, 41.

Mayr, E. (1979), *Evolution und die Vielfalt des Lebens*, Berlin: Springer.

McDowell, J. (1996), *Mind and World: with a new introduction*, Cambridge, MA: Harvard University Press.

_____ (2009), *Having the World in View: Essays on Kant, Hegel and Sellars*, Cambridge, MA: Harvard University Press.

McLaughlin, P. (2001), *What Functions Explain: Functional Explanation and Self-Reproducing Systems*, Cambridge: Cambridge University Press.

_____ (2005), Funktion, in: *Philosophie der Biologie*, hrsg. v. U. Krohs, G. Toepfer, Frankfurt am Main: Suhrkamp.

Millikan, R. G. (1984), Proper Function, in: *Function, Selection and Design*, ed. by D. J. Buller, New York: SUNY Press, 1999. (Originally published in *Language, Thought, and Other Biological Categories. New Foundations for Realism*, Cambridge, MA: MIT Press)

Mills, N. G. (2020), Hegel on the Normativity of Animal Life, *Hegel Bulletin*, 41.

Moreno, A., Mossio, M. (2015), *Biological Autonomy: A Philosophical and*

Theoretical Enquiry, Dordrecht: Springer.

Mossio, M., Saborido, C. (2016), Functions, Organization, and Etiology. A Reply to Artiga and Martinez, *Acta Biotheoretica*, 64.

Mossio, M. et al. (2009), An organizational account of biological functions, *British Journal of Philosophy of Science*, 60.

Mossio, M., Bich, L. (2017), What Makes Biological Organization Teleological?, *Synthese*, 194: 4.

Nagel, E. (1961), *The structure of science. Problems in the logic of scientific explanation*, New York: Harcourt, Brace & World.

Neander, K. (1991), Functions as selected effects: the conceptual analyst's defense, *Philosophy of Science*, 58.

Neuser, W. (2004), Hegels Deutung der Naturgesetzlichkeit als Logik der Natur, in: *Sich in Freiheit entlassen*, hrsg. v. H. Schneider, Frankfurt am Main: Peter Lang.

Papineau, D. (2021), Naturalism, in: *The Stanford Encyclopedia of Philosophy*, Summer.

Pippin, R. B. (2003), Hegels Begriffslogik als die Logik der Freiheit, in: *Der Begriff als die Wahrheit. Zum Anspruch der Hegelschen 'subjektiven Logik'*, hrsg. v. A. F. Koch u. a., Paderborn: Schönigh.

Pittendrigh, C. S. (1958), Adaptation, Natural Selection and Behavior, in: *Behavior and Evolution*, ed. by A. Roe, New Haven, CT: Yale University Press.

Pleines, J.-E. (1991), *Zum teleologischen Argument in der Philosophie: Aristoteles, Kant, Hegel*, Königshausen & Neumann, Würzburg.

_____ (1995), *Teleologie als metaphysisches Problem*, Würzburg:

Königshausen & Neumann.

_____, hrsg. (1994), *Teleologie. Ein philosophisches Problem in Geschichte und Gegenwart*, Königshausen & Neumann, Würzburg.

Psillos, S. (2011), The Idea of Mechanism, in: *Causality in the Science*, ed. by P. C. Illari et al., Oxford: Oxford University Press.

Rinaldi, G. (2000), Zur gegenwärtigen Bedeutung von Hegels Naturphilosophie, *Jahrbuch für Hegelforschung*, 6/7. (2000/2001)

_____ (2005), Innere und äußere Teleologie bei Kant und Hegel, in: *Hegel und das mechanistische Weltbild*, hrsg. v. R. Wahsner, Frankfurt am Main: Peter Lang.

Schlosser, G. (1998), Self-reproduction and functionality. A systems-theoretical approach to teleological explanation, *Synthese*, 116.

Scholz, M. (2020), External Teleology and Functionalism. Hegel, Life Science and the Organism-Environment Relation, *Hegel Bulletin*, 41.

Sell, A. (2004), Das Leben in der Wissenschaft der Logik, in: *Sich in Freiheit entlassen*, hrsg. v. H. Schneider, Frankfurt am Main: Peter Lang.

Spaemann, R., Löw, R. (2005), *Natürliche Ziele. Geschichte und Wiederentdeckung des teleologischen Denkens*, Stuttgart: Klett-Cotta, 1. Ausgabe unter dem Titel: Die Frage "Wozu?", 1981.

Spahn, C. (2007), *Lebendiger Begriff, begriffenes Leben. Zur Grundlegung der Philosophie des Organischen bei G. W. F. Hegel*, Würzburg: Könighausen & Neumann.

Stederoth, D. (2001), *Hegels Philosophie des subjektiven Geistes*, Berlin: Akademie.

Toepfer, G. (2004), *Zweckbegriff und Organismus. Über die teleologische*

Beurteilung biologischer Systeme, Würzburg: Könighausen & Neumann.

_____ (2005a), Teleologie, in: *Philosophie der Biologie*, hrsg. v. U. Krohs, G. Toepfer, Frankfurt am Main: Suhrkamp.

_____ (2005b), Der Begriff des Lebens, in: *Philosophie der Biologie*, hrsg. v. U. Krohs, G. Toepfer, Frankfurt am Main: Suhrkamp.

_____ (2011), *Historisches Wörterbuch der Biologie. Geschichte und Theorie der biologischen Grundbegriffe*, Stuttgart: J. B. Metzler, Bd. 1.

_____ (2012), Teleology and its constitutive role for biology as the science of organized systems in nature, *Studies in History and Philosophy of Biological and Biomedical Sciences*, 43: 1.

Vos, L. de (2005), Teleologie oder Leben? Zu Hegels Mechanismus-Kritik. Im Anschluss an Kant, in: *Hegel und das mechanistische Weltbild*, hrsg. v. R. Wahsner, Frankfurt am Main: Peter Lang.

Walsh, D. (1996), Fitness and Function, *British Journal for the Philosophy of Science*, 47: 4.

_____ (2006), Organism as natural purposes. The contemporary evolutionary perspective, *Stud. Hist. Philos. Biol. Biomed. Sci.*, 37.

_____ (2010), Teleology, in: *The Oxford Handbook of Philosophy of Biology*, ed. by M. Ruse, Oxford: Oxford University Press.

_____ (2018), Objectcy and Agency: Toward A Methodological Vitalism, in: *Everything Flows: Towards a Processual Philosophy of Biology*, eds. by D. J. Nicholson, J. Dupré, Oxford: Oxford University Press.

Walsh, W. H. (1987), Kant as seen by Hegel, in: *Hegels Critique of Kant*, ed. by S. Priest, Oxford: Oxford University Press.

West-Eberhard, M. (2005), Phenotypic Accommodation. Adaptive Innovation

Due to Developmental Plasticity, *Journal of experimental zoology. Part B, Molecular and developmental evolution*, 304B.

Wright, L. (1973), Functions, in: Function, Selection and Design, ed. by D. J. Buller, New York: SUNY Press, 1999. (Originally published in *Philosophical Review*, 82)

_____ (1976), *Teleological Explanation*, Berkeley, CA: University of California Press.

용어 색인

인명 색인